暨南大学高水平大学建设经费资助丛书

国家社会科学基金重点项目

“7至14世纪东南沿海多元宗教、信仰教化与海疆经略研究”成果之一

暨南史学丛书

中外交通与信仰空间研究

王元林 著

中国社会科学出版社

图书在版编目(CIP)数据

中外交通与信仰空间研究/王元林著.—北京:中国社会科学出版社,2018.1

ISBN 978-7-5203-2182-2

Ⅰ.①中… Ⅱ.①王… Ⅲ.①中外关系—交通运输史—研究—元代—清代②信仰—民间文化—研究—中国—元代—清代
Ⅳ.①F512.9②B933

中国版本图书馆CIP数据核字(2018)第043106号

出 版 人 赵剑英
责任编辑 刘 芳
责任校对 王 龙
责任印制 李寡寡

出 版 中国社会科学出版社
社 址 北京鼓楼西大街甲158号
邮 编 100720
网 址 http://www.csspw.cn
发 行 部 010-84083685
门 市 部 010-84029450
经 销 新华书店及其他书店

印 刷 北京明恒达印务有限公司
装 订 廊坊市广阳区广增装订厂
版 次 2018年1月第1版
印 次 2018年1月第1次印刷

开 本 710×1000 1/16
印 张 17.75
插 页 2
字 数 268千字
定 价 75.00元

凡购买中国社会科学出版社图书,如有质量问题请与本社营销中心联系调换
电话:010-84083683

目　　录

南岭民族走廊研究刍议 ……………………………………………………(1)
秦横浦关考 ……………………………………………………………………(15)
秦汉时期南岭交通的开发与南北交流 ………………………………(31)
六朝岭南海陆丝路变迁与苍梧郡地位的变化 ………………………(56)
唐开元后的梅岭道与中外商贸交流 …………………………………(75)
唐代广州内外港与中外贸易交流 ……………………………………(89)
南唐章僚《海外使程广记》考 ……………………………………………(105)
宋代南海诸国使节来华驿馆考 ………………………………………(118)
历史上深圳地域与海上丝绸之路渊源初探 …………………………(131)
论岭南龙母信仰的地域扩展 …………………………………………(144)
国家祭祀与地方秩序构建中的互动
——以唐宋元伏波神信仰地理为例 ……………………………(166)
国家祭祀视野下的金龙四大王信仰 ………………………………(194)
论碧霞元君信仰扩展与道教、国家祭祀的关系 ……………………(207)
神灵的庇佑:郑和下西洋中的祭祀神灵研究 ………………………(224)
水神萧公信仰的形成与地域扩展 ……………………………………(239)
明清时期宗三信仰的起源与流变 ……………………………………(253)
名同实异:道教、民间信仰中的谭公考辨 ……………………………(267)

南岭民族走廊研究刍议

“南岭走廊”是已故著名民族学家、社会学家费孝通先生首先提出的一个学术概念，这一走廊与“藏彝走廊”“西北走廊”并列为中国民族格局中的三大民族走廊，是“中华民族多元一体格局”这一思想的主要内容。学术界对三大民族走廊的研究，以“藏彝走廊”“西北走廊”的成果颇多；从费孝通先生首倡“南岭走廊”至今已经过去25年，而这一民族走廊的研究成果不多。在对“南岭走廊”所涉及的中南地区民族的研究中，分省和分不同民族的研究成果丰富，但局限在对小地区（诸如大瑶山）、个别民族的研究，对南岭民族格局与地理环境、民族联系的研究成果较少。本文拟就费孝通先生的“南岭走廊”学说的提出、南岭民族走廊的地理构架、民族史的阐释以及这一研究的开展等方面问题进行阐述，以期抛砖引玉，请各位方家指正。

一　费孝通先生首倡民族学的“南岭走廊”学说

费孝通先生的“中华民族多元一体格局”的思想，是以我国的民族格局为基石，而我国的民族分布与地理环境相关。“民族格局似乎总是反映着地理的生态结构，中华民族不是例外。他们所聚居的这片大地是一块从西向东倾侧的斜坡，高度逐级下降。”① 中华民族聚居地区由六大板块和三大走廊构成，六大板块指北部草原区、东北高山

① 费孝通：《中华民族的多元一体格局》，《费孝通文集》第11卷，群言出版社1999年版，第381、382页。

森林区、青藏高原区、云贵高原区、沿海区、中原区，三大走廊是指西北民族走廊、藏彝走廊、南岭走廊，[①] 板块之间以走廊相联结。“它（中华民族）的主流是由许许多多分散孤立存在的民族单位，经过接触、混杂、联结和融合，同时也有分裂和消亡，形成一个你来我去、我来你去、我中有你、你中有我，而又各具个性的多元统一体。”[②]“民族有个形成的过程，不断变化的过程。”“各民族间的往来变动，怎样影响它们的形成、合并和分化”，费孝通先生（以下称“费老”）“主张最好是按历史形成的民族地区来进行研究”[③]。“对民族板块与民族走廊理论进行研究，成为研究费老‘中华民族多元一体格局’思想的最重要的途径之一。”

费老第一次提出南岭走廊是与中华民族棋盘式分布格局一起提出的。1981 年 12 月，在中央民族研究所座谈会上，费老指出：“从宏观的研究来说，中华民族所在的地域至少可以大体分成北部草原区，东北角的高山森林区，西南角的青藏高原，藏彝走廊，然后云贵高原，南岭走廊，沿海地区和中原地区。这是全国这个棋盘的格局。我们必须从这个棋盘上的演变来看各个民族的过去和现在的情况，进行微型的调查。”[④] 由于民族板块具有相对的稳定性，而民族走廊则具有相对的流动性，故研究民族走廊是打开中国各民族之间关系的钥匙。而进行民族走廊的微型研究就是要研究者亲身到要研究的社会中去调查。关于这一点，1935 年费老和其前妻王同惠所进行的有关广西大瑶山瑶族的社会调查，可以说是身体力行的表率，是有关南岭走廊民族研究的楷模。

1982 年 5 月，在武汉华中工学院社会学研究班和中南民族学院部分少数民族学员座谈会上，费老第二次提出南岭走廊，这次是与藏彝走廊、西北走廊一并提及的。对这条位于“中南的走廊”，费老说：“广西、湖南、广东这几个省区能不能把南岭山脉这一条走廊上的苗、

---

① 费孝通：《民族社会学调查的尝试》《深入进行民族调查》，《费孝通文集》第 8 卷，第 165、319—322 页。

② 费孝通：《中华民族的多元一体格局》，《费孝通文集》第 11 卷，第 381、382 页。

③ 费孝通：《深入进行民族调查》，《费孝通文集》第 8 卷，第 317—319 页。

④ 费孝通：《民族社会学调查的尝试》，《费孝通文集》第 8 卷，第 165 页。

瑶、畲、壮、侗、水、布依等民族，即苗瑶语族和壮傣语族（应为壮侗语族——引者注）这两大集团的关系都搞出来。这里各种民族有其特点，山区民族就同傣语系各族不一样，以后的发展的前景也不同。”“上述几个复杂地区：一条西北走廊、一条藏彝走廊、一条南岭走廊，还有一个地区包括东北几省。倘若这样来看，中华民族差不多就有一个全面的概念了。所以，我在一篇文章中提出来，我们需要一个宏观的、全面的、整体的概念，看中国民族大家庭里的各个成分在历史上是怎样运动的。”① 费老第二次提到三大走廊是在不断完善他的民族走廊学说，此次对南岭走廊各民族的分布以及苗瑶、壮侗两大语族的关系都有提及，对南岭附近的桂、湘、粤等省区的有关研究者提出了殷切希望，并使我们对南岭民族走廊的认识更加清晰。费老的民族走廊学说在学术和现实意义上的贡献巨大。

1984 年，在国家民委召开的民族问题五种丛书工作会议上，费老针对我国少数民族历史的研究，建议“一个地区一个地区地搞。因为少数民族在历史上一向不是孤立的”，“民族地区是历史上形成的，不是我们划的。我国境内几个地区可以分得开来，大体上有西藏、西北、东北同西南等地区”。“我们不妨从六江流域作为一个地区开始综合研究。南岭走廊也是一个地区。按地区去研究民族历史的方法，不是哪一个人想出来的，很多人在工作里面感到困难，才找到这条路子的。西北是一条走廊。”② 费老第三次提出“南岭走廊”，是与“六江走廊”（即“藏彝走廊”）“西北走廊”一起提出的，而且这次提出了民族史研究的方法应以民族地区（民族走廊）为切入点，这无疑为民族史的研究提供了重要的方法论。

费老第四次提出南岭走廊是 1986 年 5 月在香港召开的“第一届瑶族研究国际研讨会”上，费老指出：“中国各民族所在的地域大体可以分成北部草原地区、东北角的高山森林区、西南角的青藏高原，曾被拉铁摩尔所称的‘内部边疆’，即我所说的藏彝走廊，然后是云

---

① 费孝通：《深入进行民族调查》，《费孝通文集》第 8 卷，第 320—322 页。

② 费孝通：《抓紧民族问题五种丛书的出版》，《费孝通文集》第 9 卷，第 311—312 页。

贵高原，南岭走廊，沿海地区和岛屿及中原地区。这是全国这个棋盘的格局。我们必须从这个棋盘上的演变来看各民族的过去和现在。从我国有文字记载的历史时期来看，各族人民流动的总趋势是北方民族的南下或西进，中原民族的向南，沿海民族的入海或南北分移，向南移的又向西越出现在的国境。我国人口最多的民族——汉族就是在这种迁徙变动中，逐渐融合许多古老民族而逐渐形成的。”[①] 费老的这次发言，不仅是对1981年他第一次提出的“民族走廊”学说的进一步完善，而且还指明了中国民族迁移的大势和汉族形成的原因。费老在这次会议的发言中，还单独就大瑶山所在的南岭走廊地区提出了研究的思路：“希望能从近年来的大瑶山调查开始，发展成为以南岭山脉的民族走廊为主的综合性调查。这里面有作为山居民族的瑶族的各方面问题；有瑶族和跟他接近的苗族与畲族的关系问题，这并不仅仅是历史上的渊源问题，也是对相类似的山居民族的比较问题，包括了苗、瑶、畲族与壮族、侗族、布依族以及土家族等在历史上的关系问题，它们之间的互相影响与有什么差异的问题，以及长期历史上汉族在这个地区的作用问题，汉族与上述各民族之间的关系问题等。南岭山脉的民族走廊研究好了，不仅有助于上述各族历史的研究，而且也可以大大丰富中国通史的内容，有助于我们对当前各民族情况的深刻了解。”[②] 这是费先生在他从事大瑶山瑶族历史社会调查和研究后，对南岭走廊所做的最详尽和最具体的阐述，不仅指出了南岭走廊研究中应该关注的各民族间的关系，而且对南岭走廊的综合研究提出了殷切希望。这也是费先生最为详尽地提出南岭走廊研究的内容和应注意的问题。

与费先生先后五次提出有关藏彝民族走廊学说相比，[③] 费先生的南岭民族走廊学说是在他长期对南岭瑶族历史社会调查和研究的基础上提出的。南岭民族走廊学说涉及南方壮侗和苗瑶两大语族的十数个民族，是研究这些民族迁移、发展的历史以及了解民族间社会文化相

① 费孝通：《瑶族调查五十年》，《费孝通文集》第10卷，第388页。

② 同上书，第390页。

③ 参见李绍明《费孝通论藏彝走廊》，《西藏民族学院学报》（哲学社会科学版），2006年第1期。

互影响的重要途径，其学术意义和现实意义重大。同时，南岭民族走廊学说在一定程度上还体现了“中华民族多元一体格局”理论，在强调中华民族整体的同时，重视各民族个体和民族间相互交流的研究，动静结合，古代交通与民族文化交流相联系，对解决民族学、民族史的许多重大问题无疑有重要意义，成为指导学术界开展民族史研究的重要航标。

二　南岭民族走廊的地理构架与民族史阐释

南岭山地是我国长江、珠江两大水系的分界线，是华中和华南的自然与农业生产差异的重要界线，是我国大陆南部最具地理意义的山地。狭义的南岭包括大庾岭、骑田岭、都庞岭、萌渚岭、越城岭五岭，附近还有九连山、青云山、滑石山、瑶山、海洋山、大桂山、大瑶山、驾桥岭等，由一系列北东向平行的破碎山地组成。岭间有低谷，多构造盆地，历来为南北交通要道。长江流域的潇、湘、资水上游夫夷水，湘水支流舂陵水、耒水，赣江上游的章水，珠江流域的桂（漓）江、贺江、连江、武水、浈水等，都分别发源于南岭的北坡和南坡。狭义的南岭山地行政区划包括广东韶关、清远、河源，广西桂林、贺州、梧州，湖南郴州、永州、怀化、邵阳，江西赣州等。而广义的南岭还可向西延伸，即长江与珠江流域的分界线，一直向西至红水河与乌江的分界线苗岭，即两广丘陵与云贵高原的分界，包括黔西南、黔南、黔东南、桂北、桂西北、滇东等地。这一带雪峰山、大南山—天平山、九万大山、凤凰岭、东凤岭—都阳山、青龙山南北分列，融江、龙江、刁江、红水河等南北贯穿。南岭走廊现有人口约7000万，其中少数民族人口约1750万，占当地总人口的1/4左右。在黔、桂、湘、粤交界处的一些州市和地区，少数民族人口比例高达40%—50%；在桂北的河池、桂西北的百色、黔南、黔东南等地少数民族人口比例都超过了60%，有些地方的少数民族人口比例高达80%左右。南岭走廊与其他走廊相比，是我国少数民族人口分布最多、资源比较丰富、环境比较优越的地区。

费孝通先生提出的民族学上的南岭走廊，显然不是狭义的，而应是广义的，不仅指今天生活在南岭走廊黔、桂、湘、粤、赣等交界处的汉藏语系壮侗语族中壮傣语支的壮族、布依族，侗水语支的侗、水、仫佬、毛南等民族，苗瑶语族中的瑶族、苗族、畲族等，而且还包括历史上由这条走廊南下、北上或东进的汉族、回族、彝族、仡佬族、满族等。以民族语言系属来分，这一走廊主要生活着汉藏语系中的壮侗、苗瑶两大语族的民族，还有汉语族（汉、回族）、藏缅语族（彝族）以及属于阿尔泰语系满语支但普遍使用汉语的满族，可谓是我国中南和西南民族交通与连接的重要地区，也是我国中南民族与部分西南民族的交汇和融合的地区，若要研究中南地区的少数民族特别是壮侗语族和苗瑶语族，舍此别无他选。

南岭因处于华中以南而得名。"自北徂南，入越之道，必由岭峤，时有五处，故曰五岭。"① 五岭也是南岭的另一别名。南岭不仅是汉族南下百越的通道，也是诸多少数民族南下的通道。我国著名的民族学家潘光旦先生根据瑶、畲的盘瓠传说和徐偃王记载而认为，先秦时生活在东夷中靠西南的徐族人，不断南下进入长江流域，进入南岭山脉的那一部分可能是瑶；而从南岭山脉向东，在江西、福建、浙江的山区里和汉族结合的那一部分可能是畲；还有一部分曾定居在洞庭湖一带，后来进入湘西和贵州的可能就是苗。潘先生还主张，我们祖国的历史是许多不同民族相互接触、交流、融合的过程，而且这个过程从没有间断过地进行着、发展着；研究多民族的发展，应该不断地互相参照着进行。② 苗岭、南岭以及生活在这里附近的苗、瑶、畲等族，可以说是对他这一理论的最好阐释。

历史上，瑶族是秦汉时武陵蛮的一部分，南北朝时，"零陵、衡阳等郡，有莫瑶蛮者，依山险为居，历政不宾服"③。《隋书·地理志》载，隋时"莫瑶"主要杂居于湘中及湘南的长沙、零陵、衡山、桂阳等郡，以及湘西北的武陵郡和五岭山麓粤北的熙平郡。宋代，原居住在荆湖南路的瑶族越过南岭而进入岭南，逐步形成了今天瑶族的

---

① 《晋书》卷15《地理志下·寿州》。

② 费孝通：《潘光旦先生关于畲族历史问题的设想》，《潘光旦民族研究论集》，民族出版社1995年版，第1页。

③ 《梁书》卷34《张缅传附弟张缵》。

基本格局，也使岭南成为瑶族的主要分布地区，而湘南、湘西南的南岭北麓仍是瑶族分布的次重要地区。以南岭山地及走廊的角度来研究瑶族，既符合瑶族的发展历史，又与今天瑶族的分布相一致。而以南岭为基础，向东至闽西北、赣东、浙南以及广东东部、北部山区，是畲族分布地区；向西达云贵高原的南缘、西缘，湘西、黔东、桂北一带则是苗族居住地。在苗族历史传说中，其祖先“顺着日落的方向走，跋山涉水来西方”①，应是苗族迁徙的最好例证。唐宋以后，湘西苗族进入广西北部，黔南、黔西南苗族迁入广西西北部和西部。虽然学界对苗与畲、瑶同源之说还有争论，但以南岭走廊来探讨汉藏语系中的苗瑶语族，无疑是解开这些民族起源谜团的最好钥匙。

与苗、瑶、畲不同，秦汉居住在岭南的百越一支的骆越、西瓯却是南方的原住居民，秦统一岭南，“秦徙中县之民南方三郡，使与百粤杂处”②。中原移民经南岭走廊南下两广。汉武帝发兵，从湘、赣、桂、黔四省的湟水、横浦、漓水、牂牁江的南岭走廊及珠江各支流南下而取南越政权。两汉至魏晋南北朝，南岭走廊以南的百越称作“俚”“僚”“乌浒”等，其虽时叛时服，但与汉人错居，“浸以微弱，稍属于中国，皆列为郡县，同之齐人”③，已经被列入地方行政管理范围之中。受到封建王朝压迫的瑶族、苗族，“此外还有侗族、水族等历来都是聚居在南岭山脉附近的侗壮语族的民族，他们定居在湘黔桂边区的时间可能还早于苗瑶。他们也同样和统治势力进行长期的斗争，其中也有一部分溃散，流动到不同的山区以求自保的”④。从唐宋时代开始，岭南的各族逐步分化，虽然大部分仍冠以蛮称，但各民族的特点已有差别。五代以后，黔南布依族称“仲家”。宋代，广西壮族称为“僮”；黔南、滇东、桂西一带出现仡佬族，称为“葛僚”“仡僚”“佶僚”“革老”“仡佬”等。元代，桂北的毛南族称为“茆难”“茅滩”“冒南”“毛难”等，桂北的仫佬称“木娄”。在湘

---

① 国家民委《民族问题五种丛书》编辑委员会等编：《中国少数民族》，人民出版社1981年版，第445页。

② 《汉书》卷1下《高帝纪下》。

③ 《隋书》卷82《南蛮传》。

④ 费孝通：《〈盘村瑶族〉序》，《费孝通文集》第9卷，第94页。

黔桂交界一带依山傍水的“溪峒之地”，住着水族、侗族的先民，直到明代，水族、侗族的名称才出现在邝露的《赤雅》中。[①] 随着历史上汉族人不断通过南岭走廊南迁，在宋代彝族也沿南盘江等进入广西西部，到元代时回族人也沿湘桂走廊进入南岭地区；而苗族、瑶族则沿着广西及云南的诸多河谷继续南移，形成今天东南亚一带的跨国民族。

从以上粗线条勾画南岭走廊历史上的移民活动不难看出，有汉、瑶、苗、彝、畲、回等民族沿南岭走廊南下。南岭走廊附近的侗、水等民族称作“溪峒之民”，自然依靠这一走廊联系外地；壮、布依、仡佬、仫佬、毛南等民族多分布于南岭走廊南北，历史上这些民族也应在这一带有所迁移，只不过其迁移规模不如历史上汉、瑶等民族的大迁移。黔西南、黔南、黔东南、桂北位于云贵高原边缘，地势由西北向东南倾斜，盘江、红水河、清水江、都柳江、曹渡河、格必河蜿蜒于群山丘陵间，形成许多河谷和盆地，苗、布依等民族辗转其间。虽然西江上游的南、北盘江水系所在的滇东、黔西南、桂西北多岩溶地形，河流不时为地下河，但南、北盘江及其重要的支流，却一直是地上河。因此，我们有理由相信，在地理上呈东西展布的南岭以及其西的苗岭，虽然平面上呈横向展布，但实质上仍是一系列由东北—西南走向组成的山地，从民族意义上说，西江、北江各支流是许多呈南北向的民族走廊。

李星星先生认为费先生所言的“南岭走廊”是“壮侗走廊”[②]，这种提法有一定的道理。但是，“壮侗走廊”未能全面涵盖费孝通先生所言的南岭走廊所涉及的壮侗（语族）和部分苗瑶（语族）的内容。那么，南岭走廊的地理范围到底有多大？笔者以为，南岭走廊北端为云贵高原东南、雪峰山南段、罗霄山脉南段，即北纬 26. 5 度左右，南端在左江—郁江一线约为北纬 23. 5 度，南北宽 330 多公里；西界在滇、黔、桂相交的南、北盘江上游地区的东经 104 度，东界达

---

① 国家民委《民族问题五种丛书》编辑委员会等编：《中国少数民族》，第 458—533 页。

② 参见李星星《论“民族走廊”及“三纵三横”的格局》，《中华民族论坛》2005 年第 3 期。

南岭东端东经115度，东西长1000多公里。如上所言，历史上壮侗、苗瑶语族的民众借南岭走廊南进北迁，湘、赣江各支流与珠江水系的西江、北江等大小干支流成为民族交流的通道。今西江各段名称不一，一个主要原因就是西江干支流流经之处多是少数民族地区的缘故。如果把南岭走廊按河流通道详细划分，从东向西主要分布有以下几条南北向通路：

其一，沿湘、赣江及支流，古苗、瑶语族群取道南下西进，越南岭、湘西山地等，其中沿湘江支流和西江支流西进后而南下的为苗族；越过南岭后经西江支流漓江、贺江等和北江支流连江、武水等，向西南迁徙的为瑶族；向东南即南岭东端赣、粤、闽山地迁徙的为畲族，畲族传说其祖先来自粤东的凤凰山，可能与民族迁移有关；而汉、回族也沿南岭走廊偏东的湘、桂等通道南下。

其二，沿湘、资、沅等江支流，越过今湘、黔、桂交界地带的南岭及以西山脉，沿西江支流寻江、都柳江、融江、大小环江、打狗河、龙江等柳江干支流，历史上苗、瑶、侗、仫佬、水、毛南等族多沿这条通道南下。

其三，沿清水江、黄泥河、革香河等南、北盘江干支流，涟江、蒙江、曹渡河等红水河干支流，苗族、彝族、布依族、仡佬族等多沿这条通道南下或东进，形成南岭走廊西端西南民族与中南民族交错的局面。

西江干流如左右江、邕江、郁江、黔江、浔江等，多东西展布，使交通走廊南端各民族便于相互交流，壮族与其他民族于此交会，甚或通过交通，苗、瑶等延伸到东南亚地区。南岭民族走廊既是历史上北方各民族特别是少数民族南下的通道，而且通道两旁的山地又是这些少数民族的聚居地。其地理构架正反映了民族迁徙与民族聚集的史实。

三　南岭民族走廊研究中的丰富内容

与其他民族走廊一样，南岭民族走廊是在中国特定的自然历史条件下形成的，处于古代之冲积平原农业文明区域边缘，其地形复杂，处于依山川自然走向、平面呈条带状的特殊地带，多半能够避开文明中心的政治经略与开发，既便于民族迁徙流动又便于其躲避以求自我保存，这些特殊地带成为我国少数民族的摇篮。[①]可以说，南岭民族走廊是南方少数民族的生存地和迁移通道，是积淀南方少数民族传统文化最集中的地区，其独特的自然和人文环境、丰富多彩的民族文化，是南岭民族走廊研究的宝贵资源。

民族走廊理论是我们研究南岭民族走廊的基石。长期以来，我国民族学研究多以省区为界限，没有树立全国一盘棋的思想；研究多以一个民族为内容，考察其与邻近民族间关系的研究较少。这给梳理民族迁徙与民族关系带来了极大的不便。费孝通先生提出和倡导的民族走廊学说，对研究中华民族的形成、多民族国家的发展有着重要的学术和现实意义，也对南岭民族研究基本理论的形成与发展起着巨大的推动作用。如何在实践中不断学习与发展民族走廊学说，是一项长期而艰巨的任务。可喜的是，以李绍明、李星星等为代表的民族学研究学者以藏彝走廊为重点，对民族走廊的概念、形式、性质和特点提出了独到的见解。我国东部冲积平原和边缘山地地形之间转变地带的高山峡谷，恰是历史上诸多少数民族迁移流动的通道和退避的庇护地，也是相关民族及社会文化自我保存的地区，这一特殊地带与中国特殊的地理环境及古代冲积平原农耕文明中心的形成和发展有着直接的相关性。而且“民族走廊”具有历时性，且与相关族群的流动及方向变化具有相关性。[②]南岭民族走廊具备以上民族走廊所要求的特点，是民族走廊的典型性代表。

南岭民族迁徙与发展史，是我们研究南岭走廊的重要内容之一。除大量的历史文献外，各民族的史诗、传说、民间故事、歌谣、民间文学也是我们研究南岭民族迁徙与发展史必不可少的资料。如畲族保存的《开山公据》（又名《抚徭券牒》）《高皇歌》和部分瑶族的《迁徙榜牒》（又名《过山榜》《盘王歌》等）都有民族图腾信仰残余的

① 李星星：《论“民族走廊”及“三纵三横”的格局》，《中华民族论坛》2005年第3期。

② 同上。

盘瓠传说以及民族迁徙等内容，畲族的祖先传说和瑶族的《千家峒传说》等分别反映闽粤赣地区的“凤凰山”和湘南“千家峒”应是畲族、瑶族迁徙过程中的重要中转站与集结地，在畲、瑶民族发展史上具有重大意义。[①] 侗族的迁徙史诗《祖公之歌》分为《祖公上河》和《祖公落寨》两部分，《祖公上河》叙述侗族祖先由广西之东部、广东之西部，溯西江而上，逐步水迁至桂黔湘边界；《祖公落寨》则叙述侗族另一部分祖先由江西吉安府和太和县等地迁徙到湘桂黔边界居住的情景，这与洪武时调集一些江西籍官兵到湘桂黔边驻防屯垦，与当地侗族融合而成为其民族的一部分的记载相符。[②] 壮族有《姆六甲》《布洛陀》等创世神话故事，后者中含有开红河等资料；瑶族的《海南信歌》反映了瑶族一支从广西迁往海南岛的事实，《交趾曲》还涉及广西恭城瑶族迁往交趾北部的情况；仫佬族的《唱罗按》介绍了罗城县建置的历史与仫佬族古代社会的历史；苗族的《古歌》和《史诗》也有部分内容反映了苗族先民的迁徙史；[③] 毛南族的《谭氏始祖歌》等，为我们研究其民族迁徙发展与南岭走廊的关系奠定了基础。

在注重研究南岭走廊各民族迁移的同时，南岭走廊各民族之间的关系应该是我们研究该民族走廊的关键所在。费孝通先生曾经指出，“中国少数民族有它的特点，就是相互关系深得很，分都分不开”，壮族与汉族、苗族与瑶族、广西龙胜的壮族与侗族等在历史上都有联系，利用多学科的综合研究，“可以更清楚我们民族之间的关系”[④]。费孝通先生在《瑶族调查五十年》中第四次有关南岭走廊研究中注意各民族关系的论述，基本概括了南岭走廊各民族关系研究的主线。只有把汉族与南岭走廊少数民族的关系梳理清楚，对南岭走廊各少数民族关系深入了解，才能把握这一地区各民族在中华民族大家庭中的贡献，展现历史上到今天中南各民族的风貌，全面、系统、客观地反映“中华民族多元一体格局”的思想。

南岭民族走廊及其南北附近地区是中南、西南民族历史文化积淀

① 吴永章：《畲族与瑶族比较研究》，福建人民出版社 2002 年版，第 35 页。
② 黄成授：《广西民族关系的历史与现状》，民族出版社 2002 年版，第 70 页。
③ 吴肃民：《中国少数民族古籍概论》，天津古籍出版社 1995 年版，第 115—137 页。
④ 费孝通：《深入进行民族调查》，《费孝通文集》第 8 卷，第 317—323 页。

的重要地带，这一地带民族众多的原始宗教信仰、语言文字、民俗等，有别于我国西北、东北和部分西南民族。壮族历史上曾出现“土俗字”（方块壮字），水族有水书，侗族在明代出现用汉字记录侗语的“汉字记侗音”（未成为正式的民族文字）等。虽然今天南岭民族走廊的各少数民族大多没有本民族的文字，但他们基本上都有自己的民族语言。这里的十多个少数民族基本上属于汉藏语系的壮侗、苗瑶两大语族，他们的宗教信仰大多是自然图腾和祖先崇拜。壮族多崇拜山、石、树等，信仰大榕树、木棉树；侗族信仰香樟树、银杏树、枫树和桐树；水族信仰水杉树；仫佬族信仰桐树，[1] 其独特的“拜树节”也与其居地多岭多树以及民族迁徙有关。仫佬族从湖广迁到贵州的安顺，再沿南岭走廊西部南、北盘江而迁至广西西北部的隆林、西林。早先其祖先居住在大树上，多依靠果树等为生，后开田定居，为纪念祖先功绩而有此节。[2] 壮族等在唐代以后受道教影响较深，近代，在沿江及交通发达的壮族、水族聚居的城镇，基督教（新教）、天主教时有流布。原始的各种神崇拜，是民族走廊信仰研究的重要符号。南岭民族走廊各少数民族的住房、饮食、服饰、节日等虽不尽相同，如壮族的“牛王节”、瑶族的“盘王节”、毛南族的“分龙节”、侗族的“打油茶”、仫佬族的“依饭节”等所表示的意义各不相同，但他们均能歌善舞，在喜庆的日子均举行歌舞活动，如侗族的“多耶”、仫佬族的“走坡”、水族的“赶端坡”，等等。还有各少数民族异彩纷呈的音乐、诗歌、医药、体育等都是民族瑰宝，值得我们深入挖掘。

南岭民族走廊独特的自然环境，影响了生活在这里的各少数民族的经济活动。“岭南无山不有瑶”，瑶族作为一个山地民族，刀耕火种，“游耕”迁移，山区瑶族“山丁”向“山主”租借耕种，期满后的“种树还山”即是例证；畲族生活之处的海拔高度远较瑶族要低；苗族生活的苗岭、大苗山，苍山林海，他们的经济活动以农林、牧业为主；侗族的生活主要依靠竹木和桐油；而毛南族生活在大石山区，

① 江帆：《生态民族学》，黑龙江人民出版社2003年版，第254页。

② 莫家仁、陆群和：《广西少数民族》，广西人民出版社1996年版，第176页。

耕山、放牧。壮锦、侗锦、苗族的“賨布”、瑶族的“徭斑布”、布依族的“蜡布”，都是少数民族手工技艺的代表，这些民族的社会生产活动与生态相结合。因此，南岭走廊民族生态学涉及这一地区的自然环境、人文环境，他们的社会生产、生活及其与环境的关系等诸多丰富的内容，也是民族研究的重点。

南岭民族走廊各民族的生产方式不一，社会组织形态各异。壮族的“都老制”及习惯法，瑶族的“瑶老制”“石牌制”和“油锅组织”，苗族的“寨老制”和古规古法，仫佬族的“冬”组织、“会款”以及乡约和习惯法，毛南族的“隆款”，彝族的“议事会”制等，都是我们了解各民族发展的重要证据。与其他民族走廊相比较，南岭民族走廊的社会组织形式多样，反映了不同民族不同发展阶段的社会各层关系，是研究社会发展史的重要资料。费孝通先生生前对金秀大瑶山地区的社会调查和研究成果，为我们开展民族社会学的研究树立了楷模。只有利用各民族“活化石”的调查资料，才能开创南岭民族走廊研究的新天地。

从云贵高原的二级阶梯向两广、湘赣丘陵三级阶梯过渡地带的南岭，是西南向中南转换的必经地带，江河及关隘成为这一交通走廊的必要组成部分，交通便利的湘桂走廊，江河两岸山石林立，景色宜人，风光秀丽。而南岭一带其他少数民族地区虽然同样景色宜人，但多石灰岩地形，难以耕种。今天这里的少数民族地区仍是我国经济贫困地区之一。如何利用这里丰富的水力、物产资源，改变这里的交通落后面貌，发展生态环保农林业；利用丰富的民族人文资源，发展旅游业，改变这一走廊贫瘠的面貌，也是我们应着重研究的内容。费孝通先生倡议建立一个南岭山脉瑶族协作区，利用这里的亚热带水果、烟草、稀土金属矿产、木材等发展经济。① 这不失为促进南岭走廊发展的良策。

现今南岭民族走廊地区的工农业、交通、文化、教育、科学、卫生等方面得到飞跃发展，使当地各民族焕发了勃勃生机，社会各方面出现了一系列的变化。在这样的背景下，如何保留原有的民族文化，

① 费孝通：《南岭行》，《费孝通文集》第 11 卷，第 452—454 页。

成为摆在研究者面前的重大课题。应打破桂、粤、湘、黔、滇等行政区划的限制，统筹规划，从各民族的发展史和民族关系史入手，从民族区域史与中华民族多元一体的关系入手，民族学、历史学、经济学、文化学、社会学、宗教学、交通学、生态学、旅游学等多学科联合，将历史记载和民族学田野调查相结合，整理、挖掘南岭走廊属于瑶苗语族与壮侗语族的十多个民族的丰富文化和经济社会内涵，以切实解决这些民族关心的重大问题，发展适合这一地区的生态农林业和旅游业，做到既不破坏当地的民族传统文化，又可为这一地区各民族的经济和文化发展提供切实的保障。

总之，南岭民族走廊自然和历史文化遗产丰富，应是研究的重要课题之一。当今由于分民族、分地区研究，没有打破行政区划的界线，给这一研究带来了极大的不便。希冀更多民族史和社会经济学的研究者投入到这一领域，为整理和保护民族遗产，为这一民族地区的脱贫致富添砖加瓦。

（原载《广西民族研究》2006 年第 4 期）

秦横浦关考

梅关号称南岭第一关隘，自张九龄于唐开元四年（716）开凿大庾岭后，千堑变通途，一千多年来，一直为南北交通的大动脉。今关址犹存，古道依然，但已非昔日繁荣景象。随着时间推移，从明代开始，以嘉靖《南雄府志》[①] 等为代表，许多史书志乘认为唐宋以后的梅关即秦横浦关，今仍有人坚持认为梅关即横浦关。[②] 而《中国历史大辞典·历史地理卷》载："横浦关：秦置。在今广东南雄县西北、江西大余县西南大庾岭东南四十里小庾岭上，约当今之小梅关。"[③] 小梅关在大庾岭梅关西北，与大庾岭东南四十里小庾岭无涉。而《广东历史地图集》的《秦代的广东》和《南越国时期的广东》却把横浦关标在今广东始兴西南。[④] 由此看来，秦横浦关位置有必要做一探求。本文梳爬整理历代有关横浦关的文献资料，去粗取精，对横浦关位置作一考证，还望方家正之。

一　横浦关得名及有关废关的记载

横浦关最早见于《史记·南越列传》，秦"二世时，南海尉任嚣病且死，召龙川令赵佗"，委以重任。"嚣死，佗即移檄告横浦、阳

---

① （明）谭大初：嘉靖《南雄府志》卷6《提封·关镇》，明嘉靖刻本，第97页。

② 余天炽：《广东秦关考订》，《秦汉史论丛》第二辑，陕西人民出版社1983年版。

③ 《中国历史大辞典》编委会：《中国历史大辞典·历史地理卷》，上海辞书出版社1996年版，第994页。

④ 《广东历史地图集》编纂会：《广东历史地图集》，广东地图出版社1995年版，第12页。

山、湟溪关曰：‘盗兵且至，急绝道聚兵自守’”[①]。《史记索隐》引《南康记》曰：“南野县大庾岭三十里至横浦，有秦时关，其下谓为‘塞上’。”[②] 实际上，在此之前，秦有五岭之戍，大庾为其中之一，即《淮南子·人间训》所云“一军守南野之界”。据《史记》载，始皇三十三年（前214），“发诸尝通亡人、赘婿、贾人略取陆梁地，为桂林、象郡、南海，以适遣戍”[③]。《史记集解》引徐广曰：“五十万人守五岭”；《史记正义》引《舆地志》云：“一曰台岭，亦名塞上，今名大庾。”[④] 汉时，南越国灭汉韩千秋军，“使人函封使者节置塞上”[⑤]。李吉甫认为，“封送汉节，置于塞上，即此岭（大庾岭）”，“从此至水道所极，越之北疆也”[⑥]。由此看来，秦时遣士兵戍塞上与汉时南越国北界都应在大庾岭，横浦关亦为扼守大庾岭（塞上）的雄关所在。

元鼎五年（前112），汉军五路攻伐南越，其中一路由“主爵都尉杨仆为楼船将军，出豫章，下横浦”[⑦]，与其他下洭水（今连江）、下离水（今漓江）、下牂柯江（今西江、浔江及上游）等路相较，此横浦似更应指河流为宜。《汉书·武帝纪》云“楼船将军出豫章，下浈水”[⑧]，则横浦即浈水。《元和郡县图志》在韶州曲江县浈水条下亦云：“楼船将军下横浦，入浈水，即此水。”[⑨] 李吉甫显然将横浦作为浈水上游的一条支流。钱穆先生《史记地名考》亦认为发源于大庾岭南麓的浈水即横浦。[⑩]

横浦水、横浦关都与大庾岭有关，或源于其下，或置于其上。关既以水为名，当以居横浦水上源之故。汉平南越后直至唐张九龄开凿

---

① 《史记》卷113《南越列传》，中华书局1972年版，第2967页。
② 同上书，第2969页。
③ 《史记》卷6《秦始皇本纪》，第253页。
④ 同上。
⑤ 《史记》卷113《南越列传》，第2974页。
⑥ 《元和郡县国志》卷34《岭南道》，中华书局1983年版，第902页。
⑦ 《史记》卷113《南越列传》，第2975页。
⑧ 《汉书》卷6《武帝纪》，中华书局1962年版，第186页。
⑨ 《元和郡县图志》卷34《岭南道》，第902页。
⑩ 《史记地名考》，台湾三民书局1968年版，第932页。

大庾道前，史籍中再没有提及横浦关，其位置到底在何处？《（南安军）图经》云：“（大庾）山延袤二百里，上有横浦关，即秦塞，又名塞岭。”[①]《通典》南康郡大余县引刘嗣之《南康记》云“昔汉杨仆讨吕嘉，出（豫）章郡，下横浦，即今县西南故横浦，废关见在此”[②]，时大庾县还未设置，横浦及大庾岭应在南野县辖境，南野县治在今南康县西南章江南岸，《太平寰宇记》南安军大庾县下引《南康记》同。[③]《新定九域志》亦在南安军（治大庾县）下载有横浦关。[④]《文献通考》也载：“南安军大庾县，唐置，有大庾岭、横浦关。”[⑤] 看来，横浦关在唐以后应在大庾县境无疑。

从以上《史记索隐》和《通典》所引《南康记》所知，《南康记》是较早记载横浦关的文献。而《南康记》已佚，今存两种，皆为南朝宋时人所作。据《太平御览经史图书纲目》云，一为王韶之，字休泰，琅琊临沂人，官著作佐郎、吴郡太守等，著有《始兴郡记》《王韶文集》等，《宋书》卷六十有传；另一为邓德明，南昌人，生平不详，今人刘纬毅先生怀疑上引刘嗣之为邓德明的字。[⑥] 不管怎样，由于《南康记》有不同作者的多种版本，刘宋以后志书引用时未注明的，今人引用史料时应多加留心。正因为如此，从宋代开始，同是引《南康记》，其引文内容却不同。

宋时除《太平寰宇记》与上述《史记索隐》《通典·州郡典》《元和郡县图志》所引《南康记》相一致外，[⑦]《舆地纪胜》却这样记载：“秦关，在（南雄）城东北四十里。《南康记》云：‘南康县大庾岭四十里横浦有秦时关’，今怀化驿是也。”[⑧] 据《南雄旧志》和

---

① 《大明一统名胜志·江西》卷13《南安府名胜志》，四库全书存目本，齐鲁书社1996年版，第9页。

② 《通典》卷182《州郡》，岳麓书社1995年版，第2538页。

③ 《太平寰宇记》卷108《江南西道》，四库全书本，第158页。

④ 《元丰九域志》附录《新定九域志》卷6，中华书局1980年版，第642页。

⑤ 《文献通考》卷318《舆地》，浙江古籍出版社1999年版，第2502页。

⑥ 刘纬毅：《汉唐方志辑佚》，北京图书馆出版社1997年版，第237页。又参见张国淦《中国古方志考》，中华书局1962年版，第581页。

⑦ 《太平寰宇记》卷108《江南西道》，四库全书本，第158页。

⑧ 赵万里校辑：《元一统志》卷9《南雄路》，中华书局1966年版，第679页。

《省志》云，“怀化驿，在州北怀化乡，宋嘉定中置”①，时南雄“知州邹孟卿建，后名怀德，久废”②。由于怀化驿位置难以确定，则南雄东北四十里所谓的秦时横浦关则只能付之阙如了。不过，两书所引《南康记》与前代所引《南康记》中有关秦横浦废关与大庾岭间的里程出现差异。

既然秦横浦关在刘宋南野县或南康县西南，大庾岭三十（或四十）里可至横浦，横浦关既设于大庾岭上，大庾岭至横浦关的距离如何计算？不管是大庾岭在南野县或南康县境，《南康记》在此记载或转引它书无疑有误。我以为“南野（康）县大庾岭三十（或四十）里至横浦，有秦时关”的大庾岭应为大庾城。这无论是从逻辑上还是从实质上来看，都是正确的（详下）。因为秦大庾岭名称从汉时至唐开元张九龄开凿新路，梅岭之名始终未（或很少）作为大庾岭的称呼。虽然《越绝书》所言大庾岭因梅绢及越王至此而得名梅岭，③ 但都不足以取信于人。

二　汉至唐开元前大庾岭非梅岭

秦汉时梅岭见于正史的是，汉灭南越后，杨仆请命率军击东越，武帝以士兵疲劳而未果，“令诸校屯豫章梅岭待命”④。待元鼎六年（前111），东越王反叛，“入白沙、武林、梅岭，杀汉三校尉”。汉派四路大军，其中一路“中尉王温舒出梅岭”⑤，上述三处梅岭为一地，是豫章郡进入东越的要道之一。《史记集解》引徐广曰：“在会稽界”；《史记索隐》案：“徐广云，在会稽，非也。今案豫章三十里有梅岭，在洪崖山足，当古驿道。此文云‘豫章梅岭’知非会稽也”；《史记正义》引《括地志》云：“‘梅岭在虔化县东北一百二十八

---

① 《大清一统志》卷454《南雄直隶州》，第9页。

② 道光《直隶南雄州志》卷24《古迹略·署宅》，道光四年刻本，第5页。

③ 《广东新语》卷3《山语·梅岭》，中华书局1985年版，第66页。

④ 《史记》卷114《东越列传》，第2982页。

⑤ 同上书，第2982、2983页。

里’。虔州，汉亦属豫章郡，二所未详”[①]。到底是唐豫章郡境梅岭还是虔州虔化县梅岭？《通典·州郡典》“虔州虔化县”曰：“昔汉闽越反，汉使诸将屯梅岭，即今县界。”[②]《太平寰宇记》卷一〇八《江南西道》虔州虔化县亦云：“梅岭，在县北一百二十里，汉时闽越反，汉使诸校屯梅岭，即今县界。”[③] 看来汉时灭闽越所驻军地当唐宋虔化县境梅岭无疑。虔化县于绍兴二十三年（1153）改名为宁都，治所即今江西宁都。从梅岭发源的河流古称宁都水、于都水、梅川，今名梅江。宁都梅岭山“古多梅树，故名”[④]，其东距闽江上游金溪、九龙溪不远，历来为闽赣通道之一。看来，此汉诸校屯驻豫章梅岭与大庾岭无涉。

唐司马贞《史记索隐》云“豫章三十里有梅岭”，此即南昌西山。《太平寰宇记》曰：“南昌（山），亦名洪崖山。”[⑤]《舆地纪胜》亦云：“梅岭，在西山极崇峻处，下有梅仙观，今号阳灵观，旧说梅仙弃南昌尉学道于此。”[⑥] 此梅仙即梅福，《汉书》卷六七有传，为汉成帝时人，因直谏未果，弃南昌尉，即于南昌西山学道。梅福既为成帝时人，远较武帝晚，故此梅岭不应“在武帝时便得名梅岭也”[⑦]，故南昌梅岭亦与汉军驻地及王温舒所出梅岭无涉。

值得一提的是，晏殊的《晏元献公类要》对梅岭记载不尽一致。在虔州虔化县下曰：“梅岭，在县北一百二十二里，汉时闽越反汉，使诸枝（校）屯梅岭，即今邑界。”[⑧] 而在南安军下引汉诸校尉屯梅岭之事后，又：“《史记注》云：南安军在会稽界，殊以为必今大庾岭是也。”[⑨] 虔州及南安军内容并非晏殊四世孙晏褒所补，其前后矛盾可见一斑。《晏元献公类要》今存本皆为残本，天一阁所藏本为从

---

① 《史记》卷114《东越列传》，第2982页。
② 《通典》卷182《州郡二》，第2638页。
③ 《太平寰宇记》卷108《江南西道》，第157页。
④ 《大清一统志》卷333《江西·宁都州》，第56页。
⑤ 《太平寰宇记》卷106《江南西路·洪州》，第4页。
⑥ 《舆地纪胜》卷26《江南西路·隆昌府》，第7页。
⑦ 《江西考古录》卷3《梅岭》引邱成和《梅岭考》，光绪十七年刊本，第19页。
⑧ 《晏元献公类要》卷1《江南路至江阴军》，四库全书存目本，第163页。
⑨ 同上书，第182页。

宋本中抄出，虽残缺，但弥足珍贵，惜未睹其藏本，而今本四库存目影印西安文物管理委员会所藏清抄本为两淮所本，存三十七卷，章节次序颠倒，内容谬误较多。故《元一统志》引晏殊《类要》云“小梅岭，在保昌县东”① 即南雄东值得怀疑。

上引《史记索隐》提到南昌梅岭处洪崖山足。洪崖山因洪崖先生得名。史载洪崖其人有二，一为三皇时伶伦得仙者，号洪崖神仙；一为唐时张氲者，亦号洪崖先生，《新唐书·艺文志》有张说《洪崖张氲传》一卷。② 洪崖山亦“在新建县西三十里”③，新建县与南昌县同治一城，则洪崖山与梅岭同处一地。南昌有梅岭、洪崖山，至明清时，广东南雄府（州）亦有洪崖山。其山在府县东九十里“崖山平旷，有洪崖庵”④，《大清一统志》卷四五四《南雄直隶州》亦云：“洪崖山，在州东北九十里，高数千仞，周五十里，崖石平旷，有修竹茂林之胜。”⑤ 是否将南昌梅岭等同于南雄洪崖山，才出现南雄小梅岭在府（州）城东北之误。

之所以出现将小庾岭置于大庾岭之东的错误，也就是小梅岭在梅岭之东，南雄城东北之误，其中原因之一也与《舆地纪胜》的记载有关。《舆地纪胜》卷九三《广南东路·南雄州》云“大庾岭，去（南雄）城八十里”⑥，而同卷“秦关”条又曰：“在城东北四十里。《南康记》云：‘南康县大庾岭四十里横浦有秦时关，今怀化驿是也’。”显然距南雄城四十里的秦关是从南雄距大庾岭的八十里距离减去大庾岭至横浦的四十里而来。至于秦横浦关位置何以在南雄东北，当受晏殊《类要》所云“小庾岭在保昌县东”的影响。

小梅（庾）岭即不在南雄城东北四十里，嘉靖《南雄府志》所云“（大庾）东四十里曰小庾”⑦ 当误。《读史方舆纪要》所云“小梅

① 赵万里辑：《元一统志》卷9《南雄路》，中华书局1966年版，第679页。

② 《舆地纪胜》卷26《江南西道·隆兴府》引《云谷杂记》，咸丰五年南海王氏刻本，第18页。

③ 《舆地纪胜》卷26《江南西道·隆兴府》，第11页。

④ （明）谭大初：嘉靖《南雄府志·提封·山川》，第87页。

⑤ 《大清一统志》卷454《南雄直隶州》，第3页。

⑥ 《舆地纪胜》卷93《广南东路·南雄州》，第3页。

⑦ （明）谭大初：嘉靖《南雄府志·提封·山川》，第87页。

关，在（南雄）府东北四十里小梅岭上，山径荒僻，有路通三洲、五渡、龙南、信丰等处，贼每由此窥窃往来。旧有土城，恃为限蔽。明嘉靖三十四年，贼由此突入，寻由此逸去。三十六年改为砖砌。城东西二十余丈，与新城相为形援，万历以后屡经修筑”①，显然，此为南雄东北通赣南的乌径路，此小梅关与南安府通南雄州的梅关道无涉。正如道光《直隶南雄州志》云：“小庾岭，城北六十里，郭氏（棐）《通志》云在城东四十里，晏公《类要》云在保昌县东均未确。”②

小梅（庾）岭既不在南雄城东北，其位置在何处？其与横浦关有何关系？

三　小梅关和横浦关的位置

无独有偶，《广东新语·山语·腊岭》将小梅岭置于广东乳源西北关春岭之东的梅花峒，③ 亦误。《读史方舆纪要》在江西南安府大庾县却有另两处小梅岭记载，“一在府北一里，与梅关相对；一在府西南十五里，较梅岭差平小。《志》云：小梅关相传唐开元以前入粤之路，由此渡章水滩故名”④。后者显然与南安至南雄路有关。此云《南安府志》当为明志。《大明一统志·江西名胜志》卷一三《南安府》亦引明志云：“小梅岭有二，一在城北里许；一在城西南十五里游仙乡，唐开元以前，入粤之路由此。相传骑羊仙人由此过章水滩。”康熙《南安府志》亦云：“小梅岭，在庾岭稍西北游仙乡，实与庾岭联络也。唐开元以前入粤之路由此，故又名小梅关。”⑤《大清一统志》亦曰：“小梅岭，在大庾县西南二十五里，大庾岭稍西北，较大庾差平小，相传唐开元以前入粤之路由此。又名小梅关。”⑥ 看来，小梅关应在大庾县西南的游仙乡辖境，其得名与开元前入粤路有关。

---

① 《读史方舆纪要》卷120《广东·南雄府》，上海书店出版社1998年版，第3页。

② 道光《直隶南雄州志》卷10《山川》，第4页。

③ 《广东新语》卷3《山语》，中华书局1985年版，第67页。

④ 《读史方舆纪要》卷88《江西·南安府》，第55页。

⑤ （清）李世昌：康熙《南安府志》卷3《山川》，《北京图书馆古籍珍本丛刊》，第32册，书目文献出版社1998年版，第557页。

⑥ 《大清一统志》卷332《南安府》，第7页。

崇祯《大明一统名胜志》与《读史方舆纪要》引旧志皆云小梅关在游仙乡过章水滩处，当误。因小梅关与小梅（庾）岭有关，为扼守山岭关隘。从大庾县南行，“出水城南门南行五里至五里山……又自五里山分路西南行五里至巩桥，又十里至十里涧，又十里至小梅关，与南雄州交界。自郡城至此三十里”。同治时，小梅关“关墙已颓圮，仅存基址而已”①。查《中华人民共和国地名词典·广东省》亦云：“小梅关，在广东省北部大庾岭上，大梅关西部约 3.5 公里的梅岭南坡。相对于大梅关而名。两侧为海拔约 450 米的丘陵低山，横切不足 1 公里便接江西省的十里径裂谷。路不如梅关岭道直，但坡度小，修筑公路方便。瑞澜公路（323 国道）经此。今取代梅关而成粤赣交通大动脉。”② 清代由大庾县至小梅关道及今日的 323 国道是否就是唐开元前赣粤之道呢？

隋开皇十年（590），俚帅王仲宣反，遣部将周师举围东衡州（即韶州，治今广东韶关南），“贼立九栅，屯大庾岭，共为声援。（裴）矩击破之”③。按“九栅故址，在大庾县南”，“《元志》：今县西南安庾里，有游仙径，崎岖硖石中六七里乃抵关路，两山对峙，内有广谷容寨栅，即九栅故址也”④。《元一统志》已佚，今赵万里辑校本无此条。《大明一统名胜志·江西》卷十三《南安府名胜志》所载亦同。⑤ 游仙径即今十里径裂谷，今裂谷中仍有游仙（圩）、解放茗等村，径长十里，近似东西，稍偏西北—东南走向，裂谷周围为海拔 450 米左右的低山丘陵，隋九栅故址在此裂谷之中。按同治《江西全省舆图》云：自大庾县西行二十五里至分水凹，“分水凹东南行五里至横沼，又过渡南行五里至游仙墟，又南行偏东十里，与南雄州交界。自郡城至此四十五里。按此地在小梅关之西，土人亦混称小梅关。实不自小梅关出口。山势至此中断，西来之山自此斜趋，东南不与小梅关之山相接，计缺口七

---

① 同治《江西全省舆图》卷 8《南安府大庾县图说》，同治七年刻本，《中国方志丛刊·华中地方》，第 102 册，成文出版社 1975 年版，第 682—683 页。

② 《中华人民共和国地名词典·广东省》，商务印书馆 1994 年版，第 530 页。

③ 《隋书》卷 67《裴矩传》，中华书局 1973 年版，第 1577 页。

④ 《大清一统志》卷 332《南安府》，第 11 页。

⑤ 《大明一统名胜志·江西》卷 13《南安府名胜志》，第 10 页。

十余丈，旧有边墙，今圮废”[①]。看来，游仙径出口与小梅关并非一地，游仙径与小梅关道（南北）亦走向不同。相对小梅关来说，游仙径的防御作用更显重要。正如同治《江西全省舆图·大庾县图说》云：“（梅关）迤西十五里为小梅关，墙垣颓废。又地形逼窄，难容多人。再西为游仙墟，其南偏东出口之处与小梅关仅隔一山，地势宽平，无险可扼，守御之要，应为第一。”[②]

正是隋九栅故城扼守大庾岭要道，才被叛军看得如此重要。不过，据《新唐书·地理志》所载，韶州始兴县（治今地）东北有安远镇兵。[③]从“安远镇在（始兴）县东北一百五十里”及“大庾岭在县东北一百七十二里”来看，[④]安远镇应在大庾岭南麓，扼守大庾岭南下之道，与隋九栅城应相距甚迩，甚或两者为一地。

那么，九栅故城所在的游仙径是否就是秦汉塞上即横浦关所在呢？据《太平寰宇记》引《吴录》云：“南野县有大庾山，九岭峤以通广州”；又引《太康地理志》云：“岭路峻阻，螺转而上，逾九蹬，二里至岭，下七里，平亭”；又引刘嗣之《南康记》曰：“平亭谓之横亭。”[⑤]晏殊《晏元献公类要》亦引《吴录》《太康地志》（一作《太康地理志》）与《太平寰宇记》所载有出入。文曰：“岭路峻阻，累（螺）转而上，逾九去二里至顶。上七里，平行十里至平亭。刘嗣之《南康记》言‘平亭谓之横亭’。”[⑥]既已至顶，何以又上七里？《大明一统名胜志》引《吴录》曰：“南野县有大庾山，其路峻阻，螺转而上，逾九蹬，二里至顶，下七里，平行十里至平亭。平亭者，横亭也，为古入关之路。”[⑦]而王谟《汉唐地理书抄》又引《太康地志》云：“岭峻阻，螺转上，逾九蹬，二里至顶，下七里，平行十里至亭，一名横亭，一名塞上岭。”[⑧]平亭或作横亭应是横浦关所在。

---

① 同治《江西全省舆图》卷8《南安府大庾县图说》，第688页。

② 同上。

③ 《新唐书》卷43《地理志》。

④ 《元和郡县图志》卷34《地理志》，第902页。

⑤ 《太平寰宇记》卷108《江南西道·大余县》，四库全书本，第157—158页。

⑥ 《晏元献公类要》卷1《江南道至江阴军》，第163页。

⑦ 《大明一统名胜志·江西》卷13《南安府》，第831页。

⑧ 《汉唐地理书抄》，中华书局1961年版，第169页。

从大庾岭至横浦的三（四）十里路程来看，应是大庾岭下盘旋上山而达山顶。这里的平行十里非游仙径即今十里径莫属，其近似东西走向的宽谷，再向东横切一二里，应为今小梅关出口，由此向东，两岸为丘陵低山，中间长约七里的近似东西状的宽谷，今南山水上源即流经这里。平（横）亭设在东西各七里和十里的裂谷中（最窄处在今小梅关至丹竹坑、岬上至高坑间仅750米左右，而最宽处亦不过1500米左右），其称谓称平（横）再恰当不过，其“塞上”之号亦名不虚传。《祥符图经》云：“大庾岭上有秦时废关，即秦上。”[①] 这里东西谷中都有水源可以利用。不在此处设关，又在何处？舍此别无他选。

《大明一统志》载：“横浦关，在（南安）府城西南三十里，旧记汉将军杨仆讨吕嘉，出豫章，下横浦即此处。关外颇峻绝，关内旷谷可容寨栅，疑即古入关之故路，及张九龄开凿庾岭，此关乃废。”[②]《大明一统名胜志》亦云“横浦关，在（大庾）县西南三十里，秦时关也”，“关内旷谷，可容寨栅，即古入关之路”[③]。唐开元四年以前，秦塞上及隋九栅故址，“同此一处，是为旧关”，以后为新关即梅关。“《（广东）通志》此条下引《名胜志》‘关之外南下亦峻’一条则又混而为一矣。”[④] 即新关梅关南下险峻，而与秦横浦关无涉。

从以上乾隆《大庾县志·山川》和同治《江西全省舆图·南安府大庾县图说》得知，旧横浦关在大庾县城西南三十里，新关梅关在城正南二十里，两者均在大庾岭上，“相去十有五里”。今小梅关距梅关仅七里，故与秦横浦关相关的小梅关应是游仙径出口附近即“土人亦混称小梅关”地，而非今小梅关。

值得注意的是，横浦关既在大庾岭上，而前说从南康县大庾岭行三（四）十里而达横浦。大庾岭在此处已非一山脉，而应是具体的一个点。从以上引《南康记》所云至横浦关（平亭、横亭）的路程来看，此起点无疑应是山下。山下三（四）十里而达旧横浦，与今大庾县城至游仙径出口路程相当，而与清大庾县至小梅关距离三十里

① 乾隆《大庾县志》卷6《山川》，乾隆十三年刻本，第17页。

② 《大明一统志》卷58《南安府志》，第18页。

③ 《大明一统名胜志·江西》卷13《南安府名胜志》，第10页。

④ 乾隆《大庾县志》卷6《山川》，第18页。

无关。大庾县在唐神龙初以隋大庾镇设县，在隋置镇前，《南康记》曰："前汉南越不宾，遣监军庾姓者讨之，筑城于此，因之为名。"[①]《大明一统志》云："庾将军城，在（南安）府城西南二里，旧有庾将军庙。"[②]"《志》云：古城池在水南驿使门之南，旧北（应为南）达庾岭之路也，其西南隅即今城隍庙后郡人犹称土城背。"[③]故《南康记》所云"南野县大庾岭三（四）十里至横浦"的"大庾岭"应为"大庾城"为妥。

唐张九龄凿大庾岭前，"初，岭东废路，人苦峻极。行径夤缘，数里重林之表；飞梁嶫峨，千丈层崖之半。颠跻用惕，渐绝其元"[④]。由于攀登及下坠之苦，加之林木茂繁，道路渐废。这里的"岭东废路"即是古横浦关的道路。"岭东"一词有两方面含义，一是大庾岭一名东峤，居五岭之东；[⑤]二是古横浦道居大庾岭之东。《大清一统志》云："按诸说则古之大庾岭，应在今（南雄）县西北，近江西崇义县界。今所谓大庾岭，即《水经注》东溪所出之石阁山，九龄所谓岭东废路也。"[⑥]九龄率人"缘蹬道，披灌丛，相其山谷之宜，革其板险之故"，且利用"岁已农隙"，"役匪逾时，成者不日"。[⑦]所成新道显然部分利用旧蹬道，凿石通道，"刊山剔石而关始通"。宋宝庆元年（1225），重修梅关附近的云封禅寺，记录从南安军出发，"逾横浦而南陆行十余里，山行五六里，盘迴缭曲，跻于岭巅，界江、广之交，石壁对峙，是为梅关"[⑧]，此梅关道应为九龄所凿。而此横浦为章水（详下），非秦横浦。

秦横浦关既以横浦水得名，横浦水到底指哪条河流？是今广东南雄西北的凌江，还是今南雄东北的南山河（以上两水皆在浈水上游），还是今江西大余章江？

---

① 《元和郡县图志》卷28《江南道》，第673页。
② 《大明一统志》卷58《南安府》，第19页。
③ 《大明一统名胜志·江西》卷13《南安府名胜志》，第1页。
④ 《曲江集》卷17《开凿大庾岭路序》，四库全书本，第5页。
⑤ 《元和郡县图志》卷34《岭南道》，第962页。
⑥ 《大清一统志》卷454《南雄州》，第4页。
⑦ 《曲江集》卷17《开凿大庾岭路序》，四库全书本，第5页。
⑧ 徐鹿卿：《清正存稿》卷5《云封禅寺重修造记》，四库全书本，第5—6页。

四　横浦水上源为古浈江上源即今南山河

《大清一统志》卷三三二《南安府》云："章江，在府城南门外，源出聂都山，东流过府东……即古赣水，亦即豫章水，亦曰南江，又名横江、横浦。"[①] 章水得名于横浦，据说"（横浦）关以郡城临章江，自西流东，横绕南岸而名"[②]。秦时今大庾未设县，何来郡城之说?《太平寰宇记》并未提到横浦，其引刘嗣之《南康记》云："平亭谓之横亭，热水出聂都山"；又云："热水昔名豫（应为章）水，汉置（豫）章郡，因此水源为名。"[③] 显然，平亭与热水无关。至南宋时，横浦成为章水乃至南安军的代称。上云从南安至梅岭的路途首先需越横浦即章水。《清正存稿》亦有诗云："我来横浦访遗言，无垢先生有正传。"[④] 张九成谪居南安十四年，因自号横浦居士，其文集名曰《横浦集》，今本四库全书史部第1138册收录其书。宋以后，横浦之名仍沿用之，"横浦桥，在府城南门外，元延祐中建"；"横浦驿，在大庾县南横浦桥之南。旧有水马二驿，明洪武三年并为一驿，本朝乾隆二十一年裁"[⑤]。明南安府"郡名横浦，因府城大江自西流东下横绕南岸而名"[⑥]。这些称谓显然是宋初《太平寰宇记》以后出现，与秦时横浦无涉。秦横浦因水得关名。故康熙《南安府志》云"横浦关在邑南，跨漳（章）江翼两城间"误。[⑦] 上引《汉书·武帝纪》已明确说明杨仆军"出豫章，下浈水"，横浦指浈水。如横浦在大庾岭北，又如何云居高临"下"呢?横浦水应在岭南，指浈水无疑。

横浦既指浈水，其上源河流到底指哪一条?《水经·溱水注》云：

---

① 《大清一统志》卷332《南安府》，第8页。

② 《大明一统名胜志·江西》卷13《南安府名胜志》，第10页。

③ 《太平寰宇记》卷108《江南西道》，第157页。

④ 《清正存稿》卷6《去岁王监狱以诗饯行且求无垢语录次韵送之》，第32页。

⑤ 《大清一统志》卷332《南安军》，第14页。

⑥ 《寰宇通志》卷44《南安府》，《玄览堂丛书续集》，第54册，第14页。

⑦ （清）李世昌：康熙《南安府志》卷7《兵防》，《北京图书馆古籍珍本丛刊》，第32册，第625页。

“（东溪）水出始兴东，江州南康县界石阎山，西流而与连水合。水出南康县凉热山连溪，山即大庾岭也。五岭之最东矣，故曰东峤山。斯则改装之次，其下船路，名涟溪。涟水南流，注于东溪，谓之涟口，庾仲初谓之大庾峤水也。”① 《太平寰宇记》曰：“鲢水在浈昌县西十里，源出上陵江，以春多鲢鱼，因名。”② 《舆地纪胜》又曰：“水流三十余里，会于保水。”“保水，古贞水也，在州东。”③ 如此，则涟水汇于浈水无疑。浈昌县治所在今南雄，查今南雄西诸河流，唯有凌江可以当之。从连溪南流三十里入浈水来看，只有今凌江的支流吊基岭水或网岭水适合。“耆旧云：天禧中凌皓知保昌县，兴水利，农感德不忘，因号凌江水。”④ 由于凌江水下游兴修水利，今很难确定涟溪是凌江的哪条支流。《大清一统志》以凌江为楼船水，“按楼船水本以楼船将军出此得名，相近有杨历崖，亦以杨仆所历为名也。何以凌江为楼船水，则凌江即横浦无疑”⑤。《水经注疏》在注释“下船路”引《太平寰宇记》曰：“‘楼船水在浈昌县北五十里，出大庾岭之西，傍岭横流，因名楼船水’。按楼船水本以汉楼船将军出此得名，然实下船入番禺之路也，故郦氏特揭出。”⑥ 由此看来，好像横浦（楼船水）、连溪（水）、凌江是一条河流，实际上，连溪（水）与凌江有关，横浦水（楼船水）与此无关。虽然《舆地纪胜》将连（一作涟、鲢）溪与凌江并列，但从其位置与水流走向来看，应为一水。而《太平寰宇记》所云一在县北五十里楼船水，一在县西十里连水，何能划作一起？且楼船水源于大庾岭西，傍岭横流，连水无能如何也不能当之。从地形来看，从小梅岭、游仙径出口“在西则为帽子峰、为黄罗坰、为三子口，形势宽阔，非重兵不足控制”⑦。帽子峰正居于凌江上游，海拔1058米，从游仙径最近至凌江支流的杨梅坑，还要再翻越高五十米以上的山岭。试想，放着游仙圩以东的平川

---

① 《水经注》卷38《溱水》，上海古籍出版社1990年版，第726页。

② 《太平寰宇记》卷160《岭南道》，第494页。

③ 《舆地纪胜》卷93《广南东路》，第3页。

④ 同上书，第4页。

⑤ 《大清一统志》卷454《南雄直隶州》，第5—6页。

⑥ 《水经注疏》卷38《溱水》，江苏古籍出版社1989年版，第3181—3182页。

⑦ 《江西全省舆图》卷8《南安府大余县图说》，第265页。

河谷不走，何以择难避易呢？

笔者以为今南山水即北坑水、长浦（圃）水应为横浦即楼船水。原因有三。第一，从上述横浦关及游仙圩来看，这里地形起伏不大，河谷横布，与“塞上”形势相符；而大庾岭延绵二百多里，其地形东西高，中间低。即横浦关及游仙圩所在的这一段地势较低，而凌江所在的西段以及昌江所在的东段地势高，从地形上考虑，应选择在南山水附近地形较低的便利处。第二，唐时大庾岭已指今梅关附近，较前位置已东移。《太平寰宇记》曰“唐文明元年，割始兴化南、横山二乡为浈昌县，在庾岭下，以水为名”，而“大庾岭在县北九十里”①。浈昌县“北当驿路，南临浈水”②。大庾岭既然已经东移，楼船水源于岭西横流，南距浈昌五十里，今南山水上源（北坑水）完全符合以上记载。而且北坑水北经梅岭汛而达梅关，就在梅岭汛南行与北坑水交汇处，设有新路口汛。新路口显然是相对于原来北坑水即横浦水而言的。③ 第三，南山水古称长浦（圃）水。道光《直隶南雄州志》曰：“卓锡泉一名霹雳泉……”其引《旧志》曰：“味甘冽，其下长浦之水出焉，南流合于浈水，大庾令连潜有记。”④ 查霹雳泉与禅宗六祖惠能“大鉴禅师得法南归经庾岭，有卓锡遗迹”有关。⑤ 如果六祖果真经此，卓锡泉传说不误，则卓锡泉附近亦为交通道路所经，且其时在开元凿大庾岭前。查连潜为南宋绍兴时大庾县令。⑥ 宋绍兴时，今南山水已称长浦水。后代将长浦水作长圃水。《大清一统志》曰：“长圃水，在州东北四十里，源出梅岭，南流入东江。”⑦ 今南山水上游一为北坑水，一为横水，即今横江，两水源头相距甚迩，都在小梅关以南，古横浦水或为长浦水、横水合称，或指其中一水，待考。第四，上述长浦水源头卓锡泉，与开元前的六祖惠能有关。同样，在横浦水上有越王城，且浈水源头即为长浦水。也就是说，古浈

① 《太平寰宇记》卷160《岭南道》，第494页。

② 《元和郡县图志》卷34《岭南道》，第903页。

③ 宣统《广东舆地全图·南雄直隶州图》，宣统元年广东参谋处测绘刊本。

④ 道光《直隶南雄州志》卷10《山川》，第15页。

⑤ 《舆地纪胜》卷93《广东南路》，第4页。

⑥ 乾隆《南安府大庾县志》卷10《职官志》，乾隆十三年刻本，第2页。

⑦ 嘉庆《大清一统志》卷454《南雄州》，第6页。

水应指今南山水，越王城是古交通道路所经。《大清一统志》云“越王城，在州北，秦并六国，越复称王，自皋乡逾零陵至于南海，梅绢从之，筑城浈水上，秦王居之。浈水出梅岭，筑城当在岭间，故梅岭又称越王山”；“梅绢故宅，在州北梅岭，岭南红梅驿，驿有城，当岭之路，半累石为门，南北以此为中，相传绢所家焉”①。道光《直隶南雄州志》：“又谓南雄《旧志》多本唐宋图经，（梅鋗封）台侯事必非意造。”② 梅绢故宅，又称梅绢城、中站城，居南雄城北五十里，梅关道贯穿其中。此东不远即为长浦水。既然越王城筑城于浈水上，亦应距此不远。而且，据嘉靖《南雄府志》载：“浈（水）源出梅岭下，流经灵潭、乌源都，至何村与昌水合。”③ 灵潭、乌源都皆在今南山水流域，南山水至何村入昌水，则古浈水上源皆长浦水即南山水无疑。《大清一统志》卷四五四《南雄直隶州》所载同。而同治《广东图说》卷八六《南雄》以及宣统《广东舆地全图·南雄州图》皆以南雄东北油山、瑞云峰之水（今太源水）当之，误。既然浈水上源古指长浦水，长浦水源头北坑水或横水作横浦水亦较恰当。梅绢城明清为梅关道要冲，之所以改为中站，与南雄、南安两府各建城之半，共同拨兵戍守有关。且考古在今中站城城北墙下发现东汉墓一座，城东北二百米发现晋墓，出土一些陶瓷等物品，证明这里在汉至晋时，应有人类在此生存居住。④

五　小结

综上所述，秦横浦关既为控大庾岭要扼的险关，无论从北和从南考虑，其军事地位都非常重要，其地理位置不同于以后的梅关，但与梅关一样都起到了同样作用。本文通过以上考证，其主要结论为：

（1）秦横浦关得名于横浦水，楼船将军杨仆“出豫章，下横浦”

---

① 嘉庆《大清一统志》卷454《南雄州》，第7—8页。

② 道光《直隶南雄州志》卷2《封建》，第24页。

③ （明）谭大初：嘉靖《南雄府志·提封·山川》，第91页。

④ 《南雄县志》编委会编：《新编南雄县志》第4编第6章“文物”，广东人民出版社1991年版，第712—714页。

应是从大庾岭南麓的横浦水即浈水而南下的。

（2）《史记索隐》所云“汉诸校卫屯梅岭”为今江西宁都县东北梅岭，与大庾岭无涉，与南昌西山即洪崖山亦无关。

（3）横浦（废）关在大庾岭三（四）十里处，应从山北麓大庾岭城而盘曲向上，至顶下七里，平行十里到达。平（横）亭即是废关所在。

（4）横浦水即楼船水，即今南山水，亦即古浈水上游。其方向和距离与《太平寰宇记》等史书所载合，非《大清一统志》等书所云凌江水。

（5）隋九栅故城在游仙径（今十里径裂谷），其南即为古横浦关，这与史载及今地形相符合。

（6）《水经注》所云的“下船路”连溪即凌江并非横浦水。

（7）小梅关并非在梅关东北四十里，而在梅关西北。小梅关并非秦横浦关。

（8）张九龄凿大庾岭新道应部分利用旧道而开山辟石，截直修建。其新道在旧道之东。

（9）游仙径应为唐开元前古道所经，并非清时小梅关道。

（原载《历史地理》第19辑，上海人民出版社2003年版）

秦汉时期南岭交通的开发与南北交流

史学界对南岭（五岭）的研究成果多集中于五岭的得名与指代方面，有关秦汉南岭交通的开辟也多涉及秦始皇、汉武帝的两次用兵和灵渠等的修筑，没有穷尽秦汉南岭交通修建的其他事实。相关成果有：王子今《秦汉交通史稿》（中共中央党校出版社 1994 年版），张荣芳《秦汉史与岭南文化论稿》（中华书局 2005 年版），余天炽《秦汉时期岭南和岭北的交通举要》（《历史教学问题》1984 年第 3 期），邢丙彦《秦汉时期北方与岭南交通的发展变化》（《上海师范大学学报》（哲学社会科学版）1984 年第 3 期），吕名中《秦汉通南越要道考略》（《中南民族学院学报》1983 年第 3 期），陈代光《论历史时期岭南地区交通发展的特征》（《中国历史地理论丛》1991 年第 3 期），等等。至于交通对岭南社会的影响也有何海龙《走出蛮荒——交通与秦汉时期的岭南越族社会浅析》（《贵州民族研究》2006 年第 4 期）等论文间有涉及。本文拟在前人研究的基础上，补缀相关史实，揭示秦两次修南岭峤道，两汉五次新修和改建南岭交通的历程，阐述这些水陆交通开辟的目的与用途，揭示南岭交通对南北交流的作用，不足之处还请方家指正。

一　秦汉南岭交通开发的历程

南岭是一系列东北西南向排列而总体呈东西向山脉的总称，是长江与珠江水系的分界线，是我国重要的一条自然和人文分界线。岭南与岭北，两者在诸多方面存在着差异。虽然南岭阻挡南北，但先秦时岭北与岭南的民间交通往来就已存在，人们利用山脉间形成的天然径道而往来南北。据《史记·苏秦列传》记载，战国后期楚国“南有洞庭、苍梧”，苍梧的范围，一般认为未逾南岭，但已达南岭山脉的九嶷山附近。到秦汉时期，“古人云：‘五岭者，天地一隔内外。’”①五岭（南岭）已经是南北重要的自然和人文的分界线。

考古发现楚怀王六年（前323）所制的“鄂君启舟节”铭文也载：“上江，内（入）湘，庚𦬏（商），庚郙（商）阳；内（入）㵠，庚鄙；内（入）资、沅、澧、澭（油）。”这其中有关湘水沿岸的交通路线记载较详，反映出当时湘水比资、沅等其他几条水道更为重要，应是楚人南下五岭的主要水道。据谭其骧先生考证，𦬏即今湖南湘阴县湘水西岸濠河口与乔口之间；郙阳即汉洮阳县，今广西全州湘水上游支流洮水（今黄沙河）北岸；鄙当汉代便县，即今湖南永兴县㵠（耒）水中游北岸。鄂君的水程西南路入湘、入耒，航线遍布于今鄂西南、湖南极大部分，远至广西边境。②楚国在湘水、离（漓）水分水岭附近设有郙阳（鄂君在此地免税），这与西汉马王堆帛画地图所记桃（洮）阳当指一地，此说应无误，则楚南界已达南岭。可见，早在战国中晚期，楚国的官商船队就经由湘、资、沅、澧诸水，远达沅湘上游及五岭地区经商，最远可达浥阳等五岭关口。结合包山楚简来看，楚人主要是由环洞庭湖各县邑和湘水沿线而南达五岭的。③

值得一提的是，《史记·甘茂列传》载，公元前305年，楚灭越国，“故楚南塞厉门而郡江东”。厉门，《史记集解》引徐广曰：“一作濑湖”；《史记正义》引刘伯庄云：“厉门，度岭南之要路。”《读史方舆纪要·江西南安府横浦关》“或曰即楚之厉门”，并认为徐广注释“似误”。实际上，楚之厉门不在粤赣交界的横浦关，而在离

---

① 《水经》卷36《温水注》引范泰《古今善言》汉日南张重语，上海古籍出版社1990年版，第681页。

② 谭其骧：《鄂君启舟节铭文释地》，《长水集》下，人民出版社1987年版，第193—211页。

③ 钟炜：《试探洞庭兵输内史及公文传递之路线》，《长沙大学学报》2007年第1期。

（漓）水支流濑水（荔江），即今广西荔浦南，[①]《中国历史地图集》第一册相关图页也标绘于此。果真如此，则楚南界关口已越过南岭，湘水—离水通道已经形成。

秦汉是南岭交通形成和发展的关键时期。秦始皇在统一岭南前，公元前220年就修道伐木，“为驰道于天下，东穷燕齐，南极吴楚，江湖之上，滨海之观毕至”[②]。上述楚境已达南岭，修驰道应及楚地湘水流域。据《史记·秦始皇本纪》载，公元前219年秦始皇第二次出巡时，还达长沙郡境的湘水下游的湘山（今岳阳西北洞庭湖）。而在更远的零陵县东有秦驰道遗迹。《方舆胜览》云：“秦驰道，在零陵东八十里。阔五丈余，类今之河道。两岸如削，夷险一致。始皇命天下修道以备游幸，即此也。”[③] 此说若不误，则秦第一次始凿通南岭，且有永州零陵附近的遗迹证明。

公元前218年，秦尉屠睢率五十万大军，分“为五军：一军塞镡城之岭，一军守九疑之塞，一军处番禺之都，一军守南野之界，一军结余干之水，三年不解甲驰弩”[④]。镡城之岭即今越城岭；九疑塞当九疑山之要塞，在今湖南宁远南；南野之界当今江西南康之南。据法国学者鄂卢梭考证，此三路当戍守今越城、萌渚（九疑）、大庾三山要道，而番禺一军当长沙经骑田岭而达番禺。余干一军则结集江西余干而防守闽越。[⑤] 为保证进攻岭南的四军的转运需要，《淮南子·人间训》曰：“使监禄转饷，又以卒凿渠而通粮道”，这便是历史上有名的沟通湘水、漓水的灵渠。就在进军岭南时和占领岭南后，“秦所通越道”已经形成，此可谓秦的第二次修筑南岭交

---

① 徐南洲：《濑湖小考》，《古巴蜀与〈山海经〉》，四川人民出版社2004年版，第158—161页。

② 《汉书》卷51《贾山传》，中华书局1962年版，第2328页。

③ 《方舆胜览》卷25《湖南路·永州》，中华书局2003年版，第460页。其后《读史方舆纪要》卷81《湖广七·永州府》、嘉庆《重修大清一统志》卷371《永州府》等沿用此说。

④ 《淮南子》卷18《人间训》，上海古籍出版社1991年版，第203页。

⑤ ［法］鄂卢梭：《秦代初平南越考》，冯承钧主编《西域南海史地考证译丛》第9编，中华书局1962年版，第46—47页。

通，史书称“新道”①。

秦“新道”即“秦所通越道”主要是秦开凿南岭而通达岭南的道路。此道有四：一是由湖南零陵溯湘江而上，经严关（今广西兴安境）、秦城（同上），从湘桂走廊的灵渠入漓江，沿西江而达番禺等岭南各地；二是自湖南道县溯潇水越九疑塞而南达广西贺江再南通西江；三是自湘水支流耒水而达郴州，由此南越骑田岭，出阳山关（今广东阳山县西北），沿湟水（今连江）东南行，经湟溪关（今阳山西北）、洭浦关（今英德西南连江口附近），从北江而南达番禺；四是从江西南野溯赣江支流章江越大庾岭的横浦关（今广东南雄小梅关西）而达浈水入北江。② 阳山关、湟溪关、洭浦关皆是秦在连江设置的关隘，可见连江一线重要。而其他南岭诸山上有九疑塞、横浦关、谢沐关等。③ 这些军事要塞险隘，既是防御的堡塞，又是交通必经之途。实际上，从郴州南下，或走连江，或走武水。《水经·溱水注》就载泷水（武水）出峡谷处的泷口“西岸有任将军城，南海尉任嚣所筑也”。《元和郡县志》卷三四《岭南道·韶州》载“任嚣故城，在（乐昌）县南五里”。既在此筑城，“因中国方乱，欲据岭南，故筑此城，以图进取”，此武水道亦应是秦汉之际南岭一孔道。与洭浦关一样，《元和郡县志》卷三四《岭南道·广州》浈阳县（今广东英德东南）北四十里浈山，“尉佗为城于此山上，名曰万人城”，亦为防范北江南下通道的要塞。

1973 年在长沙马王堆三号汉墓出土的《地形图》《驻军图》，明确标绘出西汉初年长沙国与南越在五岭地区的郡县设置、山脉、

① 《史记》卷 113《南越列传》，中华书局 1972 年版，第 2967 页。《通典》卷 188 作“秦所开新道”。

② 余天炽：《秦汉时期岭南和岭北的交通举要》，《历史教学问题》1984 年第 3 期。另参见王元林《秦横浦关考》，《历史地理》第 19 辑，上海人民出版社 2003 年版，第 313—321 页。

③ 有关谢沐关的位置和遗迹，原富川县文馆所所长王国政于 2003 年发现谢沐关分东西两个隘口，东隘口叫牛塘隘，是天然的山形隘口，西隘口叫小水峡隘，是人工筑成的夯土墙，现在仍是桂湘两省的分界线（《两千多年古雄关呈现眼前 富川发现西汉谢沐关墙》，南方网，www. southcn. com/news/community/shgc/200303190978. htm），与《中国历史地图册》第 2 册相关标注有别，以前者为正。

河流、聚落、驻兵等地理。《地形图》绘制的主区为汉初长沙国所属桂阳郡的中部区域，相当于今湖南沱水流域。其中的八个汉县，桃（洮）阳县治在今广西全州，观阳县治在今广西灌阳，营浦县治在今湖南道县东门村，南平县治在今湖南蓝山东北古城，舂陵县治在今湖南宁远柏家坪，泠道县治在今湖南蓝山祠堂圩，龁道县治在今湖南蓝山所城，桂阳县治今广东连州。《地形图》防御的重点当在来自桂阳县东南的阳山关的连江沿线的南越军队。根据流域内的聚落研究得出，先民沿湘江支流舂陵水上溯至九疑山东北麓的南平地区定居，后向西进驻泠道地区，经过泠水、九疑河、潇水等，在潇水营浦附近，与沿潇水的移民汇合。到汉文帝初期，在九疑山、萌渚岭以北的地区内，东半部地区比西半部地区开发较为成熟，北半部地区比南半部地区开发较成熟，东北部是开发最为成熟的地区，西南部处于开发过程中或尚未开发地区。《驻军图》绘制主区为今湖南江华沱江上游深水流域的码市盆地，涉及岭南今广东连山、广西贺州的大宁河上游，图上的多处烽火台都在山地高处，主要防止赵佗军队沿连江或向西越过三江进入大宁河的上游地区，防止赵军南翼、东翼两面的进攻。[①] 当然，两图中绘有今岭南北江水系和西江水系桂江以东的大部，而尤以贺江上游支流的大宁河、连江等战略地位重要。从两图中不难看出，西汉文帝初期，五岭的交通以北部较为发达，当时的湘江上游的舂陵水流域、潇水支流沱江流域、湘江上游的灌江等都可资利用。河流上游的谷地、丘陵、山地等海拔较低，可以逾越，而岭南北江的连江、西江的贺江支流大宁河间也可以交通。由于五岭的骑田岭、九疑岭、萌渚岭、海洋山、越城岭等多为东北—西南走向的山系，南北错落不一，除利用河谷等交通岭南、岭北外，五岭山地之间交通开发也越来越细。

《史记·南越列传》载，汉武帝元鼎五年（前112），“卫尉路博德为伏波将军，出桂阳，下汇水；主爵都尉杨仆为楼船将军，出豫章，下横浦；故归义越侯二人为戈船、下厉将军，出零陵，或下离

---

① 张修桂：《马王堆汉墓出土古地图》，《中国历史地貌与古地图研究》，社会科学文献出版社2006年版，第437—518页。

水，或抵苍梧；使驰义侯因巴蜀罪人，发兵夜郎，下牂柯江，咸会番禺”。《汉书·武帝纪》所载略同，只是更明确各路进军路线。其中路博德一军出桂阳（治今湖南郴州），越骑田岭后下湟水（一作汇水，即洭水，今连江）；杨仆一军出豫章（治今江西南昌），沿豫章水（今赣江，上游为今章江）越横浦关而下浈水；戈船将军严出零陵（治今广西兴安北）下离水；下濑（即下厉）将军甲南下萌渚岭，沿贺江而达苍梧（治今广西梧州境，一言治今广东封开境）；驰义侯一军发兵夜郎，下牂柯江（西江上游红水河支流北盘江，一言从黔东南沿刚柳江、融水、柳江达西江）。五路进军路线，以牂柯江一道为新道。实际上，这条道路是在民间基础上发展而来的。南越国都番禺有蜀枸酱，则从蜀地经夜郎由牂柯江而达番禺。“然南夷之端，见枸酱番禺，大夏杖、邛竹”①，应是西南蜀、夜郎与岭南的交通发展的结果。用兵和民间交往，道路的修建和畅通十分重要，暂将此看作西汉的一次与南岭以及附近交通有关的事件。

东汉第一次修筑南岭交通是光武帝建武十五年（39）卫飒任桂阳太守，桂阳郡南部含洭（治今广东英德西北浛洸）、浈阳（治今广东英德东南）、曲江（治今广东韶关东南）三县，“去郡远者，或且千里”，百姓“传役”甚苦。“飒乃凿山通道五百余里，列亭传，置邮驿”②，大大拓展了骑田岭以南北江流域与桂阳郡治郴县（治今湖南郴州）的南北交通。今广东英德浛洸经乳源至湖南继而北上西京长安的官道，乳源大桥、红云等，乡镇民众至今仍称这条古道为“西京古道”。沿线仍有梯云岭、猴子岭等许多遗迹。“凿山通道五百余里”是否为沿北江—武水沿岸，还是沿北江达曲江县附近向西沿南水进入乳源而沿“西京古道”北上？笔者于2009年2月底去实地进行了考察，看见山体被开凿成石级路面，已被踩踏光滑磨损。用平整的麻石一块块垒出的那条延伸北上的蜿蜒石道，仍旧倔强地穿行于崇山峻岭间。虽然经过多年的人走马踏和风雨冲刷，但古道的路面仍然平整。梯云岭、猴子岭等许多遗迹是否就是汉代开凿，还是其后的唐宋等朝

① 《史记》卷116《西南夷列传》，第2994、2997—2998页。

② 《后汉书》卷76《循吏列传·卫飒》，中华书局1965年版，第2459页。

代，应结合相关的文字资料，对其古道再作探寻。虽然，南岭东部桂阳郡的局部交通有所改善，但两汉大部分时间内，岭南的政治、经济中心皆偏重在西部，故岭南西部从越城岭到萌渚岭的灵渠道和潇贺道仍为重要。

由于交阯二征的叛乱，东汉政府第二次修筑南岭交通。建武十六年（40），交阯二征反，“光武乃诏长沙、合浦、交阯具车船，修道桥，通障溪，储粮谷”。后马援等“发长沙、桂阳、零陵、苍梧兵万余人讨之”①。当时修路凿渠应包括桂阳、零陵在内。《太平御览》引《郡国志》：“后汉伏波将军马援开湘水为渠六十里，穿度城，今城南流者，是因秦旧渎耳。”② 时这里为零陵郡所辖，继秦以后东汉再修灵渠。唐莫休符《桂林风土记·灵渠》云：“后汉伏波将军马援开川浚济，水急曲折。四牙用遏其节，节斗门以驻其势。”今考古在兴安秦城遗址七里圩王城发掘时，发现城墙在东汉进行过二次加固。③ 桂江下游的唐马江县（治今广西昭平马江镇），“按《图经》云，‘其江是后汉伏波将军马援所开’”；北流县（治今广西北流）南的鬼门关，“汉伏波将军马援讨林邑蛮，路由于此，立碑，石龟尚在”④。则湘、桂（漓）江及北流江应是所趋之道，沿途“修道桥，通障溪”。

经过前代的修筑，南岭附近的交通有所改善，但至东汉章帝建初以前，“旧交阯七郡贡献转运，皆从东冶泛海而至”⑤。建初八年（83），郑弘“奏开零陵、桂阳峤道，于是夷道，至今遂为常路”⑥。《资治通鉴》胡三省注曰：“余据武帝遣路博德伐南越，出桂阳，下

① 《后汉书》卷86《南蛮西南夷列传》，第2837—2838页。

② 《太平御览》卷65《地部·江南诸水》，中华书局1960年版，第311页。

③ 中国社科院考古所广西工作队：《广西兴安秦城遗址七里圩王城城址的勘探与发掘》，《考古》1998年第11期。

④ 《太平寰宇记》卷163《岭南道·昭州》，中华书局2007年版，第3124页；卷167《岭南道·容州》，第3191页。

⑤ 《后汉书》卷33《郑弘传》，第1156页。

⑥ 同上。

湟水，则旧有是路，弘特开之使夷通。”[①] 郑弘建议把海道运送贡物变为陆路经由零陵、桂阳峤道运送。零陵、桂阳峤道，即越过南岭的交通道路。既作为贡道，还是应有所补修的，暂且把这次贡道改变看作东汉第三次改修南岭交通道路。零陵、桂阳境的峤道，应是两郡境内主要大道，而经零陵郡峤道主要转送交阯及岭南西部各郡特产，桂阳郡峤道主要转送南海郡贡物。零陵郡峤道以灵渠道为要，桂阳郡峤道以湟水（连江）、临武为重。和帝时（89—105 年在位），“旧南海献龙眼、荔支，十里一置，五里一候，奔腾阻险，死者继路。时临武长汝南唐羌，县接南海，乃上书陈状”。省罢水果珍羞之贡。[②] 临武（治今湖南临武东）为贡道必经，不但接连江，经今广东连县星子镇北“荆楚古道”接临武，[③] 而且还可从溱水（今北江及上游武水）到达。东汉中后期，由桂阳郡到南海郡，就是经溱水上游的武水而达北江，此道“商旅所臻，自瀑亭至乎曲江，壹由此水”[④]。

东汉第四次治理南岭的道路，就是整治经由武水而达北江的水路。刻于东汉灵帝熹平三年（174）武水昌乐泷上周君庙中的《神汉桂阳太守周府君功勋之纪铭》碑，是研究熹平初年桂阳太守周憬率众整治武水上游河道事实的重要碑刻。周憬“迺命良吏，（将帅壮）夫，排穨磐石，投之（穷壑），（夷）高填下，凿截回曲，（弼）水之邪性，顺导其经脉，断硍（溢）之（电）波，弱阳侯之汹涌。由是小溪乃平直，大道允通”[⑤]。这里至今号称“九泷十八滩”，当时治理水道可谓艰辛（参见图 1《秦汉南岭交通示意图》）。

---

① 《资治通鉴》卷 46《汉纪·肃宗孝章皇帝》“建初八年”条胡注，中华书局 1963 年版，第 1495 页。

② 《后汉书》卷 4《和帝纪》注引谢承书，第 194 页。

③ 黄兆星：《星子墟的传统经济》，谭伟伦等主编《连州的传统经济、宗教与民俗》（上），国际客家学会等 2005 年版，第 88—91 页。

④ （宋）洪适：《隶释》卷 4《桂阳太守周憬功勳铭》，文渊阁四库全书本。

⑤ 宋会群：《〈神汉桂阳太守周府君功勋之纪铭〉碑辑校和研究》，《韶关学院学报》2006 年第 8 期。

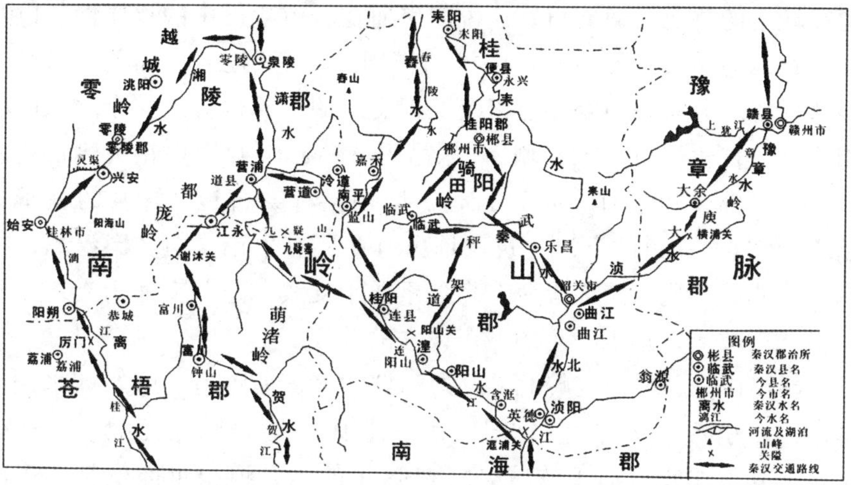

图 1　秦汉南岭交通示意图

资料来源：以东汉时期荆州扬州交州刺史部政区图为底图。

二　南岭交通对岭南城市建设、维护国家的大一统政治格局的作用

秦两次修南岭峤道，两汉五次新修和改建南岭交通道路，使南岭陆路和水路平整顺达，为岭南与岭北的各项交流奠定了基础。从历史时期至今，南岭交通所经之地及相关要塞，不但是保证交通安全的重要据点，而且还在拱卫岭南政治稳定、国家统一方面发挥了巨大作用。今广西地区确知的秦汉古城址有兴安的秦城、城子山古城（有学者以为汉零陵县治），全州的洮（桃）阳城（汉洮阳县治）、建安城，灌阳的观阳城（汉观阳县治）、贺州的临贺（汉临贺县治）、封阳（汉封阳县治）等，大都集中在桂东北的交通要道附近，而且城址的规模较大，保存也较完整。据学者研究，这些城堡最初大部分出于政治、军事目的，其选址除考虑自然地理条件以外，交通也是一个不可忽视的因素。从桂东北地区秦汉时期城址的分布来看，这些城址均位于河流两岸，洮阳城址、建安城址、城子山遗址、观阳城址都在湘江及支流的河岸；兴安秦城紧邻灵渠和大溶江；临贺、封阳两城址也都地处贺江河旁。湘江、灵渠、贺江及其河谷是秦汉时中原、长江流域

通往岭南的重要交通要道。这说明交通在城市建设中的重要性，以及交通路线的拓展对城市建设的推动作用。[①] 除湘桂外，湘粤、赣粤交通遗址也多分布在山隘要道以及控扼交通的河流近旁。如今广东南雄梅鋗城、仁化城口“西秦城”、乐昌乐城镇武水西岸梅花头建筑遗址等，乐昌郴（州）宜（章）古道、阳山县秤架古道、连县的星子古道等。[②] 这些古道的秦汉建筑遗址虽有些还有争论，但从秦汉始，岭南与岭北的交通道路无疑应有多条重要干支线，这些交通干支线无疑是沿线以政治、军事为重的城市设立的关键。

秦汉以降，岭南与岭北的交通道路大多遵循古道，诸如《水经·洭水注》引耆旧所言：“自阳山达乎桂阳之武步驿，所至循‘圣鼓’道也。其道如堑，迄于鼓城矣。”[③] 这里的圣鼓道很可能就是后来的秤架道（因经今广东阳山县秤架河得名）等道路。由桂阳而达阳山的秦汉古道，史载“秦凿杨山，桂阳县阁下鼓便自奔逸，息于临武，遂之始兴、洛阳，遂名圣鼓。今临武有圣鼓城”[④]。“阳山县有石墟村，村下有豫章木，径可二丈，秦时伐木为鼓，名曰圣鼓也”[⑤]，从桂阳、阳山、临武等地名看，秦汉时应凿有从今湘南到粤北的连江道及支流秤架河的秤架道。这些要塞和道路，为国家政令的下达以及岭南地区政情的上传起到了桥梁作用，加强了岭南地区与中原王朝的联系，使岭南地区纳入多民族中央集权大一统国家的版图内，加强了中原王朝对岭南越族地区的统治，有效维护了多民族大一统国家的政治格局。

秦汉以前，岭南为越族聚居之地。《山海经·海内南经》曰：

---

① 李珍、蓝日勇：《秦汉时期桂东北地区的交通开发与城市建设》，《广西民族研究》2001年第4期。

② 广东省文化厅主编：《中国文物地图集·广东分册》，广东省地图出版社1989年版，第72—73、83、179、180—181、288、289、311、450、488页。

③ 《水经》卷39《洭水注》，上海古籍出版社1990年版，第730页。

④ 《初学记》卷16《鼓》引王韶之《始兴记》，中华书局2004年版，第399页。

⑤ 《北堂书抄》卷180《乐部·鼓》引《始兴记》，《唐代四大类书》，清华大学出版社2003年版，第457页。

“桂林八树，在番隅东。伯虑国、离耳国、雕题国、北朐国皆在郁水南。”① 伯虑不可考，离耳即儋耳，在今海南。北朐一般认为北户，地在今越南中部。郁水今属西江。所列诸国，皆在岭南。《吕氏春秋·恃君篇》卷二十亦云：“扬汉之南，百越之际，敝凯诸夫风馀靡之地，缚娄、阳禺、驩兜之国多无君。”缚娄即今广东博罗，阳禺在今广东阳山，驩兜即唐驩州，在今越南中部。时岭南诸部多为无君之地，并未形成统一的政权。秦统一岭南，“发诸尝逋亡人、赘婿、贾人略取陆梁地，为桂林、象郡、南海”②。将岭南纳入秦王朝的版图，推行一系列统一的政令，有效维护了秦在岭南的统治。虽然其间秦末汉初，岭南在南越国统治之下，交通一度阻隔，但民间客商通过“粤关”交换商品基本上仍然进行。③ 汉武帝灭南越，重新设置郡县，推行政令，大一统政治格局重新确立，使岭南社会又一次发生了变革。从此以后，中央政令上传下达，南岭以及岭南地方交通网络逐步形成和发展，中央和地方形成了强有力的紧密联系，有力地维护了大一统的政治格局。

在维护大一统的政治格局中，中央派遣使臣、官员、军队去岭南，以及岭南官员升降，文件及贡物传送，南岭交通成为这一链条上不可缺少的环节。秦开“新道”，统一岭南；陆贾出使南越国，说服赵佗；汉武帝发兵五万四路攻击南越，平定南越相吕嘉叛乱；东汉马援讨伐交阯征氏姐妹叛乱，维护国家统一，岭南交通都发挥了重要的战略意义。而设置在南岭及附近水道上的诸如厉关、横浦关、湟溪关、阳山关、洭口关、谢沐关等军事关堡，以及“秦城”“万人城”等，无疑保证了交通的安全。只有这一连接中央的南岭要道畅通，岭南的经济和社会才能稳定，也才能在维护大一统国家的政治格局中发挥作用。

政治、军事等诸多原因使许多北方人南下，而南下无疑要借道南岭要道。北人南迁，秦“逋亡人，赘婿、贾人”等号称五十万大军

---

① 袁珂：《山海经校注》卷10《海内南经》，上海古籍出版社1991年版，第268—269页。

② 《史记》卷6《秦始皇本纪》，第253页。

③ 《史记》卷113《南越列传》，第2969页。

大部分应留在岭南，他们为岭南的经济发展、边疆安全、社会安定做出了重大贡献。始皇三十四年（前213），又迁“狱吏不直者”修长城和戍南越；次年，又发民戍边；始皇还应赵佗请求，迁一万五千“女无夫家者”来岭南。[①] 唐循州进士韦昌明在《越井记》中言道：“又秦徙中县之民于南方三郡，使与百越杂处，而龙（川）有中县之民四家。昌明祖以陕中人来此，已几三十五代矣。”[②] 这些移民正是通过南岭而南下。除移民戍边外，岭南还是两汉流放被贬官员及家属之地。西汉及王莽时，迁合浦的有：成帝时京兆尹王章的妻子、哀帝生母丁姬家属和哀帝傅皇后父傅晏妻子、董贤家属、南郡太守毋将隆、宜陵侯息夫躬家属、方阳侯孙宠、郎中令泠褒以及西汉末外戚专权失意者，等等。东汉外臣失势者诸如尚书仆射郅寿、窦宪女婿郭举家属等亦徙合浦；而更多的如梁竦妻子迁九真，和帝阴皇后弟、阴皇后外祖母邓朱家属徙日南；等等，[③] 不胜枚举，数量不少。这些流官及家属南迁，南岭之途必为所经。

三　南岭交通的延伸与中外经济交流

秦汉南岭交通的开辟和发展，对大一统国家交通体系的完善起着重大作用。特别是对岭南连接内地起到了十分重要的作用。除岭南与中原、江南交通分别通过湘、赣等联系外，岭南入夜郎道、入蜀道和入交趾可以看作是南岭交通的延伸。早在灭南越国之前的建元六年（前135），南越人食蜀地枸酱，据说“独蜀出枸酱，多持窃出市夜郎。夜郎者，临牂牁江，江广百余步，足以行船。南越以财物役属夜郎”，交换而得枸酱。故“发巴蜀卒治道，自僰道指牂牁江”，而“道西北牂牁，牂牁江广数里，出番禺城下”[④]。这样，巴蜀经夜郎达番禺的道路，从原来的民间商贸之路转为官方的道路。具体路线从蜀地经青衣江达青衣县（治今四川芦山县）、南安县（治今四川乐山

---

① 张荣芳、黄淼章：《南越国史》，第40—41页。

② 韦昌明：《越井记》，《全唐文》卷816，中华书局1983年版，第8592—8593页。

③ 胡守为：《岭南古史》，广东人民出版社1999年版，第222页。

④ 《史记》卷116《西南夷列传》，第2994页。

县)、僰道县(治今四川宜宾县),进入唐蒙主持修筑的“南夷道”,即从僰道经南广县(治今四川高县、筠连县一带)、汾关山(今云南威信境)、平夷县(治今贵州毕节)、汉阳(治今贵州赫章、六枝一带),连接牂牁江(今北盘江上游),顺牂牁江(今红水河、西江)而下番禺。① 有人也以今柳江及其上游指代牂牁江,但无论如何,入夜郎道和入蜀道在汉代已经发挥作用了,后来元鼎五年五路用兵岭南,其中就有牂牁江一道即是例证。而从南岭入交趾的道路更可以看作是南岭交通的延伸。从灵渠道、临贺道等道路南下西江,经西江支流北流江越鬼门关达南流江直至江口的合浦,由此陆海并行可以到达交趾郡,东汉初马援征伐征氏的叛乱就是沿此陆海两道而达的。② 但“交趾七郡贡献,皆从涨海出入”③。而交趾郡的治所龙编(治今越南海兴省海阳附近)以及日南郡的卢容(治今越南平治天顺化)两港,仍以海上与番禺、合浦、徐闻等岭南港口近海航行为重。虽然海路艰险,然而较陆路便捷。④

秦汉南岭交通的开辟和发展,也对海上交通路线的开辟起到了极大的促进作用。岭南地区南临南海,历史时期就与东南亚各国有交往,南岭交通的开辟,不仅缩短了岭南地区曾经借道海上达冶县(治今福州)而北上的距离,而且成为以后“南海诸国”来华的必经之道。《汉书》卷二八下《地理志》所载“自日南障塞、徐闻、合浦船行可五月,有都元国”等东南亚、南亚诸国,最远的达黄支国(今印度康契普拉姆)、已程不国(今锡兰岛)等,“汉之译使自此还矣”。东南亚、南亚的“奇石异物”,经过海上交通而达岭南,再由岭南北上,南岭交通的灵渠道、贺—潇道、耒—连或耒—武道、章—溑道等成为北上的通道。南海海上通道可以看作是南岭交通、国内交通向外的延伸。南岭交通、国内交通与国外交通融为一体,中外陆海交通网已基本形成。岭南粤地“处近海,多犀、象、毒冒、珠玑、

① 张荣芳:《秦汉史与岭南文化论稿》,中华书局2005年版,第171页。

② 王元林:《两汉合浦、徐闻与南海丝路的关系》,《广西民族研究》2004年第4期。

③ 《初学记》卷6《海》引谢承《后汉书》,第115页。

④ 王子今:《秦汉交通史稿》,中共中央党校出版社1994年版,第190、196页。

银、铜、果、布之凑，中国往商贾者多取富焉”[①]。从此，岭南成为中外政治、经贸往来的必经之地，南岭交通也成为沟通这一地区与内地的重要交通走廊，也使岭南成为秦汉时期中外贸易的中心地区之一。

岭南地处亚热带，各种动植物资源丰富，“夫物以远至为珍”，“且南海多珍，财产易积，掌握之内，价盈兼金”[②]，此处南海代指岭南地区。而“旧交趾土多珍产，明玑、翠羽、犀、象、瑇瑁、异香、美木之属，莫不自出”[③]，此交趾也非交趾郡，而是交趾刺史部。岭南多异产。“番禺，亦其一都会也。珠玑、犀、瑇瑁、果布之凑”[④]。时番禺为象牙、犀角、珠玑、玳瑁、金银器物以及各种水果等岭南特产汇萃之地，这里的贡物沿北江而上，从南岭东部的连江道或武水道而北上；而来自交趾等郡岭南西部的物品，由南岭西部的灵渠道或贺—潇道而北上。岭南地区的贡物必经南岭北上，途经南岭的贡物有：

1. 珠玑、玳瑁等饰物。珠玑，亦即明玑，此为合浦等地所产，为海中蛤蚌体内的钙质结晶物。玳瑁，亦即瑇瑁。南越王赵佗献给汉文帝的“紫贝五百”，亦应属于此类物品。[⑤] 文帝勤俭，“后宫贱瑇瑁而疏珠玑，却翡翠之饰，除雕瑑之巧”[⑥]，但其后各帝并非如此，武帝时“宫人簪瑇瑁，垂珠玑”[⑦]，已非昔日。汉成帝时宠爱赵飞燕妹，其所居的未央宫昭阳殿，“明珠、翠羽饰之”[⑧]。皇帝使用外，还赐于重臣。霍光病死，赐“璧珠玑玉衣”等贵重物品。[⑨] 除合浦珠有名外，交趾亦产之。“交趾太守张恢，坐臧千金，征还伏法，以资物簿

---

① 《汉书》卷28下《地理志》，第1670页。

② 《后汉书》卷76《循吏列传·孟尝》，第2473页。

③ 《后汉书》卷31《贾琮传》，第1111页。

④ 《史记》卷129《货殖列传》，第3268页。

⑤ 《汉书》卷95《两粤传》，第3852页。

⑥ 扬雄：《长杨赋》，《汉书》卷87下《扬雄传》，第3560页。

⑦ 《汉书》卷65《东方朔传》，第2858页。

⑧ 佚名撰，何清谷校释：《三辅黄图校释》卷3《未央宫》，中华书局2005年版，第165页。

⑨ 《汉书》卷68《霍光传》，第2948页。

入大司农”，帝赐群臣，钟离意“得珠玑，悉以委地而不拜赐”[①]。珠玑付于京城，安帝时京城长安“至有走卒奴婢被绮縠，著珠玑”[②]。汉桓帝时，梁冀“遣客出塞，交通外国，广求异物”，而“岁时贡献，皆先输上第于冀”，故冀第舍“金玉珠玑，异方珍怪，充积臧室”[③]。

2. 翠羽、孔雀、能言鸟（鹦鹉）、白鹇等珍禽。上述南越王赵佗上献汉文帝“翠鸟千”，“生翠四十双，孔雀二双”即属此类。杨孚《交州异物志》皆载岭南交州有孔雀、翠鸟之属，“翠鸟，似燕，翡赤而翠青，其羽可以为饰”，而“孔雀人指其尾则舞”。[④] 翠鸟和孔雀产于岭南等地，《广志》曰：“翡色赤，（翠色）绀，皆出交趾兴古县”；《交州志》曰：“翡翠出九真，头黑，腹下赤，青缥色，似鹧鸪。”[⑤] 岭南进贡翠羽，一般用于装饰，武帝子燕剌王刘旦反叛，“郎中侍从者著貂羽，黄金附蝉，皆号侍中”[⑥]。其后，徐广《车服注》曰：“天子辂金根车，翠羽盖，皇后首饰步摇，八雀九华，加翡翠。”[⑦] 实际上从魏文帝时起，翡翠和孔雀已成为皇帝、皇后的装饰之物。[⑧] 孔雀除产自西南滇池、海外条支外，“交趾西于县，多孔雀，在山草中。郡内及朱崖有之”[⑨]。南朝宋沈怀远地《南越志》曰“义宁县杜山多孔雀”。而三国时吴万震《岭南异物志》曰：“交趾郡人多养孔雀，或遗人以充口腹，或杀之以为脯腊。”或养雏鸟引诱野孔雀，“采其金翠毛，装为扇拂，或全株，生截其尾，以为方物”[⑩]。不过，汉代桓宽《盐铁论·崇礼》已有“南越以孔雀珥门户”的记载。南越交趾一带多孔雀可见一斑。除以上珍禽外，南越王献给汉高祖

---

① 《后汉书》卷41《钟离意传》，第1407页。
② 《后汉书》卷5《安帝纪》，第228页。
③ 《后汉书》卷34《梁统附玄孙冀传》，第1181—1182页。
④ 《太平御览》卷924《羽族部·翡翠》、《孔雀》引《异物志》，第4104—4105页。
⑤ 《太平御览》卷924《羽族部·翡翠》引《交州志》，第4105页。
⑥ 《汉书》卷63《武帝五子传》，第2754页。
⑦ 《太平御览》卷924《羽族部·翡翠》引《车服注》，第4105页。
⑧ 《太平御览》卷924《羽族部·翡翠》、《孔雀》引《江表传》，第4104—4105页。
⑨ 《太平御览》卷924《羽族部·孔雀》引《吴录地理志》，第4104页。
⑩ 《太平御览》卷924《羽族部·孔雀》引《岭南异物志》，第4104页。

“白鹇、黑鹇各一只”①，白鹇等也作为岭南的名物而上贡。

3. 犀象等奇兽。汉初赵佗向汉文帝进献的礼物即有“犀角十”。元狩二年（前121），“南越献驯象、能言鸟”②。上林苑中即有“穷奇象犀”③。元康四年（前62），嘉谷稷、神爵、金芝皆降，“九真献奇兽”。奇兽或指白象，或释为“驹型，麟色，牛角，仁而爱人”④。三国吴万震《南州异物志》载交州之地，“象之为兽，形体特诡。身倍数牛，目不逾狶。鼻为口役，望头若尾。驯良承教，听言则跪。素牙玉洁，载籍所美。服重致远，行如邱徙”⑤。“犀如象大，色黑，头似豪妇猪，食草木也”⑥。犀、象应为两汉交州之地所产，“九真郡（都）庞县多象，生山中，郡内及日南饶之”⑦；“犀出九德县”⑧。如上所述，并有贡献。

4. 异香之属。岭南之地自古多异香，有些还是通过贸易从域外的东南亚国家获得。上述提到番禺为果布等辐凑之地，这里的果布并不是一般意义上的果（荔枝、龙眼等）和葛布的合称，而是称作“果布婆律”（Kapur barus）的香料，是由产自东南亚的苏门答腊、马来半岛、加里曼丹岛等地的龙脑树（冰片树）提炼而成，又称“龙脑香”（冰片）。⑨ 杨孚《交州异物志》也载：“密香，欲取先断其根。经年，外皮烂，中心及节坚黑者，置水中则沉，是谓丁香。次有置水中不沉，与水面平者，曰栈香。其最小粗者，名曰椠香。佛经所谓沉水者也。”⑩ 东汉建安时，士燮兄弟称雄交州，出日皆“胡人夹毂焚烧香者常有数十”。“燮每遣使诣权，致杂香细葛，辄以千数，明珠、大贝、流离、翡翠、瑇瑁、犀、象之珍，奇物异果，蕉、邪、

---

① 《太平御览》卷924《羽族部·白鹇》引《西京杂记》，第4105页。

② 《汉书》卷6《武帝纪》，第176页。

③ 《史记》卷117《司马相如列传》，第3025页。

④ 《汉书》卷8《宣帝纪》及苏林、晋灼等注，第259—260页。

⑤ 《初学记》卷29《兽部·象》引《吴录地理志》，第699页。

⑥ 《太平御览》卷890《兽部·犀》，第3954页。

⑦ 《初学记》卷29《兽部·象》引《吴录地理志》，第698页。

⑧ 《太平御览》卷890《兽部·犀》引刘欣期《交州记》，第3954页。九德县为吴时所设，地在今越南荣市，汉为九真郡咸驩县境。

⑨ 韩槐准：《龙脑香考》，《南洋学报》1941年第2卷第1期，第3—17页。

⑩ （唐）段公路：《北户录》卷3《香皮纸》引，文渊阁四库全书本。

龙眼之属”，至东吴黄武五年（226）的四十多年，“无岁不至”[①]。交州产丁香、栈香、檕香等各种杂香无疑。三国吴万震《南州异物志》载：“沉木香出日南。”[②] 这些异香之属一般都经合浦而运到岭北。

5. 美木之属。上述赵佗进献文帝，“桂蠹一器”，应属此类。武帝作昆明池，昆明池中有灵波殿，“皆以桂为殿柱，风来自香”；建章宫太液池云舟也“以紫桂为柁枻”[③]。而“破南越起扶荔宫，以植所得奇草异木”。这些美木奇草有“菖蒲百本，山薑十本，甘蕉十二本，留求子十本，桂百本，蜜香、指甲花百本，龙眼、荔枝、槟榔、橄榄、千岁子、甘橘皆百余本”。虽大都难以成活，但“荔枝自交趾移植百株于庭”，“连年犹移植不息”。[④]《南方草木状》卷中载：“交趾有蜜香树，其树高五六尺，枝条柔软，叶如嫩榆。”岭南异木除部分用作建筑外，相当一部分移植于扶荔宫（故址在今陕西韩城芝川镇境），用于观赏。

6. 异果之属。与美木同样，“其实则岁贡焉，邮传者疲毙于道”，东汉安帝时，“交趾郡守唐羌极陈其弊，遂罢其贡”[⑤]。《汉书·地理志》载南海郡有圃羞官，交趾郡亦有羞官。两郡应是岭南异果贡献的主产地。杨孚《异物志》亦云：“交趾有橘官，长一人，秩三百石，主岁贡御橘。”[⑥] 而“交趾七郡献生龙眼等”[⑦]。这些亚热带珍奇异果在将近二百二十年的时间里，岁贡不绝于朝廷。甚至直至东汉末，士燮仍进献“蕉、邪、龙眼之属”于孙权。三国吴薛莹《荆扬已南异物志》云：荔枝树，“交趾、日南、九真皆有之”；梅李，“高凉，建安皆有之”；龙眼，“苍梧、交趾、南海、合浦皆献之”；橄榄，“始兴以南皆有之，南海常献之”；榴，“交趾献之”等。[⑧]

---

① 《三国志》卷49《吴书·士燮传》，第1193—1194页。

② 《太平御览》卷982《香部·沉香》，第4349页。

③ 佚名撰，何清谷校释：《三辅黄图校释》卷4《池沼》引《三辅故事》，第253、265页。

④ 佚名撰，何清谷校释：《三辅黄图校释》卷3《甘泉宫》，第208页。

⑤ 同上书，第208—209页。

⑥ 《初学记》卷28《果木部·橘》引《交州异物志》，第681页。

⑦ 《后汉书》卷4《和帝纪》引谢承书，第195页。

⑧ （晋）左思：《吴都赋》，《文选》卷5《京都下》，中华书局1977年版，第86页。

7. 其他地方贡物。除以上所列之外，南越国赵佗还“献鲛鱼，荔枝。高祖报以葡桃锦四匹”[①]。至于“武帝末，珠崖太守会稽孙幸调广幅布献之”。这次进献竟使“蛮不堪役，遂攻郡杀幸”[②]，仅是一时之举。

大量的岭南和域外贡品经过南岭北上运到都城，为皇帝和嫔妃、达官贵戚日常享用。《汉书·西域传》赞中说：“（汉武之世，开西南，建珠崖七郡，通大宛），自是之后，明珠、文甲、通犀、翠羽之珍盈于后宫，蒲梢、龙文、鱼目、汗血之马充于黄门，巨象、师子、猛犬、大雀之群食于外囿。殊方异物，四面而至。”《西京杂记》卷一、卷二都记载，天子所用笔匣“厕以玉璧、翠羽”，玉几“以象牙为火笼”；身毒国献的饿连环羁，“皆以白玉作之，马瑙石为勒，白光琉璃为鞍”。上述飞燕妹居昭阳殿，为其姊送的礼单中有琥珀枕、龟文枕、珊瑚玦、马瑙彄、孔雀扇、翠羽扇、琉璃屏风、椰叶席、青木香、沈木香、香螺卮（原注：出南海，一名丹螺）、九真雄麝香等。同书卷五、卷六记载武帝赐给李夫人象牙制的簟；武帝宠臣韩嫣以玳瑁为床。这些奇珍异宝，大多都源于岭南和海上贸易所得而上贡朝廷。

岭南土特产上贡中央，加强了岭南港口与内地特别是都城的联系，这其中南岭在岭南与内地物品的交流上发挥着重要作用。这些交流的物品不仅包括上层统治者使用和消费的奢侈品，而且还应有民间的日常商品。因为地域差异，一般是北方缺少南方（包括岭南）的海货，南方缺乏北方的高级丝品和其他比较先进的生产、生活工具等。上述赵佗与汉高祖间上贡与回赐的物品即可证明。汉惠帝三年（前192）七月，“南越王赵佗称臣奉贡”[③]。南越国贡物当仍为地方特产，与高祖时一样，惠帝亦应赏赐一定的丝物。而民间客商也有牛马羊牲畜、金铁田器等交换于岭南。吕后时，“有司请禁粤关市铁器”[④]。在一定程度上，阻碍了岭南与相邻的长沙以及内地的来往。

---

① 《太平御览》卷938《鳞介部·鲛鱼》引《西京杂记》，第4168页。

② 《后汉书》卷86《南蛮传》，第2835页。

③ 《汉书》卷2《惠帝纪》，第89页。

④ 《史记》卷113《南越列传》，第2969页；《汉书》卷95《两粤传》，第3848页。

而文帝时，派遣陆贾访问南越，带给赵佗“上褚五十衣，中褚三十衣，下褚二十衣”①。这些褚衣应是上等的丝绸。而赵佗也回赠白璧、翠鸟等岭南特产。

今在广州南越国宫署遗址的御苑出土了观赏和食用两大类的植物数十种，其中可考的就有荔枝、杜英、杨梅、乌榄、柿等，还有材用类（楝树）、芳香类（山鸡椒）、药用类（紫苏），而冬瓜籽是我国现今发现年代最早的实例，几万粒甜瓜籽是广东地区首次发现的古代甜瓜遗存。记载有紫離鸟、白凫、野雄鸡等的木简，与南越国多异鸟一致。御苑出土的木简刻有“壶枣一木，第九十四，实九百八十六枚。简068”；“壶枣一木，第百，实三百十五枚。简069”；“高平日（甘）枣一木，第卌三，实□（四）百廿六枚。简090”。② 当时南越御苑中栽有不少枣树，而且管理相当严格，不仅都有编号，甚至每株结多少颗果实也一一记录在案，这与位于广州解放北路的南越王墓中也曾发现较多枣的残骸相一致，证明了番禺当时有种植来自北方的枣树。而且，这里的高平，应是作地名而言的，指战国时期今河南济源市西南、孟州市西北的高平之城，地在黄河之滨。来源于北方黄河流域的枣树等在岭南落户扎根。

内地越过南岭输往岭南边地的物品主要是缯帛。南岭山地诸如桂阳郡内，东汉建武初期，“俗不种桑，无蚕织丝麻之利，类皆以麻枲头缊著衣。民堕窳，少粗履，盛冬皆以火燎，足多剖裂”。虽然茨充“教民益种桑柘，养蚕桑，织履；复令种纻麻，数年之间人赖其利，衣履温暖”。但包括长沙等在内的荆州地区，仍多“皆徒跣”，“人无履”。③ 南岭山区和岭南地区，手工业还比较落后，丝织业发展处于启蒙阶段，水平有限，而包括杂缯在内的大量高级的丝织品还是来自中原。北上的岭南和南海诸国异物与南下的中原杂缯，成为岭南与中

---

① 《汉书》卷95《两粤传》，第3850页。

② 广州市文物考古研究所、中国社会科学院考古研究所、南越王宫博物馆筹建处：《广州市南越国宫署遗址西汉木简发掘简报》，《考古》2006年第3期。据甘肃考古所张俊民先生发表《南越国木简090释文再读》论文（简帛网·简帛文库·汉简专栏，http://www.bsm.org.cn/show_article.php?id=573），高平作地名，“日枣”当为“甘枣”，□当为“四”。

③ 《东观汉记》卷15《茨充》。

原交通线上重要的物品，丰富了人们的物质文化生活。

而今天南岭地区的考古可以证明当时的商贸情况。汉代零陵郡商业的发展，商品交换代之以物—币交换。道县杨家乡出土的西汉银饼，说明永州境内至少在汉代已使用银币进行商品交换。在原零陵县境内竟一次出土汉代货币五铢钱50余斤，在一定程度上反映汉代零陵的商业活动已具较大规模。①

四　南岭交通与南北的技术、文化交流

南岭交通的开辟，不但加强了岭南与岭北的经济交流，还使中原先进的技术传到了南岭山地及岭南，部分改变了南岭山地以及岭南的经济社会发展的落后面貌。天堑变通途，北人南下，使岭南与先进地区的差距缩小，为统一多民族国家的巩固与发展做出了重大贡献。秦、南越国和两汉时期，大量的中原人南下，输入了数量不少的铁器和农具。在岭南大量墓葬中出土有关南越国的铁器就有700余件，包括锄、臿、铲、镰、镢、斧、凿、锤、锛、削、刀等与农业有关的铁器。广西贵县罗泊湾1号墓出土了两件记田器的木牍。一件自题为《东阳田器志》（东阳一说为秦代东阳县，治今江苏盱眙县境；一说泛指太行山以东平原），田器从岭南以外输入。另一件木牍记载了数十到百余件不等的锄等农具，数字虽然不是实数，但反映了南越国从中原输入农具的量是很大的。② 农具输入与改进，使荆州与岭南地区的经济提高，租子有时还供其他州郡荒歉之需。永初六年（112）九月，“调零陵、桂阳、丹阳、豫章、会稽租米，赈给南阳、广陵、下邳、彭城、山阳、庐江、九江饥民”③。东汉末，蜀、吴先后征调零陵、桂阳等湘南地区的粮食，以备战争之需（详见下章第三节）。

除农具外，岭南还从相邻的长沙国引进玻璃的制作技术。在广东、广西南越国墓葬中，出土了平板玻璃、玻璃珠、玻璃璧等。其中

① 张泽槐：《永州史话》第2章“零陵郡的设立与两汉时期零陵经济社会的发展”，漓江出版社1997年版。2007年4月23日，中国永州新闻网（http：//www. yongzhou. gov. cn）。

② 张荣芳、黄淼章：《南越国史》，广东人民出版社1995年版，第184—187页。

③ 《册府元龟》卷150《帝王部·惠民第二》。

南越国墓葬出土的玻璃璧，在器型、成分上和长沙、衡阳等地出土的相同，有可能是从长沙输入的。“但平板玻璃、小串珠和玻璃耳珰等则为长沙内地及中原内地所未见。由此，我们初步认为，南越国的玻璃制造业应是在原楚地（主要是长沙）的影响下建立起来的。”① 而玉器的一些原材料，也可能是从岭南以外的地区运送而来。南越王墓出土的丝缕玉衣、青白玉角杯、玉璧、玉带钩、玉佩等精美的玉器，有些原料可能就取自岭南，“从器型与石质分析，应有一批玉料从岭南以外所获”②。

从秦时军队的南下到汉武帝平定南越时五路大军的进入，以及朝代易替时的民众的南移，这些南来的军队和民众带来了部分货币、粮食和器物，对岭南手工业的发展起到了一定的推进作用。南越王墓出土的一批青铜器，多数由南越王工官在岭南本地铸造。“有一部分楚式器、汉式器，则可能是汉廷赐与或从内地购置的。”③ 广西罗泊湾1号墓出土的两件汉式的铜鼎上，一个刻有“犛”字，一个刻有“析”字，与南越当地鼎的风格不一样，两字当为铜鼎铸造地。犛在今陕西武功境内，析在今河南内乡县境内，应是从中原输入南越的铜器。而同一墓室出土的记录陪葬品的《从器志》木椟上，有“中土瓿卅”“中土食物五笥”，显然说明中原的食物与陶器一起输往南越。④

南岭交通的开辟，不但使中原先进的技术传到了南岭山地及岭南，还使南岭以及岭南的文化风气为之一变。上述所言东汉建武初卫飒凿修桂阳郡内山道，“役省劳息”，“流民稍还，渐成聚邑”。时桂阳之地，“不知视则”，飒“修庠序之教，设婚礼之礼。朞年间，邦俗从化”。⑤ 卫飒因地制宜，“理恤民事”，施政十年，政通人和。接替卫飒的茨充，在桂阳“亦善其政，教民种植桑柘麻纻之属，劝令养蚕织屦，民得利益焉”⑥。和帝时，许荆为桂阳太守，“荆为设丧纪婚

---

① 广州文管会等：《西汉南越王墓》上册，文物出版社1991年版，第340页。

② 张荣芳、黄淼章：《南越国史》，第258—262页。

③ 广州文管会等：《西汉南越王墓》上册，第332页。

④ 张荣芳、黄淼章：《南越国史》，第274—275页。

⑤ 《后汉书》卷76《循吏列传·卫飒》，第2459页。

⑥ 同上书，第2460页。

姻制度，使知礼禁”[①]。礼仪制度推行十二年。顺帝时，桂阳太守栾巴，“为吏人定婚姻丧纪之礼，兴立学（校），以奖进之”。“政事明察，视事七年。”[②] 桓帝时桂阳太守刘梁，“班序以正，以仁为首”[③]，推行风化。

上述汉灵帝时凿泷周憬，“廼宣鲁卫之政，（敷）二南之泽，政以德绥，化犹风腾，抚集烝细，振发（一作□绥）有方，进则贞直，退则错枉，崇举济济，吉士充朝，招贤训蒙，开诱六蔽”。为周憬立碑的曲江（一作红）县长区祉，“遵承典（宪），宣扬德训”，造福一方。[④] 另一名初平中担任曲江长的熊乔，“雍容莅事，听览如流”[⑤]，“海隅怀化，爵縻英俊，序以礼范。郎吏、督邮阴邪屏迹”[⑥]。贤官治理，地方安定。经过桂阳历代官员屡次劝化，南岭桂阳一带风气有所变化。

桂阳郡东的豫章，“郡土多山川鬼怪，小人常破赀产以祈祷”。栾巴任太守，“乃悉毁坏房祀，剪理奸巫，于是妖异自消”[⑦]。桂阳郡西的零陵郡，经过名宦召信臣、周嘉、沈丰、陈球、杨璇等治理，风气较桂阳略胜一筹。周嘉任零陵太守“视事七年，卒，零陵颂其遗爱，吏民为立祠焉”[⑧]。沈丰“为零陵太守，为政慎刑重杀，爱民养化”[⑨]。零陵郡南的苍梧郡，太守亦多教化民众。和帝时，苍梧太守喻猛，“以清白为治，郡人颂之”。永建中，陈临为苍梧太守，“推诚而理”，惠及死囚，郡人歌之。[⑩] 苍梧太守陈稚升，“治尚清静，民（咸）化

---

① 《后汉书》卷76《循吏列传·许荆》，第2472页。

② 《后汉书》卷57《栾巴传》，第1841页。

③ 《北堂书抄》卷35《政术部·德化》，《唐代四大类书》，第118页。

④ 宋会群：《〈神汉桂阳太守周府君功勋之纪铭〉碑辑校和研究》，《韶关学院学报》2006年第8期。

⑤ （明）凌迪知：《万姓统谱》卷1《上平声·熊》，文渊阁四库全书本。

⑥ 雍正《广东通志》卷38《名宦志·熊乔》，文渊阁四库全书本。

⑦ 《后汉书》卷57《栾巴传》，第1841页。

⑧ 《后汉书》卷81《独行列传·周嘉》，第2676页。

⑨ （汉）谢承：《后汉书》卷2，（清）姚之骃《后汉书补逸》卷10，文渊阁四库全书本。

⑩ 《大明一统志》卷84《梧州府》，三秦出版社1990年版，第1291页。

之，囹圄恒空”。“民醇讼简，与之相安也。”[①]

正是历任南岭地区官员的提倡，在一定程度上推进了当地文化的发展，使“风俗脆薄，不识学义”的南岭地区文化稍有改观。[②] 南岭地区成为中原文化向岭南传播的必经之地和中继站，许多学者儒生多在此著述授业。苍梧郡广信人陈钦，“习《左氏春秋》，事黎阳贾护，与刘歆同时而别自名家”。其子陈元，“少传父业，为之训诂，锐精覃思”，“元以才高著名”，“建武初，元与桓谭、杜林、郑兴俱为学者所宗”[③]。东汉末，苍梧广信人士燮少游学京师，拜师颍川刘子奇，“治《左氏春秋》”，后“耽玩《春秋》，为之注解”[④]，名贯学林。三位经学大师的成就，对传播汉文化起到了重大作用。零陵湘乡人蒋琬、泉陵人刘敏“俱知名”，蒋琬后成为蜀汉政权的重要文臣。[⑤] 苍梧、零陵成为南岭地区人才相对集中之地，这与秦汉南岭山地以西地区的交通发达有着密切的关系。而南岭山地也成为中原文化传播到岭南的中继站。据统计，《后汉书》所载士人，籍贯在桂阳 3 人，苍梧 3 人；私家教授生徒：桂阳 1 人，苍梧 1 人，南海郡 1 人；著作：零陵集部 1 种，桂阳子部 1 种，苍梧郡经部 2 种、集部 1 种，南海郡史部 3 种。[⑥] 岭南学术人才的形成、文化的推广与南岭交通有着重要的关系。

当然，社会的稳定是南岭地区社会发展的前提。针对南岭山地的少数民族不断的起义，历代官员或战或谕降，力图改变这种面貌。桓帝时，“零陵、桂阳山贼为害，公卿议遣讨之”。陈蕃建议，认为当地官员“其有在政失和，侵暴百姓者，即便举奏，更选清贤奉公之人，能班宣法令情在爱惠者，可不劳王师而群贼弭息矣”[⑦]，惜未被采纳。实际上，东汉以前五岭山地就居住着原有的山地民族，这就是中原人所称的“蛮族”的一支。由于南方“蛮族”本身无文字记载，

---

① 嘉庆《重修大清一统志》卷 469《梧州府》，四部丛刊本。

② 《后汉书》卷 76《循吏列传 · 许荆》，第 2472 页。

③ 《后汉书》卷 36《陈元传》，第 1230、1233 页。

④ 《三国志》卷 49《士燮传》，中华书局 1959 年版，第 1191 页。

⑤ 《三国志》卷 44《蒋琬传》，第 1057 页。

⑥ 卢云：《汉晋文化地理》，陕西人民教育出版社 1991 年版，第 522—535 页。

⑦ 《后汉书》卷 66《陈蕃传》。

故到东汉乃至六朝时，才出现以地域划分，信崇犬的“盘瓠蛮”，《后汉书·南蛮列传》把居住在五岭附近零陵郡、桂阳郡的崇拜盘瓠的民族称作“零陵蛮”“桂阳蛮”。而早在西汉时，设置了专门管理少数民族的县级行政区划——道。《汉书·地理志》零陵郡下设置泠道（故城在今湖南宁远东）、营道（故城在今湖南宁远西南）。东汉中后期，五岭及岭南的诸蛮叛乱，“零陵蛮”“桂阳蛮”不断见诸史载。计有安帝元初二年（115），“零陵蛮羊孙、陈汤等千余人，著赤帻，称将军，烧官寺，抄掠百姓。州郡募善蛮讨平之”。延熹三年（160），“又零陵蛮入长沙”①。实际上，延熹年间，长沙、零陵蛮反叛，一直延续到延熹八年（165），波及五岭的零陵、桂阳两郡及以北的长沙、以南的苍梧、南海、交趾等。荆州刺史度尚“躬率部曲，与同劳逸，广募杂种诸蛮夷，明设购赏，大破之，降者数万人。桂阳宿贼渠帅卜阳、潘鸿等畏尚威烈，徙入山谷。尚穷追数百里，遂入南海，破其三屯，多获珍宝，而阳鸿等党众犹盛”。历时三年才平叛。②零陵太守杨璇，用石灰盛车，燃布马尾，马车“奔突贼阵，因使后车弓弩乱发，钲鼓鸣震。群盗波骇破散，追逐伤斩无数，枭其渠帅，郡境以清”③。延熹八年（165）荆州兵朱盖等，又“与桂阳贼胡兰等三千余人复攻桂阳，焚烧郡县，太守任胤弃城走，贼众遂至数万，转攻零陵”④。零陵太守陈球“弦大木为弓，羽矛为矢，引机发之，远射千余步，多所杀伤”。又“因地势反决水淹贼”⑤，与度尚、抗徐等联合，才平定叛乱。零陵蛮、桂阳蛮已成为中央统治荆州、交州的重大威胁，而这些“蛮贼”以五岭为其重要的根据地。东汉后期的南岭地区的暂时安定，对这一地区的社会安定有一定的保障作用。

总之，秦汉时期南岭交通多条水陆道路开辟和整治，沟通了岭南甚至域外与内地联系，为维护大一统国家中央与地方关系起到了桥梁作用，也为维护岭南边疆安定起到了保障作用。其交通在促进了岭南

---

① 《后汉书》卷86《南蛮西南夷列传》，第2833—2834页。

② 《后汉书》卷38《度尚传》，第1285—1286页。

③ 《后汉书》卷38《杨璇传》。

④ 《后汉书》卷38《度尚传》，第1285—1286页。

⑤ 《后汉书》卷56《陈球传》。

地区经济、社会、文化等方面发挥了巨大作用。不仅促使南岭南北的商品往来，“中国商贾者多取富焉”，而且使“南海诸国”商品流通到北方。南岭交通当然也促进了岭南手工工具的进步，劳动生产率的提高，大大推动了岭南社会的进步。同时，随着官员在地方上的推行政令，北方先进的文化也进入岭南地区，社会风气渐趋改变，岭南文化发达的苍梧等也出现了经文学家。秦汉南岭交通的开辟与发展，奠定了其后各代岭南与北方交通的基础，有着十分深远的影响。当然，汉代南岭地区经济发展还是比较落后的。汉元帝时，春陵侯刘仁“以春陵地势下湿，山林毒气，上书求减邑内徙”①。春陵侯刘仁在零陵地区生活已经算是当地的富贾，但仍然愿意减少封邑户数而北徙，除了自然条件的不利因素之外，另一个重要原因就是南岭经济发展水平比之中原还有较大的差距。

（原载《中国历史地理论丛》2008 年第 4 期）

---

① 《后汉书》卷 14《宗室四王三侯列传》。

六朝岭南海陆丝路变迁与苍梧郡地位的变化

六朝时期，随着岭南与北方、江淮流域的联系日益密切，五岭河流及上源所形成的交通走廊日益发挥着重要作用，特别是吴、东晋、宋、齐、梁、陈等六个政权偏居江南，交、广分置，广州地位凸显，岭南腹地珠江三角洲与江南的联系密切，除延续两汉以漓江道的商贸交流外，部分地改变了五岭东部越过骑田岭、大庾岭的通道在五岭交通走廊的地位。连江、武水连接湘江，浈水连接赣江的作用日益突出，逐步成为五岭交通走廊最繁华的通道。而西部的湘漓、潇贺等通道，仍然发挥联结岭南西部及交州的作用。由于政治中心的东移，南岭交通走廊的重心也随之东移，从此奠定了以后这一地区交通格局的大势。而海上贸易以广州番禺为始发港，对内外交通格局的变化影响了居于漓江、西江交汇处苍梧郡的地位。以往相关研究成果少见，本文抛砖引玉，恳请专家正之。

一　六朝时期漓江道等五岭交通走廊格局的新变化

《晋书·地理志》亦云："自北徂南，入越之道，必由岭峤。时有五处，故曰五岭。"五岭或曰五峤，当与南北交通有关，且随着交通的日益发展，五岭名称细化，从峤岭上发源的峤水也在晋代见于史载。始安水、萌渚之水、连水以及各"峤水"等也被人们认识。至南朝时，源于五岭的大部分河流也都被人们认知，史载也更加清楚，北魏郦道元《水经注》详细记载源于五岭的诸条河流即是例证。南朝刘宋邓德明《南康记》也有五岭记载："大庾岭，一也；桂阳骑田岭，二也；九真都庞岭，三也；临贺萌渚岭，四也；始安越城岭，五也。"① 此九真都庞岭，邓氏以九真郡都庞县之岭而张冠李戴耳，实在骑田岭、萌渚岭间，与郦道元所云桂阳南平县都山（都庞岭）一致。② 五岭交通发展离不开越过其间的峤道。

值得注意的是，郦道元《水经注》有两处提到"改装之次"，显然与南岭交通走廊有关。冯水（今冯河及下游涔天河）"带约众流，浑成一川，谓之北渚，历（冯承）县北，西至关下。关下，地名也，是商舟改装之始。冯水又左，合萌渚之水"③。今冯河汇集麻江河、贝江、崇江等西北流，汇集成"北渚"，历汉冯承县（治今湖南江华南）水而至关下，关下当在今湖南江华县东田镇涔天河出山口附近。由此向下游，改车为舟，利用便利水道，通过沱江、潇水而达湘江。同卷《溱水注》云："（连）水出南康县凉热山连溪，山即大庾岭也，五岭之最东矣，故曰东峤山。斯则改装之次，其下船路，名涟溪。涟水南流，注于东溪。"④ 由于越大庾山而弃船用车，越山后南下之路，"盖踰岭舍车登舟"，下舟路为涟溪，即今凌江，由此入溱水（浈江）而沿北江南下。如果把这个"改装之次"的路线再作延伸，前者或从洭水（今连江）—溱水（北江），或从大宁河—贺江—西江，皆可与冯水相通，也都要越萌渚岭。后者越大庾岭，北连赣江上源章水。看来，从西汉至六朝，跨越萌渚岭、大庾岭的道路应为其中重要的两条道路。因此，五岭名称的出现以及沿峤岭发源的诸水不断见诸史载，甚至"改装之次"越萌渚岭、大庾岭的通道也有名于世，五岭附近的交通及沿线走廊已经基本上被人们所认识。南岭交通新格局正是在这样的基础上出现了新变化。

由于秦汉时期交趾郡是岭南的政治、经济中心，当时国家的政

---

① 《资治通鉴》卷 7《秦纪二》"始皇三十三年"胡注引，中华书局 1956 年版，第 242 页；《后汉书》卷 64《吴祐传》注、卷 74 下《刘表传》李贤注引，"骑田"皆作"甲骑"，以"骑田"为是。

② 《水经注疏》卷 39《钟水》，江苏古籍出版社 1989 年版，第 3206 页。

③ 《水经注疏》卷 38《湘水》，第 3125 页。

④ 《水经注疏》卷 38《溱水》，第 3181—3182 页。

治经济中心也在关中咸阳、长安和豫西洛阳。若以函谷关为界线再向南延伸，无论是国家还是岭南地方，当时的政治、经济偏西，连接京师与岭南中心的道路也以偏西的越城岭道为要。越城岭道之所以最便捷，与基本上利用舟船沟通南北的通道——灵渠有着密切的关系。虽然紧邻其东的萌渚岭潇贺道在其间也发挥着重要作用，设县数量为南岭附近最多，但二者谁作用更大，难以判断。故广信在两汉陆海丝绸之路的交通作用重大。随着六朝时期都城移至建康，岭南政治经济中心也由交趾而东移广州，广州成为对外贸易的始发港和中心港，连接两大中心的道路也向东移至五岭东端的大庾岭路、骑田岭路。由建康西沿长江溯赣江，逾大庾岭"改装之次"，"舍车登舟"沿东溪（今浈江）、溱水（今北江）南下广州，成为主要通道之一。而在当时的政治、军事重镇、长江中游的荆州，通过长江—湘江—耒水或钟水（今春陵水），越骑田岭沿溱水（上源武水，下游北江）或洭水（今连江）而达广州，其地位和作用也日益重要。东晋卢循起义，除派徐道覆越大庾岭外，自率一路越骑田岭，攻占长沙，应走此路。

而就在大庾岭路、骑田岭路南下达广州的溱水（今北江）途中，今广东英德、曲江等的南朝陵墓中出土了波斯萨珊王朝的银币，证明连接广州和岭北的道路借助溱水及沿岸的陆路。溱水中游的浈阳峡（今广东英德境），"两岸杰秀，壁立亏天，昔尝凿石架阁，令两岸相接，以拒徐道覆"①，也是战时需要而建的栈道。

而交趾、苍梧贡献，皆从苍梧北上无疑。当然，梧州处于漓江与西江交汇处，北流江—南流江直接南下北部湾，外国商人来这里经商的也不少，据《梁书·诸夷列传》记载，黄武五年（226），罗马人秦伦是外国商人到交趾经商的第一人，交州（治今梧州）太守吴邈派人送他到建业会见孙权。当时交州是东西交通水上的门户，是岭南地区的政治经济文化的中心，"海南诸国大抵在交州南及西南大海洲上……徼外诸国自武帝以来皆朝贡。后汉桓帝世，大秦、天竺皆由此道遣使贡献。及吴孙权时，遣宣化从事朱应、中郎康泰通焉"。其时

① 《水经注疏》卷38《溱水》，第3186页。

的梧州就是这样一个吸引外番的岭南政治、文化、经济的中心，僧侣、外商便是经梧州（交州）北上的。

随着六朝时期岭南开发由西部转入东部，岭南以珠江三角洲为中心的社会经济快速发展，至六朝后期，岭南经济区崛起。连接岭南经济区与江南经济区的道路也以大庾岭最为便捷。此后，随着隋朝南北大运河的开凿以及唐后期经济重心南移至“江南八道”，大庾岭成为封建社会后期岭南连接长江流域及北方最重要的通道，并为唐宋时期江西的兴起奠定了一定的基础。因此，六朝时期，五岭交通道路的重心东移，形成了岭南与长江流域、北方联系的新格局，这一格局直至清末粤汉铁路的修建以前才有新的变化。

总之，六朝时期，五岭交通走廊在秦汉的基础上进一步发展，南下的移民与汉俚僚民众融合，交通走廊沿线及附近地区州郡县数量增加，南岭山地经济文化得到一定的发展。同时，见于史载的用兵也以五岭东部为多，五岭交通走廊在六朝中的作用进一步凸显出来，特别是六朝国家与岭南地方方面发挥着重要作用，以下各节相关内容简要述之。

二　漓江道等五岭移民增加与苍梧郡的经济文化发展

六朝时期，岭南地区少受战乱影响，加之地广人稀，封建统治力量薄弱，成为岭北长江流域及中原民众南迁的地区之一。南迁南岭和岭南的这部分移民，一小部分徙居五岭交通走廊，大部分散居岭南的珠江三角洲及粤东一带。正是移民的增加，使沿五岭交通走廊一带政区城市增置，五岭山区得到一定程度的开发。

六朝时期五岭交通仍然不失为移民南下的通道。经过东汉末吴初、西晋末东晋初、梁末三次大的人口迁徙，岭南地区人口大增，经济的发展，最终形成了完整意义的经济区。第一次人口迁徙发生在东汉末吴初，时中原板荡，而统治岭南交趾、南海等七郡的士燮，“体器宽厚，谦虚下士，中国士人往依避乱者以百数”，“二十余年疆场无事，民不失业”。[①] 因此部分士人与民众南下。后步骘为交州刺史，“绥和百越，遂用宁集”[②]。陆胤继为交州刺史，“喻以恩信，务崇招纳”，人民“负老携幼，甘心景从”，在任十余年间，“商旅平行，民无疾疫，田稼丰稔”，“交域清泰”。[③] 长达数十年的清明政治，有利于安辑移民，发展经济。第二次人口迁移高潮发生于西晋末东晋初，北方“永嘉之乱”，长江流域李特、张昌、杜韬、石冰、陈敏等争战，“民多流入广州”。而西晋初，滕修“宿有威惠，为岭表所伏”[④]。后交州刺史陶璜“在南三十年，威恩著于殊俗”[⑤]。东晋太兴初，交州刺史“（陶）侃性聪敏，勤于吏职”[⑥]。元兴年间，广州刺史吴隐之“清操踰厉，常食不过菜及干鱼而已”[⑦]。清正廉洁的吏治，使岭南出现长时间的清明政治局面，为流民南下提供了良好的避难场所。东晋时，长江流域许多农民起义军及流民、豪族南迁岭南。“（王）机遂将奴客门生千余人入广州”，“时杜弢余党杜弘奔临贺”[⑧]，两路流民及起义军应是从长沙等岭北越萌渚岭、骑田岭道进入广州、临贺、苍梧等地。第三次人口南迁为侯景之乱，长江中下游民众纷纷南下。估计六朝迁徙岭南的人口至少有250万，这其中还不包括诸如步骘“将交州义士万人出长沙”[⑨]；陆胤“前后出兵八千余人，以充军用”[⑩]；卢循以广州治所番禺为基地，从初来时的数千人至北伐东晋时已扩充到数万人；[⑪] 陈霸先北伐侯景时，仅始兴郡（治今广东曲江）豪族侯安都就率三千人来归附；[⑫] 等等。这些兵士大都北越岭未归，故六朝时岭南人口数量不少，为人口南迁的重要地区。而苍梧郡无疑是岭南

---

① 《三国志》卷49《士燮传》，中华书局1959年版，第1191页。
② 《水经注疏》卷37《泿水注》，第3100页。
③ 《三国志》卷61《陆胤传》，第1409—1410页。
④ 《晋书》卷57《滕修传》，中华书局1974年版，第1553页。
⑤ 《晋书》卷57《陶璜传》，第1561页。
⑥ 《晋书》卷66《陶侃传》，第1773页。
⑦ 《晋书》卷90《吴隐之传》，第2342页。
⑧ 《晋书》卷100《王机传》，第2624页。
⑨ 《三国志》卷52《步骘传》，第1237页。
⑩ 《三国志》卷61《陆胤传》，第1409页。
⑪ 《晋书》卷100《卢循传》，第2634—2635页。
⑫ 《陈书》卷8《侯安都传》，中华书局1972年版，第143页。

迁入人口重要的地区。

六朝时期，迁入岭南的人口虽然是东汉末吴初、西晋末东晋初、梁末等移民的余波，只占小部分，但这部分移民仍在岭南的开发中起到了重大作用。特别是五岭山地及相关走廊沿线，成为人们躲避江淮地区自然灾害与战乱（王敦之乱、孙恩等起事、侯景之乱）的重要场所。这些移民虽然不乏有从海道移入岭南的，但五岭走廊无疑应是荆州、扬州豫章郡等地移民重要的南下通道，而漓江道无疑在其中荆州南下的作用不可小视。

据《晋书·地理志》所载西晋太康时期户口数可窥当时南岭以南附近郡县人口数量多寡。广州的始安郡“吴置，统县七，户六千”，辖地当今广西桂林大部；临贺郡“吴置，统县六，户两千五百”，辖地当今广西贺州、湖南永州的江永、江华等；始兴郡“吴置，统县七，户五千”，辖地当今广东韶关、清远等；南海郡“秦置，统县六，户九千五百”，辖地当今四会至台山以东的广东大部、福建的漳浦、云霄、诏安，广东肇庆的怀集、四会、广宁等；苍梧郡“汉置。统县十二，户七千七百。广信、端溪、高要、建陵、新宁、猛陵、鄣平、农城、元溪、临允、都罗、武城”，辖地当今广西梧州全部、平南、昭平、广东肇庆大部、云浮全部、信宜等。① 以上涉及广州的五郡三十八个县，较两汉时交（趾）州（刺史部）零陵、桂阳、豫章、苍梧、南海五郡（汉豫章郡、零陵郡、南海郡地域都大于西晋）划分更加细致，因此，西晋在五岭的行政区划，奠定了这一地区行政区划的基础。如大致划分，汉零陵郡至晋时为邵陵郡、始安郡、零陵郡，汉桂阳郡至晋时为桂阳郡、始兴郡，汉苍梧郡至晋时为临贺郡、苍梧郡，南海郡所辖地域变化不大。从郡的数量有所增加来看，说明至西晋时，五岭地区开发程度较前代有所进步。以今五岭山地行政区划而言，东汉五岭以北设有十五县，以南有十二县，共二十七县。至西晋时，五岭以北有二十二县，以南有三十县。从县的数量以及户数来看，今湘南、赣南户口数都是要多于今五岭南麓的桂东北、粤北。岭南诸郡中，苍梧郡所辖增加到十二县，治所广信县在今梧州，户数

① 《晋书》卷15《地理下》，第466—467页。

是广州所辖诸郡中除南海郡外最高，且县数量也最多。

当然，由于东汉末至西晋时，原有的编户大量脱籍，加上军户、边地民族、部曲等都不入籍，《晋书·地理志》所载五岭山地的人口远少于《汉书·地理志》《后汉书·郡国志》的人口数字，不能简单以户数相较而言西晋人口少于两汉。如上所言，岭北入五岭人口还是存在的。西晋始安郡（治今广西桂林）下辖七县，远多于地域基本相当而东汉时所设的两县。而今粤北的连江、武水流域也较东汉多增了阳山、始兴等县。南岭南麓置县的数量和户数也应有所增加。当然，今天大家耳熟能详的民国时期广州出土的两块晋砖，上刻铭文“永嘉世，天下凶，余广州，盛且丰”，“永嘉世，天下荒，余广州，平且康”，都是吸引移民前来的最好证据。

随着东晋及刘宋实行编户入籍，五岭山地户数和人口较西晋有所增加。据《宋书·州郡志》所载，桂阳郡“领县六，户二千二百一十九，口二万二千一百九十二”；零陵郡“领县七，户三千八百二十八，口六万四千百二十八”；营阳郡（从晋零陵郡析出）“领县四，户一千六百八，口二万九百二十七”；广兴郡（即晋始兴郡）“领县七，户一万一千七百五十六，口七万六千三百二十八”；临庆郡（即晋临贺郡）“领县九，户三千七百一十五，口三万一千五百八十七”；始建郡（即晋始安郡）“领县七，户三千八百三十，口二万二千四百九十”[①]；南海郡“领县十，户八千五百七十四，口四万九千一百五十七”[②]。这些郡人口数较西汉时有所增加，随着诸如“景明二年（501年）齐零陵戍主华侯率户内属”等的入籍编户，[③] 五岭一带编户还是有所增加的。值得一提的是，《宋书·州郡志》所载，“（苍梧太守）今领县十一，户六千五百九十三，口万一千七百五十三。去州水八百；去京都水五千五百九十”，与西晋相较，变化不大。

南朝梁时，五岭山地附近又增设了一些州郡。诸如新置衡州阳山郡（地当今广东阳山、英德间）、梁乐郡（地当今广东阳山）、清远

① 《宋书》卷37《州郡志三》，中华书局1974年版，第1130—1135页。

② 《宋书》卷38《州郡志四》，第1190页。

③ 《册府元龟》卷126《帝王部·纳降》，中华书局1960年版，第1510页。

郡（地当今广东清远）、静州梁寿、静慰二郡（地当今广西昭平）、安远郡（地当今广东南雄）等；陈时又在梁基础上，新设庐阳郡（地当今湖南汝城）等。① 新增设郡仍以五岭南麓增加较多。虽然这其中不排除南朝中后期州郡滥置的情形，但岭南编户增多是不争的事实。这些新增编户应是五岭山地一带的莫傜、溪人、俚人等的大量入籍。而六朝时，岭南政区城市的设置已开始深入到“夷僚丛居”的“岩障”之地和五岭深处的“弯陬俚洞”，各政区的官兵还时常征伐僻处深山险阻不宾附的少数民族，这些都是六朝岭南陆路交通得到不断开拓和发展的明证，也是南岭交通与政区城市相互发展的见证。

正是六朝五岭交通的拓展，政区城市增加，部分移民的涌入，加上部分蛮溪民族的不断汉化，五岭山地的农业进一步发展，冶炼业也有所进步，商业活动也渐趋频繁，山地得到进一步开发，虽不时有战乱影响，但五岭山地社会还是得到了进一步的发展。六朝时期，五岭山地以北的荆湘之地，受中原影响较大，农业经济较为发达。而五岭以南的岭南地区，孙吴时，岭南“田户之租赋，裁取供办”②；东晋南朝时，“诸蛮陬俚洞，沾沐王化者，各随轻重，收其赕物，以裨国用”。虽“临时折课市取，乃无恒法定令。列州郡县，制其任土所出，以为征赋”③。岭南征收赋税较五岭以北的诸郡要轻，这些都有利于岭南农业发展。（建安）十一年（206），吴伐蜀，江夏、武陵、长沙、桂阳、零陵、苍梧、交阯等太守“（相）率遣使贡献，悉封为列侯”，“于是，江南之珍始流通焉”④。战时贡献当多是军需物资粮食、战船、军器等。湘江中上游之地甚至漓江流域的丘陵河谷之地，应是粮食的产地。20 世纪 80 年代梧州倒水镇发现一座南朝砖室墓，出土了一批青瓷器和陶器，其中有不少陶制家禽、牛圈、谷仓等模型器，而出土一件灰陶的耙田模型，一人挽耙一人扶耙，充分说明了南

① （清）徐文范：《东晋南北朝舆地表》之《年表》卷 8《梁武帝疆域》、卷 9《梁末陈初疆域》，中华书局 1985 年版；《中国历史地图集》第 4 册《梁》《陈》，地图出版社 1982 年版，第 42—45 页。

② 《三国志》卷 53《薛琮传》，第 1252 页。

③ 《隋书》卷 24《食货志》，中华书局 1973 年版，第 673 页。

④ 《册府元龟》卷 426《将帅部·招降》，第 5069 页。

方梧州一带的牛耕技术，已与中原无异。结合其他模型，形象反映出梧州一带农畜兴旺的景象。而交趾、苍梧贡献，皆从苍梧北上无疑。而大家熟知的梧州富民坊西晋墓出土的墓砖铭文“永嘉中天下灾，但江南尚康平”“永康六年壬申富且寿考”“永康六年壬申宜子保孙”，足以说明梧州经济与社会发展水平。

六朝时五岭地区的矿冶、陶瓷等闻名于世。五岭多银矿，梁时“交广之域，全以金银为货”①。金银为货币，这是岭南一大特色。上述《水经》卷三八《湘水注》“（萌渚之水）水南出于萌渚之峤，五岭之第四岭也，其山多锡，亦谓之锡方”，萌渚岭产锡已被人们认识。梧州文化路发现的西晋墓，除出土精美瓷器、铜铁器外，还有银发钗五件、银手镯六件、银顶针与银戒指各一件、金戒指两件，这与岭南金银流通普遍有关。

梧州陶瓷器制作也多有进步，至南朝时已可以制作出不甚精美的青瓷。广西梧州藤县马鹿头岭发现六朝时期烧瓷窑址。梧州北山、云盖山、低山、富民坊、苍梧倒水等数处，出土包括罐、鸡首壶、唾壶、盘、碗、盂、灯、虎子、骑士俑等多种六朝青瓷器。这些器物种类，造型规整美观，质地坚硬，晶莹光洁，工艺水平高，充分说明梧州制瓷业成熟，也与梧州为广西交通要道分不开。

农业、手工业的发展，加上五岭交通的通达，直接促进了南北的商贸交流。特别是岭南和域外的珍宝和土产，常常为中原人津津乐道。三国吴薛琮说得十分清楚：“贵致远珍名珠、香药、象牙、犀角、玳瑁、珊瑚、琉璃、鹦鹉、翡翠、孔雀、奇物，充备宝玩，不必仰其赋入，以益中国也。”② 大量域外珍宝从六朝最大对外贸易港口广州输入而后北入岭北。正是外贸利润丰厚，历代广州为官者多贪。“惟贫窭不能自立者，求补长史（吏），故前后刺史多黩货。”③“南土沃实，在任者常致巨富。世云：‘广州刺史但经城门一过，便得三千万’也。”时回朝广州刺史“表献禄俸之半”已成为常例。④ 值得一

① 《隋书》卷24《食货志》，第689页。

② 《三国志》卷53《薛琮传》，第1252页。

③ 《晋书》卷90《吴隐之传》，第2341页。

④ 《南齐书》卷32《王琨传》，中华书局1972年版，第578页。

提的是，盛弘之《荆州记》还记载了另一贪泉（流）。“众山水出注于大溪，号曰横（流）溪，溪水甚小（深），冬夏不干，俗谓之为贪泉，饮者辄冒于财贿，同于广州石门贪流矣。”① 此横溪即武水，为逾骑田岭后岭南的第一水，武水下注北江而达四会，“刘澄之谓为一涯溪，通四会殊为孟浪”②。从交通来看，横溪作为中原人入岭南的第一条溪水，之所以冠以贪泉之名，与人们认为岭南“贪官”的出现与此地水土有关。无独有偶，骑田岭东的大庾岭，也作为从赣江入岭南的必经之“峤”，俗云：“经大庾，则清秽之气分；饮石门，则缁素之质变。”③ 南来的廉洁之士，越大庾进入岭南，由清而秽。虽然官员的贪黩与五岭及以南的水土无关，但五岭南北水土不同，风气迥异，确是实情。五岭可谓当时的一条南北分界线。梁末陈初，包括苍梧郡在内的广州之地，“工贾竞臻，鬻米商盐，盈衢满肆。新垣既筑，外户无局，脂脯豪家，钟鼎为乐，扬袪洒汗，振雨流风。市有千金之租，因多万箱之咏”④，商贸发展也促进了岭南经济区的形成。

值得注意的是，晋时“越之市为‘墟’，多在村场，先期招集各商或歌舞以来之，荆南、岭表皆然”⑤。民间墟市在一定程度上反映了农村商贸经济的交流。

东汉末年长期军阀混战，五岭地区处荆南、岭表，是民众南下的通道，自然吸纳了部分士人，加上部分流放官员，这些来自岭北文化先进地区的士人，在一定程度上，促进了五岭地区文化传播和发展。东汉末吴初，少游学京师的苍梧广信人（今广西梧州）士燮，“既学问优博，又达于从政”，为交趾太守，“体器宽厚，谦虚下士，中国士人往依避难者以百数。耽玩《春秋》，为之注解”⑥，名扬天下。“性疏直”的虞翻得罪孙权，流放交州（治今广州），“虽处罪放，而讲学不倦，门徒常数百人，又为《老子》、《论语》、《国语》训注，

---

① 《水经注疏》卷39《耒水》，第3211—3212页。

② 同上，郦氏错把横溪作耒水支流，误解刘澄之横溪通四会为“而不悉也”，谬。

③ 《太平寰宇记》卷157《岭南道·广州》，中华书局2007年版，第3012页。

④ （南朝）徐陵：《徐孝穆全集》卷4《广州刺史欧阳頠德政碑》，文津阁《四库全书》第354册，商务印书馆2007年版，第881页。

⑤ （清）李调元：《南越笔记》卷1《赶墟》引《南越志》，中华书局1985年版，第7页。

⑥ 《三国志》卷49《士燮传》，第1191页。

皆传于世”。后徙苍梧孟陵县（治今广西苍梧境），“在南十余年”，终老岭南。①

东汉末，士人流动，使岭南地区出现短暂的文化繁荣，五岭地区既是山地，又是士人南下岭南的通道。正是由于南下士人的推动，东汉末至孙吴时，文化有长足进步。《三国志·吴志》统计，零陵郡列传士人1人，苍梧郡列传士人1人。据清姚振宗《三国艺文志》和清侯康《补三国艺文志》载，苍梧郡士人所著书文3种。据清文廷式《补晋书艺文志》等所载，桂阳郡西晋所著书籍1种。《晋书》所载桂阳郡不列传士人1人。虽然其中看不出五岭地区士人多于附近荆、广等州的其他郡，但五岭地区渐露人文曙光。

值得一提的是，从东汉开始，佛教在岭南地区逐渐发展起来。费长房《历代三宝记》卷四至卷六记载全国译经状况，按地点和时间排列，东汉以降，交州仅次于洛阳，为第二处，广州（番禺）为第五处，佛教在岭南传播还是较早的，这些僧侣或从北方洛阳南下，或从六朝建康南下，或直接由天竺而从海上到达交广，而后再北上荆扬等，苍梧郡等五岭地区无疑成为他们的必经之途。三国初，苍梧郡牟子，博览经传，执意不仕，而致志于佛教，兼研《老子》。“世俗之徒多非之者，以为背五经而向异道，欲争则非道，欲默则不能。遂以笔墨之间，略引圣贤之言证解之，名曰《牟子理惑》云。”② 其佛学贡献巨大，为六朝岭南佛学做出成绩。

总之，六朝时，五岭地区作为荆扬与交广交流的通道，无论是在统一还是分裂时期，王朝的政令通达，宗教的传播，以及士人、官员的流寓和宣化，使其与中原、江淮之地的文化联系加强，文化风气渐行渐近。

三 六朝外贸始发港变迁与苍梧郡地位下降

秦汉时期，番禺为岭南的经济都会和对内贸易的港口。由于远洋

① 《三国志》卷57《虞翻传》及注引《江表传》，第1321—1324页。

② （三国）牟子：《牟子理惑论》，（南北朝）释僧祐撰，李小荣校笺《弘明集校笺》卷1，上海古籍出版社2013年版，第10页。

贸易仍然是近海航行，徐闻、合浦等为对外贸易的港口和南海丝路的起点；魏晋南朝时期的对外贸易始发港为广州（实为广州治所番禺）。南海丝路始发港的变迁在一定意义上影响了苍梧郡在内外贸易中的地位，处于南北交流通道中的苍梧郡逐步成为交州和岭南西部北上的通道。

秦汉时，番禺利用东、西、北江和海上交通之便，成为对内贸易港口，“番禺，亦一都会也。珠玑、犀、玳瑁、果布之凑”①，“中国往商贾者多取富焉”②。时番禺为象牙、犀角、珠玑、玳瑁、金银器物以及各种水果等岭南特产荟萃之地。当然，这其中也包括来自象郡南部即后来汉设日南等郡所辖地区的物品。故岭南的许多珍奇特产和中原内地的物产都应汇集在番禺。虽然番禺曾经一度成为南越国的都城，其间也会有域外国家的朝贡或通过海商而来的海外舶来品，诸如南越第二代文王墓中出土的带有波斯风格的银盒即是例证，但在番禺的市场上这些稀世珍宝却难以见到。而在番禺常常见到的产自南中国海地区和域外的象牙、犀角等贵重物品，普通人也难以购买得起，一般只作为贡品上贡朝廷。考古学家在广州梅花村二号汉墓中出土的五枚陶制象牙和四枚陶制犀角，在马鹏岗发现十五枚陶制犀角和两面用朱漆绘有的犀牛木胎黑漆扁壶，这些汉代明器应是当时番禺工匠据所见的活象和活犀牛加以绘制和制作的。象牙和犀角明器尚是陶制，一般这些物品当是在番禺通过贸易取得，这其中还应包括从徐闻、合浦以及日南等而来的舶来品。因此，番禺为岭南地区的交通枢纽和中外货物集散地。从严格意义上说，番禺为中外贸易的中转站，而当时对外贸易的港口在徐闻、合浦和日南等地。

合浦位于南海西北角北部湾顶端，为东汉合浦郡治所，沿海还是采珠场所，溯南流江而上，经桂门关进入北流江，入西江可达苍梧，或经桂江和灵渠北上，而西南行从陆海皆可达交趾郡。优越的地理位置使合浦成为对外港口。虽然此时其南的交趾、日南也是对外贸易之地，但由于其远离岭南腹地和经济发达的黄河及江淮流域，故重要的

---

① 《史记》卷129《货殖列传》，中华书局1959年版，第3268页。

② 《汉书》卷28《地理志》，中华书局1962年版，第1670页。

对外贸易港口集中在南中国海的北部沿海。东汉交趾部土产“明玑，翠羽、犀、象、玳瑁、异香、美木之属”，除部分从交趾郡、日南郡运输外，大多从合浦、徐闻运出。由于历任刺史和太守贪暴，“故吏民怨叛”。中平元年（184）交趾屯兵反，执刺史及合浦太守。[①] 考古工作者也在合浦汉墓出土大量的琥珀、玛瑙、玻璃器等，这些都证明了合浦对外贸易的发达。《汉书·地理志》所载，汉遣使西南洋的起航点为徐闻、合浦和日南障塞，这与徐闻、合浦的地理位置以及人们的航海水平有关。由于当时人们航海技术和能力有限，多沿近岸航行，这在客观上也刺激了徐闻、合浦两港的繁荣。“市明珠、璧流离，奇石异物，赍黄金杂缯而往”[②]，官方海上丝路初成雏形。而居于漓江与西江交汇处的苍梧郡无疑是陆海丝绸之路的对接点。

至东汉末吴时，国内形势和航海路线发生了巨大变化。广州初设和交广分治，六朝时期广州政治清明，历代刺史经营有方，经济发展迅速。特别是番禺商业活动频繁，各类珍奇异物琳琅满目。这里“所处近海，多犀、象、玳瑁、珠玑，奇异珍玮，故商贾至者，多取富焉”[③]。番禺已经确立了岭南对外贸易中心城市的地位。特别是对外贸易港口已东移至广州。主要表现在：（1）史书记载外国使节和商人多以广州为登陆口岸。明确记载番禺成为海上丝路的时间是西晋太康二年（281），“大秦国奉献琛，来经于广，众宝既丽，火布尤奇”[④]。由于“晋代通中国者盖鲜，故不载史官”[⑤]，但广州（即番禺）外贸港的声誉已远播域外。法显从海上归国，在耶婆提国（今苏门答腊岛东部，一言爪哇岛）“东北行，趋广州”。来往于此途的“商人议言‘常行时，正可五十日便到广州’”[⑥]。人们已可利用信风，准确掌握航行时日。这比《汉书·地理志》所载沿近岸航行要迅捷。刘宋元嘉七年（430）诃罗施国（今爪哇岛）“愿敕广州，时遣舶还，

---

① 《后汉书》卷31《贾琮传》，中华书局1965年版，第1111页。

② 《汉书》卷28《地理志》，第1671页。

③ 《隋书》卷26《地理志》，第888页。

④ 《艺文类聚》卷85《布》引（晋）殷巨《奇布赋及序》，上海古籍出版社1999年版，第1463页。

⑤ 《梁书》卷54《南海诸国》，中华书局1973年版，第783页。

⑥ 《佛国记·耶婆提国》，中华书局1985年版，第21页。

不令所在有所陵夺"[①]，要求保护其国外贸船只。虽然这一时期有侵夺事件的发生，但丝毫也不影响番禺"商舶继路，商使交属"的盛事。[②] 宋末，扶南国等"遣商货至广州"，至齐时，"商舶远届，委输南州，故交、广富实，牣积王府"[③]。梁时，番禺"海舶每岁数至，外国贾人以通货易"[④]。萧劢为广州刺史时，变"每年（外）舶至不过三数"为"岁十余至"[⑤]。六朝时期朝廷偏居东南，虽然中国使节聘问的离陆地点与外国商使的登陆地点史少记载，但从康泰《扶南传》提到的（南海丝路所经）"涨海"和诃罗陀国要求保护在广州的本国商船，[⑥] 以及"婆利国，在广州东南海中洲上，去广州二月日行"来看，[⑦] 外国商使多以广州为重。这一时期与中国往来的国家有林邑、扶南、呵罗单（诃罗陀）、婆婆达、婆皇、苏靡黎、天竺、波斯、大秦等二十余个国家。（2）僧侣来华也以广州为登陆地点。据冯承钧先生统计，南朝时往来南海东渡中国的僧侣有十人。其中天竺国的昙无竭、求那跋摩、求那跋陀罗、拘那罗陀、菩提达摩，罽宾国的昙摩耶舍六人都是在广州登陆的。其中菩提达摩建西来庵（今华林寺），昙摩耶舍建王园寺（今光孝寺）等，寺院的建立，便于传法译经，使广州成为六朝时期全国著名的译经中心之一。（3）考古实物也证实了广州对外贸易的发达。在西沙群岛的北礁打捞出南朝六耳罐、陶杯等遗物，这足以证明南朝时南海丝路确实已东移至海南岛东和西沙群岛附近。南海丝路的东移，为广州（番禺）对外贸易港口的形成和繁荣起到了巨大的推动作用。

南海丝路始发港东移番禺，主要有客观和主观方面的原因。客观方面：（1）岭南经济区和番禺经济中心城市的形成。政治清明，人口南迁，加之招诱俚人等措施，促使了经济的发展并最终形成了岭南独立的经济区。卢循及后来的陈霸先问鼎政权都是以岭南为经济支柱

① 《宋书》卷97《蛮夷传》，中华书局1974年版，第2381页。
② 同上书，第2399页。
③ 《南齐书》卷58《东南夷传》，中华书局1972年版，第1018页。
④ 《梁书》卷33《王僧孺传》，中华书局1973年版，第470页。
⑤ 《南史》卷51《萧劢传》，中华书局1975年版，第1262页。
⑥ 《太平御览》卷69《洲》引《扶南记》，中华书局1960年版，第327页。
⑦ 《南史》卷78《海南诸国》，中华书局1975年版，第1960页。

的。六朝历任广州刺史多囤积居奇，这在一定程度上也证明了番禺外贸有丰厚的利润。岭南地区经过秦汉时期的经营，经济得到了长足的进步。而真正奠定其在全国经济地位并形成独特的经济区的是六朝时期。由于地处南岭以南，面向南海，独特的地理位置使岭南地区远离六朝统治中心长江下游地区，少受战乱影响。加之，这一时期岭南政治清明，因此无疑成为黄河和长江流域民众南下的理想之地，经过东汉末吴初、西晋末东晋初、梁末三次大的人口迁徙，六朝迁徙岭南的人口至少有250万，促进了经济的发展，最终形成了完整意义的经济区。随着岭南地区人口的增加，六朝时，政府在此增设了许多州县。

除设县安置外，南朝宋时还在岭南设有“流民都护”官职，让地方官员来兼职安辑流民，杜慧度、杜弘文在升交州刺史前就曾任这一官职。① 安辑流民的郡县和流民都护官职的设立，无疑有利于六朝岭南地区的社会安定和经济发展。秦汉时越过南岭的诸道以越城道、临贺道、桂阳道为重要。东汉建武初，“开零陵、桂阳峤道，于是夷通，至今遂为常路”②。其后大庾岭道兴起，成为3—6世纪越过南岭的主要通道。岭南主要通道的东移，加上时江左人南下和军事上的需要，“百姓乃从海道入广州”③，粤东沿海道也逐渐兴盛。卢循起义军和东晋沈季高、沈田之的军队等都是从粤东沿海南下番禺的。陆上和海上交通的便利，对番禺中心城市的形成起到了一定作用。

番禺居三江之会，北江、西江、东江交通方便，粤东海路也可达江左，故沿江和沿海多南迁之民，而居于三江交汇的三角洲地带，地势低平，土壤肥美，无疑成为南迁人口的聚居中心。东汉永和五年（140），南海郡人口少于苍梧郡，每县平均户数稍高于苍梧郡。④ 而到刘宋时，番禺所在的南海郡不但户口数在岭南诸郡中名列首位，而且，每县平均户数都远远高于其他诸郡。这与广州政治清明，少战事侵扰，社会安定有关。上述六朝岭南农业、手工业和交通的发展，促进了商业的兴盛。这一时期除海路外，还有越过南岭的越城岭道（始

① 《宋书》卷92《杜慧度传》，中华书局1974年版，第2264—2265页。
② 《后汉书》卷33《郑弘传》，中华书局1965年版，第1156页。
③ 《晋书》卷73《庾亮附弟翼传》，中华书局1974年版，第1932页。
④ 《后汉书》志23《郡国志》，中华书局1965年版，第3530—3531页。

安道）、九疑岭道（临贺道）、骑田岭道（桂阳道）、大庾岭道（南康始兴道）等道路。商贸活动发达，形成了以广州（实指番禺）、合浦、徐闻、始兴、苍梧、郁林等治所为中心的商业城市。正是岭南区域商业城市的形成，以及粮食储存量的增加，使岭南成为与巴蜀相当的经济区。这些都为广州治所番禺成为对外贸易的港口提供了条件。

正是“广州包山带海，珍异所出，一箧之宝，可资数世”①。“四方珍怪，莫此为先，藏山隐水，瑰宝溢目”②。当时外国的金、银、象牙、犀角、珠玑、玳瑁、琉璃器、螺杯、吉贝、郁金、苏合、沉檀、兜鍪等宝物，国内丝织品和高凉生口等充斥番禺市场。广州“卷握之资，富兼十世”③，“前后刺史皆营私蓄，方物之贡少登天府”。而诸如萧劢等廉洁官员，“岁中数献，军国所须，相继不绝”地供于朝廷，难怪梁武帝感叹曰：“朝廷便是更有广州。”④ 从一定程度上说，广州的富庶正是依赖于中外贸易的发展。

（2）造船和航海技术的提高，主要海上航线东移，即由原来两汉的近岸航行而东移经涨海航行。徐闻、合浦已没有太大的地理位置优势。相反，番禺的海陆港口和岭南腹地的地理优势显现出来。而魏晋南朝，海船制造技术的提高，使原来的近岸航行转为取道海南岛东岸和南岸直达广州。时岭南人用“（桄榔树）皮可作绠，得水则柔韧，胡人以此联木为舟”⑤。而广州境内“土人伐船为业，随树所在就以成槽”⑥。卢循、徐道覆出兵南岭，于南康山（今大庾岭）贮积船材，旬月而成“船舰皆重楼”的数百艘大船，⑦ 至东进攻建康时，“新作八槽舰九枚，起四层，高十余丈”⑧。据朱杰勤先生考证，这种八槽舰底舱分作八个隔槽，便于修补和远航，使船只更加安全。造船业发达为海上远航提供了便利。上述的“重楼”“八槽舰”应是使用于海

---

① 《晋书》卷90《吴隐之传》，第2341页。

② 《南齐书》卷58《东南夷传》，中华书局1972年版，第1018页。

③ 《南齐书》卷14《州郡志》，第262页。

④ 《南史》卷51《萧劢传》，第1262页。

⑤ 《南方草木状》卷中，中华书局1985年版，第8页。

⑥ 《艺文类聚》卷82《藤》引《广州记》，上海古籍出版社1999年版，第1414页。

⑦ 《晋书》卷85《何无忌传》、卷100《卢循传》，第2216、2341页。

⑧ 《太平御览》卷770《舟部》，中华书局1960年版，第3415页。

上航行。这些船体较大，随风调整帆数和帆向，为远航提供了便利。值得注意的是，三国时吴国万震《南州异物志》和康泰《扶南传》都载涨海（今南海）有珊瑚洲，“洲底有盘石，珊瑚生其上”①；“涨海崎头水浅，而多磁石。外徼人乘大舶，皆以铁鍱鍱之。至此关以磁石不得过”②。盘石和磁石皆为今南沙、西沙群岛的暗礁和珊瑚礁。无论是作者亲身经历或是道听途说，吴时已有远航船舶经过南海航行。海上始发港东移降低了苍梧郡原来在两汉的交通、政治中心的地位。

（3）徐闻、合浦一带的俚人和乌浒人时叛时附，在一定程度上也影响了两港口和沿海外贸活动的开展。东汉末，徐闻县已不见于史载。吴时合浦沿海禁民航海采珠，加之俚人及乌浒人侵扰，都影响了徐闻、合浦的对外贸易。合浦郡“土地硗确，无有田农。百姓唯以采珠为业，商贾去来，以珠贸米”。而吴时珠禁甚严，“虑百姓私散好珠，禁绝来去，人以饥困”③。经济的凋敝使该地失去了对对外贸易的吸引力。而南朝时合浦、徐闻附近及以北多俚、僚之地。从宋时开始，在合浦及附近地区设置越州，但“刺史常事戎马，唯以贬伐为务”④，“俚人不宾，多为侵暴”⑤。这些都不利对外贸易的开展。吴晋时对外贸易港口以日南较为著名。“徼外诸国尝赍宝物自海路来贸货，而交州刺史、日南太守多贪利，十折二三。”日南太守韩楫贪暴，“估较太半，又伐船调炮，声云征伐，由是诸国忿愤”。继任的谢擢“侵割如初”⑥。贪官污吏的侵暴，大大影响了日南对外贸易的发展。东晋永和三年（347），林邑王攻陷日南郡，“杀五千人”。此后复陷日南，“又袭九真，害士庶十八九”。“至义熙中，每岁又来寇日南、九真、九德等诸郡，杀伤甚众，交州遂致虚弱。”⑦ 其他南方港口的衰落，为番禺成为对外贸易的港口提供了便利。

---

① 《太平御览》卷69《洲》引《扶南记》，第327页。
② 《太平御览》卷988《磁石》引《南洲异物志》，第4372页。
③ 《晋书》卷57《陶璜传》，第1561页。
④ 《南齐书》卷14《州郡志》，第267页。
⑤ 《南史》卷51《萧劢传》，第1262页。
⑥ 《晋书》卷97《四夷传》，第2546页。
⑦ 同上书，第2546—2547页。

主观方面：（1）由于孙吴时广州初置和交广分治，番禺成为广州治所。原来两汉时政治中心即交趾（州）刺史治所所在苍梧郡或交趾郡已经东移，番禺较苍梧或交趾距六朝的政治中心建康（业）更近，北上逾大庾岭沿赣江入长江即达建康，而交趾、苍梧偏于西南，到达建康不如番禺迅捷。这些条件使番禺更易于朝廷辖制，理所当然地成为岭南的政治中心。而六朝的徐闻是齐康郡和齐（乐）康县的治所，合浦是合浦郡和合浦县的治所，政治地位根本无法与番禺相提并论。后来的事实也证明了广州治所番禺政治地位的重要。吴国末期郭马政变、东晋初年的王机叛乱等政治事变都发生在番禺，南朝卢循、陈霸先等都是以广州治所番禺为根据地而后北上的。

（2）广州即番禺自身的城市建设和城市各项职能日渐完善。广州治所番禺独特的地理位置也为岭南中心城市的形成提供了必备的条件。交州刺史步骘即在迁治番禺的同时，“筑立城郭，绥和百越，随用宁集”①。在南越国番禺城（越城）基础上修建和扩建州治，“步骘以越城就圮，乃廓番山之北为番禺城。后又迁州治于此，自是不改”②。就在筑城修廓的同时，六朝还开凿甘溪从城北引水入城，“（陆）胤又畜水，民得甘食”③，这条引水渠直至后来仍发挥作用。与此相对应，番禺城南部临珠江。满载货物的国内外商船多在城南靠岸，番禺内外贸易港口已初步形成。与货物同来的外国僧侣，也多在此登陆。达摩登岸地（后称西来初地）就在今广州上下九路北侧，这里及坡山附近应是当时的港口所在。而此时建立的大量寺院也集中在番禺城西，王园寺、王仁寺、西来庵、宝庄严寺（今六榕寺）等寺院，多为南来僧侣宣传佛法之地。而珠江南岸的河南之地，卢循据番禺时，曾于此筑城。史载“河南之洲，状如方壶，相传刘宋沈田子破循，焚其巢穴，即此也”。卢循城周长多少史无记载，但“江南洲回四十里，东有荔枝洲”④，卢循城规模当亦不小。总之，六朝时广州治所番禺城的建设已具备岭南中心城市的雏形。城西多置寺院，城

---

① 《水经注疏》卷38《溱水》，第3100页。

② 顾祖禹：《读史方舆纪要》卷101《广东》，中华书局2005年版，第4595页。

③ 《三国志》卷61《陆胤传》，第1410页。

④ 《太平寰宇记》卷157《岭南道·南海县》，中华书局2007年版，第3015页。

北引水蓄池，城南为港口所在，河南之洲还一度建有卢循城，城市功能和不同分区已基本完善。番禺城西多置寺院，为宗教文化区；城北引水蓄池，满足城市日益增多人口的需要；城南濒江沿岸应为港口所在，今上下九路北侧的西来初地应为当时的港口。这些都为广州成为对外贸易港口准备了条件。

（3）六朝时广州治所番禺中心城市的形成，还表现在这里为当时岭南人才汇聚之地。除上述交广佛教发达外，吴时帮步骘立州于番禺的交州治中姚文式“雅好诵读，博通今古”；交州刺史陆胤于此撰《广州先贤传》；晋初南海人王范“好读书，有鉴识，州里推重之”，为广州大中正，著《交广两州春秋》（又作《交广春秋》）《交广二州记》；黄恭“州察孝廉”，“补广州大中正”，著《交广记》《十三州记》。[①] 除此之外，广州刺史嵇含撰《南方草木状》，宋沈怀远“坐事徙广州”，著《南越志》。据不完全统计，现存史书引用这一时期交广地区的地方志就达二十多部。学者名士云集，鸿著大作迭出。

正是番禺中心城市的确立，六朝和隋唐史书一般将番禺城称作广州城，广州城已成为六朝岭南的政治、经济、文化的中心城市。而随着岭南经济区的形成，广州城的经济地位也日显重要，这都为广州城即番禺城成为对外贸易港口准备了条件。主客观条件的成熟，使广州代替徐闻、合浦等港成为六朝时期中外贸易和使节往来的起航港和终到港。而处于三江交汇处的苍梧郡在这一时期的地位明显下降，成为区域性的交通中心之一。

（原载《广西民族大学学报》2016年第4期）

① （明）欧大任：《百越先贤志》卷4，中华书局1985年版，第49页。

唐开元后的梅岭道与中外商贸交流

唐开元四年（716）冬，张九龄奉命开凿大庾岭路，“成者不日，则已坦坦而方五轨，阗阗而走四通。转输以之化劳，高深为之失险”①，天堑变通途。从此，大庾岭南北经贸往来更加频繁。通过梅岭道，或沿赣江，或沿浈江，南方宝货与岭北各种货物运输到全国其他地区和国外。直至五口通商前，“（梅）岭路乃南粤襟喉，诸夷朝贡，四方商贾，贸迁货物，上及仕宦，俱于是焉”②。本文论及梅岭道的历次修建、养护及大庾岭南北的中外商贸交流，请各位方家正之。

一　唐开元后的历次修建

唐光宅元年（684），析始兴县北界置浈昌县，治所即今广东南雄市雄州镇。这里“北当驿路，南临浈水”③，从唐初起，出大庾岭后南行的道路就应直接南行至浈昌县，而此时大庾岭道并非称梅岭道，④上述张九龄的《开凿大庾岭路序》即是例证。当然，“大庾岭上梅，

---

① （唐）张九龄：《曲江集》卷17《开凿大庾岭路序》，文渊阁四库全书本，上海古籍出版社1986年版，第5页。

② （清）甘棠：《重修梅岭路记》，同治《南安府志》卷19《艺文》，同治七年刊本（下同）。

③ （唐）李吉甫：《元和郡县图志》卷34《岭南道》，中华书局1983年版，第902页。

④ 王元林：《秦横浦关考》，《历史地理》第19辑，上海人民出版社2003年版，第313—321页。

南枝落，北枝开”[①]，随着大庾岭因山上逐渐多梅而称作梅岭、梅山，至五代末宋初时，梅山、梅岭已成为大庾岭的代称。大庾岭上寺有妇人题云：“妾幼侍父任英州司寇，既代归，以大庾岭有梅岭之名而反无梅，遂植三十株于道，因题寺壁。”[②] 英州设置时间为五代南汉乾和五年（947）至宋宣和二年（1120），此诗应题于南汉末北宋时。三十棵梅树作为行道树，杯水车薪，但由此可证，时大庾岭及梅关道上确实少梅或无梅。

宋嘉祐八年（1063），大庾岭“驿路荒远，室庐稀疏，往来无所庇”，江西提点刑狱蔡挺与广东转运使蔡抗，“课民植松夹道，以休行者”[③]。除植松外，“岭路险阻，（挺）公为甃而甓之，为永世利”[④]。即在险要处还用砖砌以护路。这次修筑分工进行，大庾岭以北的南安军境由蔡挺负责，大庾岭以南的南雄州境由蔡抗负责，双方以梅关为界，南路长325丈，宽1丈3尺；北路长109丈，宽8尺。[⑤] 此后，南宋淳熙间（1174—1189），南安知军管锐“多植梅以实其名”。咸淳中（1265—1274），南安知军赵孟适“以岭下官驿上皆梅，扁曰：‘梅花园’”[⑥]。元泰定二年（1325），南雄路总管亦马都丁种植松梅；至元四年（1338），杨益亦增植松梅，使梅关道名副其实，行道树郁郁葱葱。明永乐末，因“岭路原砌砖石日久圮坏”，南雄知府陈锡“重加甃砌，以便往来”，补植沿途路松，禁止砍伐。[⑦] 正统十一年（1446），南雄知府郑述，“砌岭路九十余里，补植路松”。成化五年（1469），广东巡抚都御史陈濂、属同知刘安，以及十七年（1481），南雄知府江璞都再修岭路，补植岭松。正德九年（1514），

① （宋）王象之：《舆地纪胜》卷93《南雄州》引《白氏六帖》，咸丰五年南海王氏刻本，第6页。

② 同上。

③ （元）脱脱：《宋史》卷328《蔡挺传》，中华书局1977年版，第10575页。

④ （宋）张方平：《乐全集》卷40《工部尚书蔡公墓志铭》，文渊阁四库全书本，第35页。

⑤ （明）谭大初：嘉靖《南雄府志》卷下《营缮·道路》，天一阁明嘉靖刻本，第16页。

⑥ （清）李世昌：康熙《南安府志》卷3《山川》。

⑦ （清）黄其勤等：道光《直隶南雄州志》卷6《名宦》，道光四年刻本。

广东布政使司吴廷举、属知府李吉“增植松梅万五千余株”[①]。嘉庆三年（1798），两广总督吉庆委派平田司巡检董安祖从大庾岭南道的雉公堆至黄土斜种植松树120株，至道光时，“树身茂盛，行人资其庇荫”，但由于“行旅往来络绎，每多攀折，道旁佳树尚须增植”[②]。无论怎样，梅树及梅花已成为梅岭（大庾岭）的标志性的景观，“庾岭寒梅”已成为一方名胜，历代诗人叹咏不绝，各朝《南安府志》《大余县志》《南雄府（州）志》都有大量的咏叹之诗。“旧载宋之问、沈佺期、杜员外及许浑、苏轼、罗顾、黄谷城、文天祥同后人俱有诗文记序。”[③]

南路修筑的同时，大庾岭以北的北路亦间有修筑。明成化以前，“自岭至府治，旧有砖石细街，岁久碎没，尺点丈缀，散如列星”，如遇积雨连旬，“往往人驴俱仆，摩虬蹄触，货随覆败”。成化十五年（1479），南安知府张弼重修岭路，“悉用椎削取其磐确以补道陷”，“又砌以石蹬”，“其长二十五里，其阔一丈，悉用碎石块平砌，其中而青石长条固其边幅”，“遇水架梁”，“又以余力补甃城中衢及城外至迎恩坊而北，则斩新修治，与岭相准，凡为路者三十余里”。[④]如此大规模修整，利在千秋。就是如此修整的道路，由于途经深坑水等处，“水溢堤蚀”。深坑水桥又在弘治十六年（1503）至十七年（1504）再次修建，号曰“接岭桥”[⑤]。南安府境大庾道上的其他桥亦多次修筑，其中大沙桥计有明正统、万历，小沙桥有明景泰，镜台山桥有明正德、万历等多次修筑。而南安府处章江上的横浦桥（一名平政桥）史载有元延祐、至正、明洪武、宣德、成化、宏治、正德、嘉靖（五次）、清康熙、雍正、乾隆、道光、同治等朝修建。[⑥]桥梁之外，明天启四年（1624）大余县令陈九锡“重甃梅岭路两千三百余丈”，修补石阶，增修石墙，改筑新路150丈，又在红梅铺南建“望

---

① （明）谭大初：嘉靖《南雄府志》卷下《营缮·道路》，第17页。

② （清）黄其勤等：道光《直隶南雄州志》卷10《山川》。

③ （清）李世昌：康熙《南安府志》卷3《山川》。

④ （明）桑悦：《重修岭路记》，乾隆《大余县志》卷18《艺文》，乾隆十三年刻本，第7页。

⑤ （明）卢濬：《接岭桥记》，同治《南安府志》卷21《艺文》，第10页。

⑥ （清）石景芬等：同治《南安府志》卷6《津梁》。

梅阁"[①]。清时，由于"岁久年湮，屡修屡圮。左右欹折，中或低洼，路几失其真形"[②]。清嘉庆至道光时，虽曾筹款欲修大庾岭北道，"皆有修之名而无修之实"，"以故路圮石没，依然泥淖水冲"。南安知府汪甫率众于道光三十年（1850）修梅岭至下三段，咸丰元年（1851）又修下三段至广大桥。[③]

在修整道路，培植行道树的同时，历代还对梅岭道沿途的寺院、亭榭台阁等建筑多加修整。在开元张九龄新凿大庾岭道前，咸亨时（670—674）六祖慧能得法，创梅山院，其寺位于宋梅关关南，距南雄州城 70 里，唐时有祖师塔、锡杖泉、放钵石等。[④] 宋祥符三年（1010）赐寺曰"云封禅寺"。嘉定十五年（1222）至宝庆元年（1225）大修云封禅寺，新修的寺有祖师殿、霹灵泉亭、灵宫殿、六祖塔、僧堂，而在"翼殿之右，隔歧道面东为官廨"[⑤]。宋端平二年（1235），又在梅关道云封寺西，南雄人建黄（晟）太守生祠。[⑥] 元大德间，又在云封寺建观音阁。[⑦] 至正十七年（1357）南雄达鲁花赤窑里沙又建张文献公祠于云封寺（另一在南雄儒学讲堂，为宋嘉熙中建），明成化十九年（1483），知府江璞迁文献公祠于云封寺后，正德七年（1512），知府张岭重修。[⑧] 乾隆时，又重修张文献公祠。[⑨] 嘉庆时，又修复云封寺。[⑩] 因大庾道（梅关道）为官方南北交通要道，驿站沿道分布，上述所引云封禅寺附近官廨即是例证。唐宋之间有诗名"题大庾岭北驿"[⑪]。其驿应在大庾岭北麓无疑，蒋吉《大庾驿有

---

① （清）石景芬等：同治《南安府志》卷 15《名宦》。又参见（明）陈九锡《修岭路记》，同治《南安府志》卷 22《艺文》。

② （清）甘棠：《重修梅岭路记》，同治《南安府志》卷 19《艺文》，第 26 页。

③ （清）周礼：《重修梅岭记》，同治《南安府志》卷 19《艺文》，第 28 页。

④ （宋）王象之：《舆地纪胜》卷 93《广南东路》。

⑤ （宋）徐鹿卿：《清正存稿》卷 5《云封禅寺重修造记》，文渊阁四库全书本。

⑥ （明）谭大初：嘉靖《南雄府志》卷下《秩祀·祠庙》，岭南美术出版社 2007 年版，第 79—80 页。

⑦ （清）黄其勤等：道光《直隶南雄州志》卷 24《寺观》。

⑧ （明）谭大初：嘉靖《南雄府志》卷下《秩祀·祠庙》，第 80 页。

⑨ （清）胡文伯：《重修大庾岭张文献公祠记》，道光《直隶南雄州志》卷 20《艺文》。

⑩ （清）罗含章：《重修梅岭云封寺碑记》，道光《直隶南雄州志》卷 20《艺文》。

⑪ （清）曹寅等：《全唐诗》卷 52《题大庾岭北驿》，中华书局 1960 年版。

怀》亦云“一囊书重百余斤，邮吏宁知去计贫”[①]，唐时大庾驿已有名于世。上述咸淳间知军赵孟适因宋官驿题扁曰“梅花园”，其得名“盖以自此上岭由皆梅故也”[②]。洪武十六年（1383），于梅关下置巡司，后迁于南雄东北90里的红梅驿，即今南雄梅岭镇。红梅巡司作用更大意义上在于军事方面。[③] 与驿馆一样，大庾岭上亦有旅店。南宋宰相卢多逊南迁，就曾宿于一老妇家。[④] 明嘉靖时，红梅巡司以上，还有小岭铺、云封寺（即丞相祠）等。[⑤] 清时，红梅巡司以上亦有小岭街、新路口塘、梅岭塘、掛角寺（即云封寺）等。[⑥] 北麓横浦驿以上有五里亭、关圣庙、大沙铺、黄泥巷、乱石铺、梅岭铺、下马亭、半山亭等。[⑦] 宋嘉祐时立梅关于梅岭上，“植柱揭名‘梅关’，以分江、广之界”[⑧]。时梅关关楼“云巅层构与云平，贤者新题叱驭楼”，叱驭楼已成为梅关关楼代称。附近还有来雁亭、通越亭，[⑨] 以后各代应有修建。今关楼所存石刻匾额，北书“南粤雄关”，南书“岭南第一关”，为“明万历戊戌（1598）中秋，南雄知府蒋杰题”[⑩]。关楼上部已倒塌。附近的张文献公祠（云封寺）曾在同治时，被太平军烧毁，关楼亦应同遭厄运。[⑪] 总之，梅岭路“踵而修者，代有其人”[⑫]。仅修筑道路计有嘉祐，明永乐、正统、成化（三次）、天启，清道

---

① （清）曹寅等：《全唐诗》卷771，第8745页。

② （清）石景芬等：同治《南安府志》卷7《古迹》。

③ 嘉庆《大清一统志》卷454《南雄州》。

④ 赵万里辑：《元一统志》卷9《南雄路》，中华书局1966年版。

⑤ （明）谭大初：嘉靖《南雄府志》卷首《南雄府地理总图》，第8页。

⑥ （清）黄其勤等：道光《直隶南雄州志》卷首《红梅司分属图》，道光四年刻本。

⑦ （清）史珥等：乾隆《南安府大庾县志》卷首《庾邑全图》，乾隆三十八年刻本；（清）顾长龄等：同治《江西全省舆图》卷8《南安府大庾县舆地图》，同治七年刻本；（清）石景芬等：同治《南安府志》卷2《梅岭图》。

⑧ （明）曹学佺：《大明一统名胜志·江西名胜志》卷13《南安府志》，四库全书存目本，齐鲁书社1996年版。

⑨ （宋）余靖：《武溪集》卷2《题庾岭三亭诗》，文渊阁四库全书本，上海古籍出版社1986年版。

⑩ 《南雄县志》编委会编：《新编南雄县志》第4编第6章“文物”，广东人民出版社1991年版，第724页。

⑪ （清）石景芬等：同治《南安府志》卷32《新造录》。

⑫ （清）周礼：《重修梅岭路记》，同治《南安府志》卷19《艺文》，第28页。

光、咸丰等十数次，行道树和沿途桥梁的修筑更是不计其数。历代的不断修建和养护，使梅关道沿途分布有石阶、桥梁、树木、寺院、亭台、馆舍、关楼等，保证了道路的畅通，使这条商路成为唐开元以后岭南联系江淮和中原最重要的一条道路，也成为联系中外商贸的重要通道。至1935年，“查径大小梅岭而入大庾两路，沿途亦颇平坦，惟上下梅岭略觉困难而已”①。1942年，修建南雄至大余的公路，基本上依古梅岭道，只是在越梅岭时改走小梅关，古梅岭道焕发新颜。

二　梅岭道的中外商贸交流

梅关道之所以号称“岭南第一关”，其主要原因是梅关道在岭南与内地联系上起着举足轻重的作用。诸如人口迁徙、历来商人、官吏、军队、外国使臣、僧侣等，或南下岭南，或北上内地，难怪史书上言“虔（治今赣州）于江西为大郡，当江岭之冲，贵人达官常所往来，与夫朝廷之有事于交广者出入必过焉”②。“由东度岭而南，由南度岭而东，足迹所接，舟车所会，其（南雄）地甚重焉”③，以下从商贸交流试作论述。

唐开元初张九龄新凿梅岭道，“海外诸国，日以通商”，“于是乎據耳贯胸之类，殊琛绝赆之人，有宿有息，如京如坻”，而“齿革羽毛之殷，鱼盐蜃蛤之利，上足以备府库之用，下足以赡江淮之求。”④真可谓“怀荒服兮走上京，达海商兮重九译，车屯轨兮马齐迹，招孔翠兮来齿革，伊使臣之光兮将永永而无数”⑤。广州外商船“不知其数，并载香药、珍宝，积载如山”⑥，其中许多是从梅岭道而北上内

① 广东通志馆纂：《民国二十四年续广东通志》之《广东各县兵要地理参考书·南雄》，1935年刻本。

② （宋）陈渊：《默堂集》卷21《陈伯瑜宣文行状》，文渊阁四库全书本，上海古籍出版社1986年版。

③ （宋）祝穆：《方舆胜览》卷37《南雄州》，文渊阁四库全书本，上海古籍出版社1986年版。

④ （唐）张九龄：《曲江集》卷17《开凿大庾岭路序》。

⑤ （唐）张九龄：《曲江集》卷17《开凿大庾岭路序》附崔诜《修路铭》。

⑥ ［日］真人元开：《唐大和上东征传》，中华书局2000年版，第74页。

地的。唐时南方诸国贡物主要有象、象牙、犀牛、沉香、珍珠、朝霞布、火珠、鹦鹉、猛火油、白氎、花氎、玳瑁、龙脑香、郁金、菩提树、蔷薇水、菠稜菜、酢菜、胡芹、浑提葱等。[①] 而岭南“端溪紫石砚，天下无贵贱通用之”[②]，域外及岭南许多物产沿梅关道北上，而“交、广、邕南兵，旧取岭北五道米往饷之，船多败溺。（郑）畋请以岭南盐铁委广州节度使韦荷，岁煮海取盐值四十万缗，市虔、吉米以赡安南，罢荆、洪等漕役，军食遂饶”[③]。不管是前期南运粮食，还是后期北运海盐，梅岭道都起着重要作用。五代时，“岭北商贾至南海者”[④] 仍不计其数，许多还在南汉政权做官。

宋时随着都城东迁和南移，梅岭道作用更加突出。“自京都沿汴绝淮，由堰道入漕渠，溯大江度梅岭，下真水至南海之东、西江者，唯岭道九十里为马上之役，余皆篙工楫人之劳，全家坐而致万里”，与漓江道、武水道相比，“而下真水者十七八焉”[⑤]。外国贡使亦从此来贡，“百蛮梯尽来重译，千古输摧恨七盘”[⑥]。“城中绍祚千年圣，海外占风九译人。峤岭古来称绝缴，梯山从此识通津。舆琛辇賮无虚岁，徒说周朝白雉驯”[⑦]。宋太宗曾令刘蒙正去岭南考察外国香药入汴京，“请自广、韶江溯流至南雄，由大庾岭步运至南安军，凡三铺，铺给卒三十人复由水路转送”[⑧]。天圣八年（1030），交趾曾于此道进麒麟。[⑨] 而淳熙中（1174—1189）亦专门在南雄州城南隅建立入使行馆，[⑩] 负责招待事宜。朝贡贸易繁荣的同时，途经梅岭道的国内物品交流亦十分兴盛。位于赣江上游，地“当岭表咽喉之冲”的虔州，成为“广南纲运，公私货物所聚”之地。[⑪]“广南金银、香药、犀象、

① 张泽咸：《唐代工商业》，中国社会科学出版社 1995 年版，第 470 页。
② （唐）李肇：《唐国史补》，上海古籍出版社 1957 年版，第 60 页。
③ （宋）欧阳修：《新唐书》卷 185《郑畋传》，中华书局 1975 年版，第 5402 页。
④ （宋）欧阳修：《新五代史》卷 6《刘隐传》，中华书局 1974 年版。
⑤ （宋）余靖：《武溪集》卷 5《韶州真水馆记》。
⑥ （宋）王象之：《舆地纪胜》卷 93《广南东路》引章得象诗。
⑦ （宋）余靖：《武溪集》卷 2《题庾岭三亭诗·通越亭》。
⑧ （元）脱脱：《宋史》卷 263《刘熙古附蒙正传》。
⑨ （清）黄其勤等：道光《直隶南雄州志》卷 6《明宦·齐唐》。
⑩ （清）黄其勤等：道光《直隶南雄州志》卷 24《古迹》。
⑪ （宋）王象之：《舆地纪胜》卷 32《江南西路》。

百货，路运至虔州而后水运。”[①] 由于“虔州地连广南”，虔州“民多盗贩广南盐以射利。每岁秋冬田事才毕，恒数十百为群，持甲兵旗鼓，往来虔汀、漳、潮、循、梅、惠、广八州之地”[②]。正是因为“海盐入岭北，民犯者众，请建大庾县为军，官搴盐市之。诏建为南安军，自是冒禁者少”[③]。走私之外，“庆历中，广东转运使李敷、王繇奏请运广州盐于南雄州，以给虔、吉”。未报，“即运回四百余万斤于南雄”。元丰时蹇周辅行新法，每年又以粤盐一千万斤行销虔州和南安军。[④] 盐之外，粮食无疑是梅关道上的重要物品。北宋镇压侬智高起义时，“大兵度梅，粮运不继”，南康人袁乐“仗义助谷两千石”以供军需。[⑤] 南宋初，地处鄱阳湖畔的饶州（治今江西波阳），“旧管小料七纲共计船 280 艘，往来般运岭南铜铅等物料”，后“纲运败阙”，政府严令“沿赣江诸州不得侵夺纲船”。[⑥] 看来，岭南的铜铅亦是商道上的重要物品。而梅关关楼之所以得名为叱驭楼，即与蔡襄主持关楼竣工时，见南北有人吆喝来往客商和车马挑担停行而命名。[⑦] 而正是由于梅岭道的繁荣，赣江的水运亦发达。故“交、广、闽、越铜盐之贩，道所出入。椎埋、盗夺、鼓铸之奸，视天下为多”[⑧]。从北宋前期至中后期，梅岭道附近的南雄州、南安军、虔州等商税都有增加。南雄州及附近共六税务旧税收 6073 贯，熙宁十年（1077）仅南雄州城就达 10202 贯，加上其他五税收总计 13326 贯，增加了 1 倍多；南安军、南康、上犹三税务旧税 5108 贯，熙宁十年南安军城为 11806 贯，加上南康、上犹达 15110 贯，增加近 2 倍；虔州等其他六税务旧税 25382 贯，熙宁十年虔州城商税就达 39887 贯，

---

① （元）脱脱：《宋史》卷 175《食货上三》，第 4257 页。

② （元）脱脱：《宋史》卷 182《食货下四》，第 4441 页。

③ （元）脱脱：《宋史》卷 309《杨允恭传》，第 10160 页。

④ （元）脱脱：《宋史》卷 182《食货下四》，第 4443 页。

⑤ （清）石景芬等：同治《南安府志》卷 17《输赈》。

⑥ （清）徐松辑：《宋会要辑稿》，中华书局 1957 年版，第 5663 页。

⑦ 易行广：《余靖诗选》，漓江出版社 1993 年版，第 200 页。

⑧ （宋）王安石：《王文公全集》卷 34《虔州学记》，上海人民出版社 1974 年版，第 401 页。

加上其他五税务总计51229贯，增加近1倍。[①] 大庾岭南北各州军商税增加，这足以说明大庾岭道及附近水道商品流通的繁荣。

元代，江西行省管辖今江西省和广东的大部分地区，“凡台省命使之宣布，广海筐篚之献纳，莫不道出兹（南安）郡”[②]，梅岭道的交通仍十分繁忙。受南宋末年战争影响，至元十六年（1279），广盐仅行销江西621引，到至元二十二年（1285），已增加到10825引。[③]时梅岭道南北的南雄州和南安军已分别为南雄路和南安路，“若夫游旅之往来，负贩之转输，穹官显人之南辕，则自凌江下浈水者，由韶州为北路”[④]，仍然列为“舟行陆走，咸至（广）州而辐凑焉”的四路（北路、西路漓江道、东路龙川道、西北路连江道）之首。岭北的南康仍然是“衣冠文物之名区，财赋舟车之都会”[⑤]，梅岭道的作用可见一斑。

明代，梅岭道上仍然一片繁忙，“庾岭，两广往来襟喉，诸夷朝贡，亦于焉取道。商贾如云，货物如雨，万足践履，冬无寒土。南安人有驴背辇载络绎，米盐、器用多货之所由出也”[⑥]。永乐四年（1406）六月，因值农月，交趾、占城等九国贡使“俱顿南雄”，由广东藩司接待，俟十一月，“运输南安”[⑦]。南安为“以南岛之重货，贡篚所梯航”之地。[⑧]“（南）雄为江广要路，番舶使轺络绎不绝。正德以前，商税巨万”，“官于是者鲜不盈餍”。[⑨] 除大量外国商品和岭南物品北运外，江浙商人亦“窃买丝绵、水银、生铜、药材等一切通

---

① （清）徐松辑：《宋会要辑稿》食货16之11、12，食货17之1。

② （清）陶成等：《雍正江西通志》卷4《形胜》引（元）张鉴《重修南安路记》，文渊阁四库全书本，上海古籍出版社1986年版。

③ （明）宋濂：《元史》卷94《食货志》，中华书局1983年版，第2392页。

④ （元）陈大震：《元大德南海志》附录2《广州道里》，广东人民出版社1991年版，第142页。

⑤ （元）王元渤：《南康鼓楼上梁文》，同治《南安府志》卷25。

⑥ （明）桑悦：《重修岭路记》，《乾隆大余县志》卷18《艺文》。

⑦ （清）李世昌：康熙《南安府志》卷9《事考记》。

⑧ （清）赵秉盅：《万历江西舆地图说》卷308《大余县》，成文出版社1975年版。

⑨ （明）谭大初：嘉靖《南雄府志》志下《秩祀》。

番之货”，亦由赣越大庾岭“抵广变卖”[①]。而“两广铁货所都，七省需焉。每岁浙、直、湖、湘客人，腰缠过梅岭者数十万皆置铁货而北”[②]。当时梅岭道正如万历时利玛窦神父所见到一样，南安、南雄成为输送货物的商业中心，梅岭道旁旅店和歇足地一路不绝，“旅客骑马或者乘轿越岭，商货则用驮兽或挑夫运送。他们好像是不计其数，队伍每天不绝于途”[③]。而“梅岭路隘，驴马遗溺甚臭，宜醉饱而行”[④]。值得一提的是，从南雄经梅关至南安的交通道路上，由于商旅繁多，沿途递铺形成了许多商贸市镇。梅关虽不称镇，但由于扼闽赣之咽喉，红梅驿、云封寺、民间旅店等汇聚于此，洪武十六年（1383）又建红梅巡检司于此，[⑤] 这里自然成为商旅必经的门庭若市之地。其南为小岭铺，洪武九年（1376）于此建中站递运所，[⑥] 其何以称“中站”？就是“梅岭道路，乃南雄、南安两府共给其役，共享其利者，故驴骡驮载，少壮担负，皆于中途博换，盖民情土俗以为定例，自前代已然”。景泰初年，“南雄之货过岭者益多，驮担者可得厚利。南雄之民始创南货过北者，直至南安城下；北货过南者，直至南雄城下之议”。“盖北货过南者，悉皆金帛轻细之物，南货过北者，悉皆盐铁、粗重之类。过南者，月无百驮，过北者，日有数千”，正是“过北货偏多，则南雄独擅其利”，南安人欲恢复中站博换之制。“民起私争，杀伤狼藉，文移旁午，商旅不通，两府交病凡二十年间”。成化十四年（1478），两府共议仍行原来中站博换定制，[⑦] 并刻石于路旁。此中站距南雄府70里，为“梅岭东火径村”之地，嘉靖三十六年（1557），“因洞寇出没”，两府共建中站城，设兵戍守。[⑧]

---

① （明）胡宗宪：《筹海图编》卷12《行保甲》，文渊阁四库全书本，上海古籍出版社1986年版。

② （明）霍与暇：《霍勉斋集》卷12《上吴自湖翁大司马》，咸丰七年补刻本。

③ ［意］利玛窦：《中国札记》第3卷第9章“抵达皇都南京”，何高济等译，中华书局1983年版，第279页。

④ （明）憺漪子：《天启天下路程图引》卷1《芜湖由江西漳树至广东路》，山西人民出版社1983年版，第411页。

⑤ （明）谭大初：嘉靖《南雄府志》志下《营缮》。

⑥ 同上。

⑦ （明）张弼：《梅岭路均利记》，《乾隆大余县志》卷18《艺文》。

⑧ 嘉庆《大清一统志》卷454《南雄州》。

而在此之前，即至少在嘉靖二十一年（1542）《南雄府志》成书前，红梅巡检司已迁于此，[①] 可见其地位重要。从嘉靖《南雄府志》志上《南雄府地理总图》亦能证明，在小岭铺与红梅巡检司附近标有中站，而灵潭里附近才是火径铺，距中站城还有一定距离。正是南货较多且粗重，梅岭南麓的驿铺鳞次栉比。小岭铺之南的驿铺为火径铺，距南雄60里，“天顺以来为无籍者所据”，成化十二年（1476），南雄知府江璞“建屋百十二楹”，改名通济镇，择民居住，居停客货，取利“以十之三为商旅饮食之需”[②]，其繁荣可见一斑。通济镇以南，有里东铺、石塘铺、沙水铺、长迳铺等。[③] 其中沙水铺即设在沙水镇，即今珠玑镇，距城30里，宋嘉定中尝置沙水驿，后又置沙角巡司于此。[④] 这里为宋代以来移民迁徙岭南的中转站，“其敬宗巷是广州故家巨族多由此迁居”[⑤]。今岭南流传“家从珠玑巷迁来”，应与珠玑镇有重要的关系。

从洪武末年始，“南安、赣州、吉安改行广盐”，“既而始贩盛行，袁州、临江、瑞州则私食广盐”[⑥]，广盐成为明时梅岭道上的重要物品。天顺二年（1458）即在南雄府城南太平桥南置太平关，“设榷盐税以措军饷”[⑦]。弘治中，又于大庾折梅亭对往来岭道百货抽税。由于农民起义爆发，正德六年（1511），又在章、贡两水汇合处的龟角尾设赣关抽分厂，“商旅大困”。十二年（1517），才将折梅亭税关移至龟角尾。[⑧] 万历时，南安、赣州、吉安三府民“岁且消盐二十余万”。保昌县“虚粮数多”，“以盐税抵补5500余万石，数十年来，民获苏息”，粤赣皆得好处。而从赣州《抽税则例》所列布、木、铁、皮、器皿、香、药、果、糖、杂货等多类货物就达近百种之多，

---

① （明）谭大初：嘉靖《南雄府志》志下《营缮》。

② （明）谭大初：嘉靖《南雄府志》志上《提封》。

③ （明）谭大初：嘉靖《南雄府志》志下《营缮》。

④ 嘉庆《大清一统志》卷454《南雄州》。

⑤ （清）胡定：乾隆《南雄府志》卷3《舆地志》，乾隆十七年刻本。

⑥ （清）张廷玉等：《明史》卷80《食货志》，中华书局1974年版，第1942页。

⑦ （清）鲁曾煜等：雍正《广东通志》卷4《疆域》，文渊阁四库全书本，上海古籍出版社1986年版。

⑧ （明）王守仁：《议南赣商税疏》，同治《南安府志》卷24《艺文》。

其中诸如象牙、玳瑁、乳香、苏木、蜡、番椒等皆为域外来物。“以香、糖、果、箱、铁器、藤、蜡、番椒、苏木、蒲葵诸货，北走豫章、吴、浙，西北走长沙、汉口。”[①] 而赣关杂税、明旧税银3万余两，至万历二十七年（1559），增为近5万两，[②] 而梅岭道货物应占绝大部分税额。除道经梅关外，其东的乌径路，通江西信丰。嘉靖二十一年（1542），吉安商民从南雄严塘河下装载盐引，新开山路至南安小明里河。不久，乌径牙盐及沿河盐店不下一二百户，这里居浈水上游，“陆程二日，水程三四日抵赣州大河”[③]。

南安税课司明洪武初在南安城内，成化时张弼迁于水南城孝友坊，正德时，复迁于水南城后街。[④] 水南城与南安府城隔章江对峙，“民居稠密，倍于郡城”，商贾多居此。水南城南门外即梅岭路街，上述折梅亭抽税即在水南城5里。这里“交广要冲，贡献从入，民以雇值为利，而迎送劳费亦因之”[⑤]。宋高宗时，南安知府范振就“上书论雇役者所苦十余事”[⑥]，其苦难可想而知。明正统时，南雄知府郑述，“知庾关夫役久累，为之节省均调，盖邑赖之”[⑦]。据明《中站则例》规定，“路夫”，“多至售力”，“担夫杂沓外省他郡之民”；“揽头”，“庾之专利者，总诸货物，散付路夫”，“初若有统，继乃纷争”，加之“路夫转多，庾民贾力无所，送迎之役仍属庾民，利病不均”，“况乃逃失，追讦为繁，推诿为溷”。万历十五年（1587），南安知府叶明元请禁革揽头，路夫只许庾民充当，但实际上，揽头仍然屡禁不止。[⑧] 清代，梅岭道仍“为江广襟喉，南北之官轺，商贾之货物，与夫诸夷朝贡皆取道于斯”[⑨]。南安府城南有大沙铺、梅岭铺，[⑩]

---

① （清）屈大均：《广东新语》卷14《食语》，中华书局1985年版，第371页。

② （明）谢诏：天启《赣州府志》卷13《榷政志》。

③ （明）谭大初：嘉靖《南雄府志》志下《营缮》。

④ （清）李世昌：康熙《南安府志》卷5《建置志》。

⑤ （明）曹学佺：《大明一统名胜志·江西名胜志》卷13《南安府》。

⑥ （清）石景芬等：同治《南安府志卷》15《名宦》。

⑦ （清）黄其勤等：道光《直隶南雄州志》卷6《名宦》。

⑧ （清）李世昌：康熙《南安府志》卷3《地舆记》。

⑨ （清）周礼：《重修梅岭路记》，同治《南安府志》卷19《艺文》。

⑩ （宋）张方平：《乐全集》卷7《兵防》。

而南雄城北有长迳桥、沙水塘、石塘汛、里东塘、灵潭街、槐花塘、中站塘（红梅司）、小岭街、新路口塘直至梅岭塘，[①] 可谓一路店铺林立，村镇不断。乾隆二十二年（1757），清政府实行海禁，广州成为唯一通商口岸，全国各地商品都要集中在广州出口，梅岭道更趋繁荣。江西的粗布、苎麻、瓷器、药材，浙江的丝织品、纸、扇子、笔、酒、枣子、皮货、鹿肉、药材、烟草以及福建的部分货物都经梅岭道而南运广州。而域外各国进口商品更达150种之多，这些货物与佛山铁器、石湾陶瓷、蔗糖、广纱、水果、鱼花等其他“广货”运销内地。[②] 诸如岭南鱼花，“水陆分行，人以万计，筐以数千计，自两粤郡邑，至于豫章、楚、闽，无不之也”[③]。当然，粮食、盐仍是货物之大宗。清初，“南安度岭，夫按粮起役，南康粮多，役烦”[④]。顺治十七年（1660），南雄太平厂官派南安、赣州、吉安三州盐引18000道。[⑤] 康熙二十四年（1685），粤盐行销南安、赣州两府。时南雄保昌埠行销盐引6603道，至乾隆十八年（1753），增至9318道。[⑥] 而保昌埠设行盐子店84间，至乾隆五十四年（1789），改子店为12间，又设盐厂7所，仅行销南安府所属4县盐。嘉庆十三年（1808），增赣县盐引，雄赣各埠共销正改匀盐引33441道。[⑦] 这些广盐，“至始兴江口易船至南雄州改从路运，过梅岭陆运南安大庾县”[⑧]。清时南安城南门外有月城，“为商贾聚集地，店铺约百余间”[⑨]。横浦桥“有屋为小贾贸货，岁收税，积为修桥之用”[⑩]。直至五口通商前，“湖丝、茶叶皆由赣运赴广东，即洋货、广货亦由赣运销内地”。赣关依“商船货物，分上水、下水，视其贵贱”而征税，征税货物二

① （清）黄其勤等：《道光直隶南雄州志》卷首《红梅司分属图》。

② 黄国信等：《货殖华洋的粤商》，浙江人民出版社1997年版，第26—28、31页。

③ （清）屈大均：《广东新语》卷22《鳞语》，第557页。

④ （清）石景芬等：同治《南安府志》卷17《质行》。

⑤ （清）刘铎等：光绪《江西通志》卷8《经政略》，光绪七年刻本。

⑥ （清）胡定：乾隆《南雄府志》卷4《食货志》。

⑦ （清）黄其勤等：道光《直隶南雄州志》卷16《盐法》。

⑧ （清）刘铎等：光绪《江西通志》卷86《经政志》，光绪七年刻本。

⑨ （清）石景芬等：同治《南安府志》卷32《新造录》。

⑩ （清）陈梦雷等：《古今图书集成·职方典》卷926《南安府关梁考》，中华书局1934年版。

百余种，诸如西洋酒、西洋蜡、象牙器、玳瑁、片脑等海外货物亦罗列其中，除盐税、竹木税外，货税以丝税、茶税为大宗。五口通商以后，继而长江沿线增设口岸，“土货、洋货概由上海、九江，赣关僻处一隅，富商巨贾绝迹不至”①，梅岭道昔日的繁荣一去不返。正是商业中心北移上海，原来依附于广州与江西、湖南转运业务的十万路夫失业，为洪杨起义准备了大量兵源，导致了这一地区社会的剧变。民国时期，梅岭道仍是粤赣省际贸易往来的中枢，赣米每年输入粤省7500吨至1万吨，粤盐则行销江西27县，江西的香菇、红瓜子、板鸭、桐油、中药材、瓷器、木材、生猪、钨砂等货物，都经梅岭道运销广州及港澳等地，难怪《南雄县农业调查报告》称赞梅岭道上，“茶亭饭店，一里数间，贩客往来，日计盈万”②。总之，历代不断对梅岭道的管理和维护，使这条联系中外和国内各城市的商贸大道畅通无阻，保证了赣粤以及岭南与江淮、中原的交往，使这条道路在中外贸易方面发挥了重大作用。也正是这条梅岭道的存在，沿途的南雄、南安位置日显重要，转运贸易发达，商业经济繁荣。同时，历代在沿途设置税厂、兵站以及商铺、客栈等，为保障这条交通大动脉的畅通起到了良好保障作用。现今，梅岭道已是323国道的一部分，在社会主义建设中仍发挥着重要作用。

[原载《暨南学报》（哲学社会科学版）2004年第1期]

① （清）刘铎等：《光绪江西通志》卷87《榷税》。

② 《南雄县志》编委会编：《新编南雄县志》第2编第11章“国内贸易”，第339页。

唐代广州内外港与中外贸易交流

唐开元以前在广州设置了管理对外贸易的唯一机构——市舶使。这一机构的设立，在一定程度上保证了广州对外贸易的繁荣。而广州对外贸易的繁荣主要体现在广州港海上交通的发展。唐代广州港分为外港和内港：扶胥港和屯门港为外港；广州城港为内港。内外港在对外贸易中都起到了重要作用，成为当时广州联系中外贸易的重要桥梁。广州港内联外接，不仅把国内的大量货物运到国外，而且把国外的物品以贸易和朝贡等形式运到国内各地。有关唐代与朝贡国家的关系，周伟洲先生已发表《唐朝与南海诸国通贡关系研究》（《中国史研究》2002 年第 3 期）一文，对此问题有精辟的论述。本文拟就唐代广州内外港与海上交通的关系作一探讨，还请方家指正。

一　广州外港与海上丝路的关系

扼珠江口内要塞的扶胥（今广州黄埔庙头及以东地区），与其南居于珠江口外东南角的屯门港（今香港特别行政区新界青山湾）一样，是屏蔽广州的两个重要据点，其在广州的对外贸易方面，起着十分重要的作用，被认为是广州的外港。

唐广州治所在南海县，即今广州老城区所在的荔湾区、越秀区一部分。由此“正南至大海七十里”，而顺珠江“水路百里”即至“南海”。“自州东八十里有村，号曰古斗，自此出海，浩淼无际。”[1] 此

---

① （唐）李吉甫：《元和郡县志》卷 34《岭南道》。

古斗村“在今广州治之东南，海道八十里，扶胥之口，黄木之湾”[①]。扶胥和黄木湾依山面海，樵汲充足，扶胥镇因扶胥江得名。而黄木之湾正如倒置斗形，古斗村即在斗形的底部。此湾正是今狮子洋和广州珠江接连地点，东西向珠江漏斗湾到此转南北向的狮子洋大漏斗湾。珠江漏斗湾由广州“小海”阔1500米，到扶胥口扩为2500米，称为“大海”。珠江口内，洪潮急紧，而由扶胥口转南，江面骤宽，洪潮转弱。加上南面的市桥台地在一定程度上减弱台风的侵袭。[②] 从广州南海县治向东的八十里水道，是由受地质构造和海潮共同影响所形成的广州溺谷湾逐渐发展而来。随着河南、市桥台地逐渐被附近泥沙淤积而扩大，珠江不断东进，加上海水涨潮和退潮的影响，至宋时，广州南海县以东的江道，既受潮水影响，又受珠江影响，故这段漏斗状河道处于内河与海洋的交汇地段，而在唐时，这段水道为海水作用，海舶可以直接航至广州城下。[③]

扶胥镇位于珠江口北，其南有黄木湾，可以停泊船只，港湾的便利使扶胥镇成为广州城东歇息和中转之地，加之镇西南的南海神庙，是人们出海和归航的祭祀场所。正是便利的交通和著名的神庙，扶胥港成为南海县乃至岭南的一方名镇。南海神庙建于隋开皇十四年（594），同时设立的还有五镇、四渎、东海、吴山等祠，[④] 为国家祭祀的一部分。唐代，开元、天宝时，南海神祭祀日隆。天宝十载（751）正月，“四海并封为王”，南海神封为“广利王”[⑤]；玄宗开元、天宝年间就有二十三次下诏祭祀岳镇海渎、名山大川。[⑥] 这与玄宗笃信神灵，不断加封诸岳镇海渎有关；也与旱灾不断，中央和地方官员借祭祀南海神等岳镇海渎弭灾有关。因此，南海神庙香火日隆主要与国家礼制不断完善有关。正是南海神位高，神职管辖南海交通和岭南安定，有人便在南海神庙附近另辟寺院，宣传佛法，灵化寺便是

① （唐）韩愈：《昌黎先生文集》卷31《南海神广利王庙碑》。
② 曾昭璇：《广州历史地理》，广东人民出版社1991年版，第249页。
③ 吴家诗主编：《黄埔港史》，人民交通出版社1989年版，第3页。
④ 《隋书》卷7《礼仪志》。
⑤ 《旧唐书》卷24《礼仪志》。
⑥ 《册府元龟》卷33《帝王部·崇祭祀》、卷144《帝王部·弭灾》。

其中之一。为了自圆其说，还编造出天宝十二载（753）南海王与灵化寺住持休咎禅师的故事。这则故事实际上是佛家借助人神对话，利用南海神而炫耀自己，宣传佛法无边。将南海神收归为自己属下弟子。一方面，时南海神成为国家与五岳齐肩的神灵，威名远播岭南，佛家借此可以抬高身价；另一方面，休咎既想占据南海神庙为佛家寺院，只有将南海神收归佛门弟子，其寺院自然而然成为佛寺。借助此传说，退而求其次，在南海神庙附近建伽蓝，为其建寺寻找借口。如此完美的传说，使南海神脱去了“严急”的性格，皈依佛门，性情温和，南海再不起波澜；同样，也使休咎在扶胥名正言顺建立寺院，两者互不侵扰，相互利用。北宋蒋之奇写这篇《灵化寺记》是元祐二年（1087），灵化寺取“灵通广化之义”。从唐天宝至北宋，应是灵化寺繁荣之时，“今广利受休咎大师之戒，而南海舟楫遂无飘覆，则佛之慈悲，护持众生如此，神且听之，而况于人乎！”① 道出了真正的缘由。当然，宋时南海风波宁静，海上交通畅通，这与造船业的发达，人们的航海技术提高等有联系，才使船毁人亡的现象有所缓解，而非南海王性情变得温和所致。不过，唐朝南海神尚且如《灵化寺记》所言，“大王威灵，性复严急”，“窃闻大王为性严急，往来舟楫遭风波溺死者甚多”，海上交通仍然有一定风险。究其原因，南海神庙位于珠江口北，风大浪急，特别是每年一度立夏日祭祀时，东南季风盛行，波涛汹涌，由广州城乘船水路东行，逆风而进，又多遇台风，常常人毁船亡，历来广州刺史多畏于风波，“多令从事代祠”②。沿江近海航行尚且如此，远海航行还有诸如风向转换、航线、近海地貌等诸多因素，这些都为航行带来了不便。而珠江口、七洲洋甚或更远的昆仑岛等处，也常常是船只易覆之地。

唐代扶胥港的繁荣与对内外交通紧密相连。这其中也离不开掌管地方治安与交通安危的南海神。南海神庙被列为国家祭祀之列，并肩五岳，有极高的地位，不仅被国家官员祭祀，就连当地老百姓，甚至域外的海商也来顶礼膜拜。南海神庙所在的扶胥镇一时热闹无比，其

---

① （宋）蒋之奇：《灵化寺记》，成化《广州志》卷25《寺》。

② 《旧唐书》卷154《孔巢父附从子戣传》。

他佛教等寺院也接踵沓来，使这一岭南小镇成为中外客商、僧人、官员、士人、民众的汇聚之地。也正是如此，唐代对南海神庙有多次的整修。诸如开元九年（721）五月，“因诸州水旱时有，诏有司遣使祭五岳四渎，自余名山大川等宜令附近州县长官致祭，并各修饰洒扫”①。天宝十二载（751）二月，“诏五岳四渎及名山大川并灵迹之处，各委郡县致祭，其祠宇颇毁者，量事修葺”②。南海广利王庙亦应有所修饰。元和十四年（819），广州刺史孔戣“又广庙宫而大之，治其廷坛，改作东西两序，斋庖之房，百用具修”③。这次修整扩充殿宇，增加斋庖之房，修饰庙内各种器具，应是唐代较大规模的修整。

扶胥港古斗村一带地理位置优越，南通大海，西连扶胥江，北倚山冈，是海上航行出海或归来必经之地。而就在扶胥镇西南南海神庙西今名为“码头园”的鱼塘中，1973年发现了整排的枕木，枕木条每根长2米，延伸20米以上，经碳14测定，该枕木系晚唐遗物，木材为海南紫荆木，坚硬异常。专家逐步推断此枕木为唐时扶胥港遗物，当时南海神庙正在江边，港口在靠近丘陵的内侧。1984年，又在码头园出土唐代陶制壁饰一批，可能是浴日亭附近建筑物上残件。④唐扶胥港既在扶胥镇西南，为广州出海祈求南海神保佑泊船之所，也是归航回来答谢南海神停留之所。当然，有些船在停泊广州城外后，另择时来祈求或报谢南海神亦多从水路而来，码头园附近所在的扶胥港，自然成为理想的抛锚之地。南海神庙“去海不过百步，向来风涛万顷，岸临不测之渊”⑤。扶胥港正处于出海口南海神庙侧旁，交通方便，堪称广州的外港，⑥ 为中外人士参拜神庙停船之所。

南海神庙为扶胥最重要的建筑，是扶胥镇最为亮丽的风景。其供奉的南海神成为人们海上航行的保护神。南海神不仅是国家神祀文化

---

① 《册府元龟》卷144《帝王部·弭灾》。

② 《册府元龟》卷33《帝王部·崇祭祀》。

③ （唐）韩愈：《南海神（广利王）庙碑》。

④ 曾昭璇、曾庆中：《南海神庙的历史地理》，《广州文博通讯》增刊《南海神庙》，1985年版，第3页。

⑤ （唐）韩愈：《南海神（广利王）庙碑》。

⑥ 邓端本：《广州港史》（古代部分），海洋出版社1986年版，第63页。

的组成部分，也是中外贸易形成过程中中外文化交流的产物。由于海舶体积大，海上航行安全难以预料，故在进出港口和海上航行时，人们都希望得到南海神的庇护。不仅是中国沿海的民众，就是外国的“蕃商”和船员也祈佑航运顺利和贸易兴旺。因此，这一中国祭祀文化固有的神祇，随着中外商贸交往的日益频繁，逐渐被“海客”所接受，成为其文化的一部分，也成为中外文化相互影响，相互渗透的见证。扶胥镇后来也因是南海庙的所在而名传岭南。镇西南神庙侧旁的扶胥港，成为唐代广州外港的组成部分，人们在此歇息和参拜神庙，扶胥镇北的灵化寺（也称花果院），成为僧徒和香客们趋之若鹜的另一场所。一南一北，一庙一寺，为扶胥镇增色不少。而扶胥港成为人们修佛拜神的停泊之地，在中外商贸和文化交流中，扮演着十分重要的角色。

既然扶胥港是中处商舶进出广州必经之地，人们在此停泊，一般都与参拜南海神庙有关。当然，在没有到达广州内港也就是没有履行“纳舶脚”“收市”和“进奉”等手续以前，是不能在扶胥港进行商贸活动的。出广州东行经扶胥港也一般是货物充足而扬帆的。因此，扶胥港的中外商贸活动是十分有限的，但作为广州的外港，它在政治、经济、军事以及礼仪文化等方面，与海上丝路有着千丝万缕的联系。

当然，唐前期南海神庙与中外贸易确实有一定的关系。不言而喻，南海神得名“广利王”，与广取货利有关。这种国家的官方神由于被视为能庇护南海航海安全，防止诸如万安州（治今海南陵水东北）豪酋冯若芳等沿海盗匪的掠夺，[①] 有镇海功能，无疑应是岭南民间渔民、商人崇拜的偶像。域外商人或在广州城中的佛寺、婆罗门寺、波斯寺等祈求各自宗教神灵的保护，抑或出发、归航协同官方共同祈求南海神的保佑，南海神也是域外商人顶礼膜拜的对象。除伊斯兰教的礼拜寺只信真主安拉外，南海神成为部分域外商人的崇拜对象是毫无疑问的。不过，这一过程是需要一定时间的。因此，唐前期，

---

① ［日］真人元开：《唐大和上东征传》（不分卷），中华书局2000年版，第68页，“（冯）若芳每年常掠取波斯舶二三艘，取物为已”。

南海神庙地位的日益提升主要与国家礼制有关，虽然也与海上贸易有一定联系，但关系不大，只是两者都处于日益兴隆的同一阶段而已。

扶胥港以南，居于珠江口外东南角的屯门港是屏蔽广州的另一个重要据点。屯门设有镇兵防守，广州南海郡“有府二，曰绥南、番禺。有经略军、屯门镇兵”①。扶胥与屯门一样，地理位置重要，是防止海寇，稽查来往海船，保护中外商路畅通的交通要冲，屯门既设有镇兵，扶胥的军事地位虽稍逊于屯门，但亦是广州东部的重要据点和港口，再加上为南海神庙所在，亦应有少量士兵驻守。因此，广州稍东的扶胥和屯门，成为广州外围重要的前哨，它在护卫中外商贸交通，保证海上丝路的畅通方面都起到了重大作用。

二 唐代广州对外贸易的繁荣

唐代以前，没有设置专门的航海贸易管理机构，而是将航海贸易事务交由沿海州郡地方长官兼管，“前后刺史皆多黩货”②，地方长官由此富甲一方。“南土沃实，在任者常致巨富，世云：‘广州刺史但经城门一过，便得三千万’也。”③ 唐初，贸易仍多由地方官掌管，“显庆六年（661）二月十六日敕，南中有诸国舶，宜令所司，每年四月以前，预支应须市物，委本道长史，舶到十日内，依数交付价值。市了，任百姓交易。其官市物送少府监简择进内。”④ 至迟到开元二年（714），唐已在广州设立市舶使。时“右威卫中郎将周庆立为岭南市舶使，与波斯僧广造奇巧”⑤。至开元十年（722），市舶使韦某“至于广州，琛赆纳贡，宝贝委积”⑥，广州成为“异域殊乡，往来辐辏，金贝惟错，齿革实繁”之地。⑦ 天宝七载（748），高僧鉴

---

① 《新唐书》卷43上《地理志》。

② 《晋书》卷90《良吏·吴隐之传》。

③ 《南齐书》卷32《王琨传》。

④ 《唐会要》卷66《少府监》。

⑤ 《册府元龟》卷101《纳谏》；李庆新《论唐代广州的对外贸易》认为市舶使设置于显庆六年或稍前，《中国史研究》1992年第4期。

⑥ （唐）于肃：《内给事谏议大夫韦公神道碑》，《全唐文》卷371。

⑦ 佚名：《殿中监张公神道碑》，《文苑英华》卷399《职官七》。

真在广州城外“江中有婆罗门、波斯、昆仑等舶，不知其数，并载有香药、珍宝，积载如山。其舶深六、七丈。师子国、大石国、骨唐国、白蛮、赤蛮等往来居（住），种类极多”①。李庆新先生认为从武德元年（618）至天宝十四载（755）为广州对外贸易勃然而兴的时代，亦即日趋兴盛阶段。② 开元天宝时，岭南对外贸易兴盛，诱使地方官吏巧取豪夺，为官多贪暴无厌，“以为自开元以来四十年，广府节度清白者有四：谓宋璟、裴伷先、李朝隐及（卢）奂”。天宝“时南海郡利兼水陆，环宝山积，刘巨鳞、彭杲相替为太守、五府节度，皆坐赃巨万而死”。卢奂为南海太守，“贪吏敛迹，人用安之”，“中使市舶，亦不干法”③，像卢奂这样为官清廉的地方官少见。这从侧面亦证明唐朝前期繁荣时对外贸易的发达。

天宝十五载（756），安禄山叛军与来自岭南、黔中、荆襄五万唐军对峙于叶县（治今河南叶县南），唐军大败，“岭南、黔中、荆襄子弟半在军，多怀金银为资粮，军资、器械尽弃于路，如山积，至是贼徒不胜其富”④。这一方面增强了安禄山叛军的实力，而另一方面可知岭南等地以金银为货币。这种用金银为货币的传统当追溯至六朝时期。南朝至隋，岭南产银量较前增加，而且通过对外贸易，有进口银源源流入。⑤ 唐代亦应如此。乾元元年（758）九月癸巳，“广州奏，大食国、波斯国兵众攻城，刺史韦利见弃城而遁”⑥。大食国、波斯国兵众之所以攻城，恐怕与刺史韦利见强取豪夺有关，不然何以“二国兵掠仓库，焚庐舍，浮海而去”呢?⑦ 此后，广德元年（763），又发生宦官市舶使吕太一叛乱，逐岭南节度使，“纵下大掠广州”⑧。

---

① ［日］真人元开：《唐大和上东征传》，第74页。

② 李庆新：《隋唐五代海上丝绸之路的繁盛》，黄启臣主编《广东海上丝绸之路史》，广东经济出版社2003年版，第131—133页。

③ 《旧唐书》卷98《卢怀慎附子奂传》；《新唐书》卷126《卢奂传》。

④ 《旧唐书》卷114《鲁炅传》。

⑤ 方志钦、蒋祖编：《广东通史·古代上册》，广东高等教育出版社1996年版，第385页。

⑥ 《旧唐书》卷10《肃宗纪》；《资治通鉴》卷220《肃宗纪》作“至德二年（757年）”。

⑦ 《资治通鉴》卷220《肃宗纪》，“至德二载九月癸巳”条。

⑧ 《旧唐书》卷11《代宗纪》。

胡三省注《通鉴》曰："唐置市舶使于广州，以收市舶之利，时以宦者为之。"[①] 吕太一作乱广州，应以外贸作为其雄厚的经济资本。大历三年（768），李勉出任广州刺史，"勉性廉洁，舶来都不检阅"，使原来每年四五艘海舶增加到每岁"至者四十余"[②]。但好景不长，循州刺史哥舒晃反叛，攻杀广州刺史兼岭南节度使吕崇贲，江西观察使路嗣恭平叛，"及平广州，商舶之徒，多因晃事诛之，嗣恭前后没其家财宝数百万贯，尽入私室，不以贡献"[③]。路嗣恭贡献缴获物品，只是上缴其中价值较低且数量较少的商人财产而已。"嗣恭初平岭南，献琉璃盘径九寸，朕（代宗）以为至宝，及破（元）载家，得嗣恭所遗琉璃盘径尺"[④]，大量价值不菲的域外珍宝进贡给诸如权贵元载以及杨炎等朝中重臣。不过，两次平叛，使对外贸易在不同程度上受到打击。

此后，从贞元至天祐间（785—907），广州对外贸易平稳发展。[⑤] 历任岭南节度使和市舶使在其间起到了重要的作用。贞元初年，杜佑在"商久阻绝"的情况下，"乃导其善利，推以信诚，万船继至，百货错出"[⑥]。继任的李复虽"劝导百姓，令变茅屋为瓦舍"[⑦]，但亦"久典方面，积聚财货颇甚，为时所讥"[⑧]。以"廉""简""肃"闻名的薛珏继其任，[⑨] 亦应廉洁自律。贞元十一年（795），王锷出任广州刺史、岭南节度使，"西南大海中诸国舶至，则尽没其利，由是锷家财富于公藏。日发十余艇，重以犀象珠贝，称商货而出诸境，周以岁时，循环不绝。凡八年，京师权门多富锷之财"[⑩]。"日十余艘载皆

---

① 《资治通鉴》卷 223《代宗纪》，"广德元年十一月"条。

② 《旧唐书》卷 131《李勉传》。

③ 《旧唐书》卷 122《路嗣恭传》；同见《册府元龟》卷 455《将帅部·贪黩》。

④ 《资治通鉴》卷 225《代宗纪》，"大历十年十二月丙戌"条。

⑤ 李庆新：《隋唐五代海上丝绸之路的繁盛》，广东经济出版社 2003 年版，第 134—139 页。

⑥ （唐）权德舆：《杜公（佑）淮南遗爱碑》，《全唐文》卷 496。

⑦ 《册府元龟》卷 678《牧守部·兴利》。

⑧ 《册府元龟》卷 455《将帅部·贪黩》。

⑨ （宋）费枢：《廉吏传》卷下《薛珏》；吴廷燮《唐方镇年表》（二），中华书局 1980 年版，第 1026 页。

⑩ 《旧唐书》卷 151《王锷传》；《册府元龟》卷 455《将帅部·贪黩》。

犀象珠琲，与商贾杂出于境”，广人“多牟利于市”[①]。如此，官民重商，私人贸易兴盛，成为官方贸易之外的又一贸易形式。随着私人贸易的兴盛，居外贸必经之途且又为海上贸易保护神的南海神广利王自然而然香火旺盛，南海神庙及附近地区一派繁荣景象。

贞元时，“诸蕃君长，远慕望风，宝舶荐臻，倍于恒数”，“梯山航海，岁来中国”。广州临江建有海阳旧馆，“陆海珍藏”，“穷祥极瑞，知天子万方之司存”，“除供进备物之外，并任蕃商列肆而市，交通夷夏，富庶于人”[②]。贞元末，“蕃国岁来互市，奇珠、瑇瑁、异香、文犀，皆浮海舶以来，常贡是供，不敢有加，舶人安焉，商贾以饶”[③]，时任岭南节度使的徐申“于常贡之外，未尝賸索，商贾饶盈”[④]，才使“外蕃岁以珠、瑇瑁、香、文犀浮海至”[⑤]。元和初，岭南节度使杨于陵“奉公洁己”，监军许遂振“好货戾强”，“悍戾贪恣”，为饱己欲，诽谤于陵，朝廷偏信，罢归于陵，“遂振领留事，笞吏剔抉其赃”[⑥]，危害岭南。不过，不久遂振终得罪。继任岭南节度使的郑絪“以廉政称”[⑦]，其后的马总“在南海累年，清廉不挠，夷僚便之”[⑧]。岭南“其外大海多蛮夷，由流求、诃陵，西抵大夏、康居，环水而国以百数，则统于押蕃舶使焉”，马总“且专二使，增德以来远人”，于广州城西北修节度使堂，款待“群僚，将、校、士、吏，咸次于位。卉裳罽衣，胡夷、蜒、蛮、睢盱，就列者千人以上”[⑨]。对外贸易发达，岭南富庶，修建官府军堂，应在情理之中。值得注意的是，在城内修建府馆堂舍之时，岭南“外国之货日至，珠、香、象、犀、玳瑁，奇物溢于中国，不可胜记，故选帅常重于他

① 《新唐书》卷170《王锷传》。

② （唐）王虔休：《进岭南王馆市舶使院图表》，《文苑英华》卷613。

③ （唐）李翱：《检校礼部尚书东海公徐申行状》，《文苑英华》卷976。

④ 《新唐书》卷143《徐申传》。

⑤ 同上。

⑥ 《旧唐书》卷164《杨于陵传》；《新唐书》卷163《杨于陵传》；（唐）李翱：《李文公集》卷14《杨公（于陵）墓志铭》。

⑦ 《旧唐书》卷159《郑絪传》。

⑧ 《旧唐书》卷157《马总传》。

⑨ （唐）柳宗元：《柳河东集》卷26《岭南节度飨军堂记》。

镇”[①]。郑权“以家人数多，俸入不足，求为镇守”，贿通中官王守澄，长庆中出任岭南节度使，“南海多珍货，权颇积聚以遗之（指中官），大为朝士所嗤”[②]。谢廷老上书言郑权“悉盗公库宝货输注家”有罪，引起接受贿赂中官的憎恨。[③] 宝历二年（826）胡证出任广州刺史，“广州有海舶之利，货贝狎至”，“证善蓄积，务华侈，厚自奉养，童奴数百，于京城修行里起第，连亘闾巷。岭表奇货，道途不绝，京邑推为富家”[④]。如此敛财积聚，富甲天下。因此，“南海有蛮舶之利，珍货辐凑，旧帅作法兴利以致富，凡为南海者，靡不捆载而还”[⑤]。岭南节度使多暴富，从另一方面说明对外贸易的利润丰厚。当然，与此相反，亦有少数廉洁的地方官员。开成时，卢钧出任岭南节度使，“不取商舶珍货，时人称其廉洁”[⑥]。会昌中岭南节度使崔龟从亦有“（吴）隐之清节，无愧贪泉”之风，“江革归资，惟闻单舸”[⑦]。大中时岭南节度使韦正贯改革以往“帅与监舶使必搂其（海货）伟异而以比弊抑偿之”旧俗，“一无所求，问其所安，交易其物”，“赢犀、象、贝、珠而至者”渐多，“交易其物，海客大至”。[⑧] 继任的纥干臮，宣宗勉励其以李勉为榜样，“不挹于贪泉，无使珠玑，独还于合浦可”[⑨]。大中末咸通初（859—860），萧仿“拜岭南节度使，南方珍贿丛夥，不以入门”[⑩]。咸通间郑愚“扬历清显，声称赫然”[⑪]。但这种廉洁的官员仍是少数。号称江陵“积谷尚有七千堆”的“足谷翁”韦宙在咸通中出任岭南节度使，“宣（应作懿）宗以番禺珠翠之地，垂清廉之戒”[⑫]。但韦宙在广州任上，还是有所贪婪的。

---

① （唐）韩愈：《昌黎先生文集》卷21《送郑尚书序》。

② 《旧唐书》卷162《郑权传》。

③ 《新唐书》卷162《薛存诚附薛廷老传》。

④ 《旧唐书》卷163《胡证传》。

⑤ 《旧唐书》卷177《卢钧传》。

⑥ （宋）祝穆：《方舆胜览》卷34《广东路·广州》。

⑦ （唐）李商隐：《为尚书渤海公举人自代表》，《文苑英华》卷639。

⑧ （唐）萧邺：《岭南节度使韦公神道碑》，《文苑英华》卷915。

⑨ （唐）沈询：《授纥干臮岭南节度使制》，《文苑英华》卷456。

⑩ （宋）费枢：《廉吏传》卷下《萧仿》。

⑪ （唐）孙光宪：《北梦琐言》卷3《郑愚尚书锦半臂》。

⑫ （唐）孙光宪：《北梦琐言》卷3《韦宙相足谷翁》。

其女为李峣妻，“宙常资之金帛，不可胜记”[①]。即使“以清净为理”的刘崇龟，[②]“以清俭自居”，后卒于岭表，“家人鬻海珍珠翠于市”[③]，“由是名损”[④]。因此，“门下涨海奥区，番禺巨屏雄藩，夷之宝货，冠吴越之繁华，苟非令人难著清节，列圣睠念必求贤良”[⑤]。

“唐置市舶司于广州，以招来海中蕃舶。”[⑥] 广州的富庶在一定程度上是依赖于对外贸易的繁荣。唐廷之所以重视对历任广州刺史兼岭南节度使以及市舶使的任命，劝诫历任官员廉洁自律，就是因为对外贸易有丰厚收入。黄巢起义军兵临广州城下，欲求安南都护、广州节度使、右仆射于琮以“南海市舶利不赀，贼得益富而国用屈”而予以拒绝。[⑦] 南海的对外贸易与广州的繁荣，王建有《送郑权尚书南海》为证：“七郡双旌贵，人皆不忆回；戍头龙脑铺，关口象牙堆；敕设薰炉出，蛮辞咒节开，市喧山贼破，金贱海船来；白氎家家织，红蕉处处栽；已将身报国，莫起望乡台。”[⑧] 直到唐末天祐元年（904）十二月，“佛哲国（疑为‘佛誓国’，一作佛逝国）、诃陵国、罗越国所贡香药”，广州刺史刘隐进之朝廷，[⑨] 朝贡贸易仍然进行。

安史之乱后，中央直接控制的藩镇为数不多，岭南之所以牢牢控制在中央手中，应与岭南财赋的富足有关。历任岭南节度使或市舶使，或贪或廉，“既贵且富”，对中外贸易或多或少产生一定影响，但都能使这种贸易活动基本上维持下去，上缴国库的财赋也能基本上得以保证。正是因为这种对外贸易的存在，加之作为国家礼制必要的组成部分，南海神广利王在唐后期香火旺盛，也才出现韩愈所言，

---

① （五代）王定保：《唐摭言》卷3《慈恩寺题名游赏赋咏杂纪》。

② （唐）陆扆：《授陈珮广州节度使制》，《文苑英华》卷457。

③ 《太平广记》卷238《诡诈》引《北梦琐言》，今存《北梦琐言》无此条，相同内容见《廉吏传》卷下。

④ （宋）费枢：《廉吏传》卷下《屈突通》。

⑤ （唐）陆扆：《授陈珮广州节度使》，《文苑英华》卷457。

⑥ 《资治通鉴》卷253《僖宗纪》，“乾符六年五月己未”条，胡三省注释条。

⑦ 《新唐书》卷225《逆臣下》。

⑧ （唐）王建：《送郑权尚书南海》，《文苑英华》卷275；同见《御定全唐诗》卷299。

⑨ 《册府元龟》卷169《帝王部·纳贡献》。

“考于传记，而南海神次最贵，在北、东、西三神、河伯之上”的局面。[①]

三 广州城港与海上丝路的关系

广州对外贸易的繁荣与海上交通密不可分。广州港在广州城南，不仅可利用珠江与广大腹地相连，而且海潮还可直入港内，“向郡海潮迎”[②]，“春城海水边”[③]，兼有河港与海港之利。“江中有婆罗门、波斯、昆仑等舶，不知其数；并载香药、珍宝，积载如山。其舶深六、七丈。师子国、大石国、骨唐国、白蛮、赤蛮等往来居（住），种类极多”。广州“州城三重”，“紫绯满城，邑居逼侧”[④]，城港相连。“海边时有鬼市，半夜而合，鸡鸣而散，人从之，多得异物”[⑤]，民间外贸活动十分频繁。“海郡雄蛮落，津亭壮越台。城隅百雉映，水曲万家开。里树桄榔出，时禽翡翠来”[⑥]，广州城水环曲绕，内地与海外物品皆汇聚于此，“大抵珠江、玳瑁之所聚”[⑦]。城南濒临珠江（亦称海），上述主管对外贸易的海阳馆即因在海的北面而得名。“岁贡随重译，年芳遍四时”[⑧]，“连天浪静长鲸息，映日帆多宝舶来”[⑨]，“常闻岛夷俗，犀象满城邑”[⑩]。如此琳琅满目，价值连城的宝货，“人来皆望珠玑去”[⑪]；“此乡多宝玉”[⑫]，豪侈重商之风尤盛，“厥俗

---

① （唐）韩愈：《南海神（广利王）庙碑》。

② （唐）钱起：《送李大夫赴广州》，《御定全唐诗》卷236。

③ （唐）杜甫：《广州段功曹到得杨五长史谭书功曹却归聊寄此诗》，《九家集注杜诗》卷22。

④ ［日］真人元开：《唐大和上东征传》，中华书局2000年版，第74页。

⑤ （唐）郑熊：《番禺杂记》，《说郛》卷61。

⑥ （唐）张九龄：《曲江集》卷4《送广州周判官》。

⑦ （唐）元稹：《元氏长庆集》卷11《送崔侍御之岭南二十韵并序》。

⑧ （唐）刘长卿：《刘随州集》卷3《送韦赞善使岭南》。

⑨ （唐）刘禹锡：《刘宾客外集》卷5《南海马大夫远示著述兼酬拙诗辄著微诚再有长句时蔡戎未弭故见于末篇》。

⑩ （唐）陈陶：《番禺道中作》，《文苑英华》卷295。

⑪ （唐）李群玉：《李群玉诗后集》卷5《石门戍》。

⑫ （唐）岑参：《送杨瑗尉南海》，《文苑英华》卷271。

多豪侈，古来难致礼”①。由于招待蕃商有“阅货之宴”和送行之宴，“货通狮子国，乐奏武王台”②，多在海阳馆设宴。“江上粤王台”③，今越秀山上，亦应是登高宴请场所，真可谓“楼台重蜃气，邑里杂鲛人”④；“波心涌楼阁，规外布星辰”。域外的“鲛人”“蕃客”成为广州城内外一道亮丽的风景。“冠冕中华客，梯航异域臣”，“贡兼蛟女绢，俗重语儿巾。舶主腰藏宝，黄家砦起臣”⑤。海阳馆、粤王台之外，广江驿亦成为款待客商、达官贵人的津亭，李群玉有《中秋广江驿示韦益》⑥、《广江驿饯筵留别》，后者有“别筵欲尽秋，一醉海西楼”⑦。广江驿应在广州城偏西，不然何以称其楼为“海西楼”？不过，此驿多为官员来往送别场所，“楼台笼海色”⑧，沿海楼台亭榭不绝于岸，这与商贸活动和政客的往来有关。

新近考古发现也证明了唐代广州城对外贸易的发达。在今广州中山四路儿童公园的南越宫署遗址之上的唐地层中，出土了一批高级手工艺的原料和成品，有水晶、玻璃、象牙等，其中一件象牙印章，通高2.8厘米，印钮为外国人头像，曲发后梳，眼帘微垂，鼻梁宽挺，嘴唇厚实，实为唐时来自西域的胡人形象。⑨ 唐代珠江边还在今广州市内文明路附近。就在今广州文明路与北京路交汇处的丽都酒店的建筑工地，以及德政路担杆巷宿舍工地，分别发现了唐代的码头。而且在今广州市一宫门前建人行天桥，钻柱孔时又发现了护岸的大木桩和木板。⑩ 因此，今广州文明路、德政路担杆巷一带，唐时为对外贸易港口所在，“当令输贡赋，不使外夷骄”⑪，贡舶贸易发达。

早在元和之前的贞元十四年（798）王虔休任岭南节度使时，对

---

① （唐）钱起：《送李大夫赴广州》，《御定全唐诗》卷236。
② （唐）韩愈：《昌黎先生文集》卷10《送郑尚书赴南海》。
③ （唐）宋之问：《登粤王台》，《御定全唐诗》卷533。
④ （唐）岑参：《送杨瑗尉南海》，《文苑英华》卷271。
⑤ （唐）元稹：《元氏长庆集》卷12《和乐天送客游岭南二十韵次用本韵》。
⑥ （唐）李群玉：《李群玉诗后集》卷1《中秋广江驿示韦益》。
⑦ （唐）李群玉：《李群玉诗集》卷下《广江驿饯筵留别》。
⑧ （唐）李群玉：《李群玉诗集》卷下《登蒲涧寺后二岩》。
⑨ 赵宫文：《赵佗王宫，今朝面世》，《广东文物》（千年特刊）2000年版。
⑩ 黎显衡：《关于赵佗城问题之探讨》，《广东文物》（千年特刊）2000年版。
⑪ （唐）刘长卿：《刘随州集》卷5《送徐大夫赴广州》。

原来建于广州城南、珠江滨畔的海阳馆作进一步修整，“近得海阳旧馆，前临广江，大槛飞轩，高明式叙，崇其栋宇。辨其名物，陆海珍藏，徇公忘私，俾其戴天捧日，见圣人一家之为贵；穷祥极瑞，知天子万方之司存”，面貌焕然一新。海阳馆不仅是“百宝丛货”汇聚、“天子万方之司存”的宝库之所，[①] 而且因临珠江，交通便利，“始至有阅货之燕”[②]，归有送别之宴，是招款外国使节、客商的客馆，亦称“岭南王馆”，此为市舶使代表中央行使对外贸易之所，也号“市舶使院”。岑仲勉先生以朱彧《萍洲可谈》、王象之《舆地纪胜》、黄佐嘉靖《广东通志》为证认为，“（宋）海山楼或即（唐）贞元时代临江之‘海阳旧馆’，宋盖承唐制而建设也。其地可能在今邮政总局至十三行附近，此处正对五洲，即今河南之鳌洲，‘鳌’‘五’双声，方音之转变也”[③]，当为正确。

唐市舶使院的地理位置，为以后宋元海山楼及明市舶提举司署、清十三行等外贸商馆、办事机构皆设在城南沿江一带打下基础。虽然贞元、元和时，外贸发达，市舶使院一派繁荣景象，但官方祭祀南海神因夏季珠江风大浪急，加之台风时常发生，故广州刺史祭祀南海神多令副使代之，从元和后期孔戣任广州刺史始，一改往日副使祭祀之惯例，亲至南海神庙祭祀，为后代刺史仿效的榜样。民间祭祀因史料缺乏，难穷究竟，但不能说“海客”（域外客商）、当地商人和渔民，就没有祭祀南海神之举。从一般常理来说，保佑海上交通平安，期求商贸正常进行，应是南海神神职庇护范围之内，因此，唐代中后期，南海神亦随着商贸活动的发展，对外贸易的兴盛，官吏和渔商士民应继续崇祀这一神灵，不断修整和扩建，前引韩愈《南海神（广利王）庙碑》对南海神庙的扩建即是例证。

就在港口与广州城西南部一带，唐时外商多居住于此，时称“蕃坊”。蕃坊设立“蕃长”“蕃酋”[④]，处理蕃商内部事务。蕃坊范围大

---

① （唐）王虔休：《进岭南王馆市舶使院图表》，《文苑英华》卷613。

② （唐）韩愈：《昌黎先生文集》卷33《唐正议大夫尚书左丞孔公（戣）墓志铭》。

③ 岑仲勉：《隋唐史》卷下《唐史》第58节“市虚与商务”，高等教育出版社1957年版，第575页。

④ （唐）李肇：《唐国史补》卷中，刘恂《岭表录异》卷中《波斯》。

体在今广州中山路以南、人民路以东、大德路以北、解放路以西一带，中心在今光塔街及其附近。[①] 唐开成以前，广州“土人与蛮僚杂居，婚娶相通”。开成时，岭南节度使卢钧立法，“俾华蛮异处，婚聚不通，蛮人不得立田宅”[②]，加强蕃商管理。

值得一提的是，外国商舶的到来和回航，唐政府设宴款待，“牙樯迎海舶，铜鼓赛江神”[③]，沿江（海）有诸如龙舟的竞赛活动。海商平安到达与龙舟竞渡，都应以祭祀南海神为要。唐时这种风气已经形成。“瓦樽留海客，铜鼓赛江神”[④]，白居易、许浑皆有诗为证。皮日休“铜鼓夜敲溪上月，布帆晴照海边霞”[⑤]，亦应是岭南的写照。当然，岭南“岛夷徐市种，庙覡赵佗神”[⑥]，“北与南殊俗，身将货孰亲”[⑦]，“事事皆殊异”[⑧]，重鬼信巫风俗相沿。加之，“吾闻近南海，乃是魑魅乡”[⑨]，“水庙蛟龙集”[⑩]，“鲸吞洗钵水，犀触点灯船”[⑪]，赛神与对外贸易交通、岭南民风有着密不可分的关系。

四 小结

扶胥港是中处商舶进出广州必经之地，人们在此停泊，一般都与参拜南海神庙有关，故其在中外商贸活动的作用有限。但作为广州的外港，它与屯门是广州外围重要的前哨，它在政治、经济、军事以及礼仪文化等方面，以及在护卫中外商贸交通和保证海上丝路的畅通方面都起到了重大作用。而广州对外贸易的繁荣与海上交通密不可分，广州港在广州城南，不仅可利用珠江与广大腹地相连，而且海潮还可

---

① 曾昭璇：《广州历史地理》，广东人民出版社1991年版，第235页。
② 《旧唐书》卷177《卢钧传》。
③ （唐）白居易：《白氏长庆集》卷17《送客春游岭南二十韵》。
④ （唐）许浑：《丁卯诗集》卷下《送客南归有怀》。
⑤ （唐）皮日休：《松陵集》卷7《吴中言怀寄南》。
⑥ （唐）元稹：《元氏长庆集》卷12《和乐天送客游岭南二十韵次用本韵》。
⑦ （唐）白居易：《白氏长庆集》卷17《送客春游岭南二十韵》。
⑧ （唐）韩愈：《昌黎先生文集》卷10《送郑尚书赴南海》。
⑨ （唐）元结：《次山集》卷7《送孟校书往南海并序》。
⑩ （唐）陈陶：《番禺道中作》，《文苑英华》卷295。
⑪ （唐）李洞：《送僧游南海》，（元）方回编《瀛奎律髓》卷4。

直入港内，“向郡海潮迎”。广州城内外的相关官署和海阳等馆驿都在沿城南和城西的水滨，这与海外贸易交通有关。唐代中后期历任广州地方官员的贪廉都对外贸的发展产生了一定的影响。

（原载《唐都研究》2006 年第 6 期）

南唐章僚《海外使程广记》考

行记即古人撰写的旅行笔记，这一名称最早出现在魏晋南北朝，此间很多记述行旅的作品，多以“行记”为名，间有称作“行传”“游记”“记”“传”“志”者。《隋书·经籍志》史部地理类著录颇多，计有佚名《江表行记》、姚最《序行记》《魏聘使行记》《李谐行迹》、李绘《封君义行记》、薛泰《舆驾东行记》六种“行记”，还有《慧生行传》、刘师知《聘游记》、智猛《游行外国传》、戴祚《西征记》、张骞《出关志》等。[①] 唐五代宋时，行记创作步入了全面繁荣时期，不仅涌现出很多“记传”体的纪行著作，而且出现了像《来南录》《往五台山行记》这样的单篇作品，二者并行于世。至郑樵《通志·艺文略》，首创三分法，将宋以上行记区分为朝聘、行役、蛮夷三大类。唐代行记种类增多，单外国行记就有 21 种。其中，中国僧人行记就有玄奘、辩机《大唐西域记》，义净《大唐西域求法高僧传》《南海寄归内法传》，慧立、彦悰《大慈恩寺三藏法师传》，道宣《释迦方志》，常愍《历游天竺记》，悟空《入竺记》；《崇文总目》卷二“地理类”著录《西域行记》一卷；伯 3926 号《印度地理》敦煌残卷 9 种。外国僧人所撰来华行记有慧超《往五天竺国传》、真人元开《唐大和上东征传》、圆仁《入唐求法巡礼行记》、圆珍《行历抄》4 种。另有内容比较特殊的作品，如杜环《经行记》、敦煌文书中发现的 4 种《往五台山行记》。以上 18 种唐五代外国行记均有人作过整理。加上王玄策《中天竺国行记》（即《王玄策使印度记》）也有冯承钧等研究及译本，共计 19 种。而奉使外国行记的达奚

① 《隋书》卷 33《经籍志》，中华书局 1973 年版，第 985 页。

通《海南诸蕃行记》、章僚《海外使程广记》2 种则仍未有辑本，可予以辑复。① 本文拟对南唐时期章僚《海外使程广记》作以辑佚与考究，敬请海内外方家正之。

一　作者章僚与《海外使程广记》成书时间

五代以前，唐朝与朝鲜半岛一直有往来。公元 918 年，后高句丽弓裔王部将王建建立高丽。935 年，高丽灭新罗；936 年又灭后百济。南唐正是在高丽灭百济的次年即公元 937 年，才由李昪立国。章僚《海外使程广记》应是五代时期南唐出使高丽的所见所闻。

《海外使程广记》三卷，南唐如京使章僚撰。② 程大昌《演繁露》《演繁露续集》一作章僚，又作张僚。③ 章僚事迹不详。清吴任臣撰《十国春秋》辑编南唐人物时，为章僚列传，但仅只字词组，文曰：

> 章僚，雅善著述。后主时充如京使，奉使高丽，具得其国山川、事迹、物产，撰《海外使程广记》三卷。《春秋续演繁露》作《海外行程记》云，中间引保大初徐弼使事为证。

其他事迹没有提到。实际上，章僚为如京使在南唐嗣主李璟时（详下）。翻检诸多五代宋时以及朝鲜资料，章僚事迹缺失。仅在宋李纲《梁溪集》偶然提到沙县县令章僚，从时间顺序、南唐疆域与官制升迁来看，南唐时沙县县令章僚很可能与以如京使身份出使高丽的章僚同为一人。

宣和元年（1119）六月，因“京师大水，（李）纲上疏言：‘阴气太盛，当以盗贼外患为忧。’朝廷恶其言，谪监南剑州沙县税务”④。

---

① 李德辉：《古代行记亟待整理》，《古籍整理出版情况简报》2005 年第 1 期。

② （宋）陈振孙：《直斋书录解题》卷 8《地理类》，《宋元明清书目题跋丛刊》第 1 册，中华书局 2006 年版，第 651 页。

③ （宋）程大昌《演繁露》卷 10《犬戎、鸡林》，《演繁露续集》卷 1《制度 · 高丽境望》皆作“章僚”（文渊阁《四库全书》本，第 852 册，上海古籍出版社 1987 年版）；而《演繁露》卷 1《服匿、刁斗、斯罗》作“张僚”，第 71—72 页 。

④ 《宋史》卷 358《李刚传》，中华书局 1997 年版，第 11241 页。

南剑州沙县即今福建沙县。李纲在沙县遍历好山圣水，写下许多名篇佳作，抒发自己愤慨之情。曾在沙县生活过的大唐遗民韩偓，无疑成为李纲诗文歌咏与精神寄托的对象。李纲作《读韩偓诗并记有感》云：

> 韩偓，唐昭宗时为翰林学士承旨，颇与国论。为崔胤、朱全忠所不容，谪濮州司马，其后复官，不敢入朝。挈其族依闽中王审知。尝道沙阳，寓居天王院者岁余，与老僧蕴明相善，以诗赠之。至后唐时，邑令章僚为之记，叙偓始末甚详，且述唐末乱离之事，颇与唐史合。予来沙阳闻之，窃愿一观，而其碑因寺中废，为有力者取去，秘不示人。久之，始得见其副本，感而赋之。且录偓诗卷中，传诸好事者云。①

值得注意的是，沙县县令章僚“为之记，叙偓始末甚详，且述唐末乱离之事，颇与唐史合”。李纲未见原碑，但看到“其副本”，不仅保留韩偓诗，而且可以了解韩偓在唐末离乱时的情形，难能可贵。

“后唐时邑令章僚”是否为南唐章僚呢？后唐存在的时间为庄宗李存勖同光元年（924）至末帝李从珂清泰三年（936），控制地域主要在黄河中下游，地域无法达到武夷山以东的沙县，时福建仍是闽国王氏管理。唐末诗人韩偓，以李商隐赞其诗“雏凤清于老凤声”闻名于世。“天祐二年（905），复召为学士，还故官。偓不敢入朝，挈其族南依王审知而卒。”② 后梁开平二年（908）来到沙县天王院寓居，与蕴明和尚交往甚密，作《偶访明公大德赠长句四韵》一诗，惜未收入《韩内翰别集》中。而在沙县期间，曾作《余寓汀州沙县，病中闻前郑左丞璘随外镇举荐赴洛，兼云继有急征，旋见脂辖。因作七言四韵，戏以赠之，或冀其感悟也。己巳年》《己巳年正月十二日，自沙县抵邵武军，将谋抚、信之行。到才一夕，为闽相急脚相召，却请赴沙县郊外，泊船偶成一篇》。③ 己巳年为后梁开平三年

---

① （宋）李纲：《梁溪集》卷11《诗七，在沙阳作，四十四首》，文渊阁四库全书本，第1125册，第592页。

② 《新唐书》卷183《韩偓传》，中华书局1975年版，第5390页。

③ （唐）韩偓：《韩内翰别集》，文渊阁四库全书本，第1083册，第560—561页。

(909)，韩偓《偶访明公大德赠长句四韵》一诗应作于此年左右，时沙县、邵武军（今福建邵武）仍在王审知闽国管辖中，所以闽国王审知才能在邵武截住韩偓。李纲《梁溪集》有多处提到“后唐”，大多指南唐无疑。卷七八“奉诏条具边防利害奏状”云：“后唐李氏有淮南，则可以都金陵，其后淮南为周世宗所取，遂以削弱。”卷一百“奏陈车驾不宜轻动札子”云：“故后唐李氏有淮南，则足以保国，既失江北，国势遂卑。”卷一一二“郁林与吴元中别幅”又云：“后唐迁于豫章，正以失淮南之故，其利害甚明。”卷一五二《论江表》曰：“唐遂并有天下，杨行密据江淮，而李氏因之，遂以江南为后唐。至周世宗尽取淮南之地，而以江为限，则李氏国已危矣”；同卷《论光武太宗身致太平》：“彼后唐庄宗夹河数十战，而后胜梁”仅一处提到后唐，而且还与庄宗联称，显然指后唐庄宗李存勖。可见，《梁溪集》“后唐时邑令章僚”当指南唐章僚。

南唐嗣主李璟保大三年（945）八月，大将“文徽乘胜克建、汀、泉、漳四州，景分延平、剑浦、（富）沙三县，置剑州，迁王延政之族于金陵”①。闽国为南唐所灭。当年十月，“以延平津为剑州，割建州之剑浦，汀州之沙县属焉。以建州裨将陈诲为剑州刺史”②。故保大三年后为沙县纳入南唐新置剑州（治今福建南平）所辖。所以，章僚为沙县县令，应在保大三年即945年以后，南唐灭亡即975年前的30年间。

从一般官员升迁的历程来看，如京使章僚也存在逻辑上与沙县县令为一人的可能性。唐代，沙县为中下县，③“诸州中下县令一人，从七品上”④。而如京使，为后梁始设职官。“如京，唐主仓官也。《唐志》云：开元十九年以监察御史充太仓出纳使，五代梁诸使始有如京使，当是梁改太仓使曰如京也。盖取《诗》‘曾孙之庾，如坻如

---

① 《新五代史》卷62《南唐世家第二》，中华书局1974年版，第771页。原文作“（保大）四年八月”，误。

② 《南唐书》卷2《嗣主书二》，文渊阁四库全书本，第464册，第257页。

③ （唐）李吉甫：《元和郡县图志》卷29《江南道五·汀州》，第723页。

④ 《旧唐书》卷44《职官志》，中华书局1975年版，第1921页。

京'之义。"[①] 唐代，太仓署令三人，从七品下；丞二人，从八品下。监察御史为正八品上，殿中侍御史为从七品下。[②] 从唐后期来看，监太仓使为从七品下。从官职升迁来看，如京使较中下县沙县县令官职低，当是章僚出使高丽以后所授官职。因此，如果其间没有意外，按照官职高低和官员升迁过程，南唐如京使章僚很可能就是在出使高丽回来后即授沙县县令的章僚。

女真首次向高丽朝贡的时间是高丽定宗三年（辽天禄二年，南唐保大六年，948）九月，"东女真大匡苏无盖等来献马七百匹及方物。王御元德殿阅马为三等，评定其价，马一等，银注之一事，锦绢各一匹；二等，银帛一事，锦绢各一匹；三等，锦绢各一匹"[③]。查朝鲜郑麟趾《高丽史》在宋代立国前仅有此一次朝贡马匹记载。而章僚《海外使程广记》所载"僚之使也，会女真献马于丽"[④]，则章僚出使高丽事当在此年发生，即南唐保大六年（高丽定宗三年，948），女真、南唐同时与朝鲜交往。章僚《海外使程广记》应在章僚出使高丽后而作。

另外，宋程大昌《演繁露续集》引"《海外使程记》者，南唐章僚记其使高丽所经所见也。中引保大初徐弼使事为证"[⑤]。保大为南唐嗣主李璟年号，为943年至957年。而《海外使程记》作于保大初徐弼出使高丽后，更准确地讲作于章僚出使高丽后，这与上述保大三年（945）八月沙县纳入剑州，章僚出使高丽归来后授县令从逻辑上、时间上可以衔接。

以上从南唐疆域、官职升迁、章僚所留《韩偓诗并记》与《海外使程广记》关系、朝鲜郑麟趾《高丽史》所载女真献马史实，大致考察了章僚的生平与贡献，考订出章僚出使高丽的时间为南唐保大六年（948），《海外使程广记》作于南唐保大六年（948）至作序的显德六

---

① （宋）高承：《事物纪原》卷6《东西使班部第二十九》，文渊阁四库全书本，第920册，第157页。

② 《旧唐书》卷44《职官志》，第1863页。

③ ［朝］郑麟趾：《高丽史》卷2《定宗世家一》，四库全书存目本，第159册，齐鲁书社1996年版，第71页。

④ （宋）程大昌：《演繁露续集》卷1《制度·高丽境望》，第215页。

⑤ 同上。

年（959）间。从逻辑上说，南唐如京使与沙县县令很可能为一人。章僚任职沙县县令当在保大六年（948）出使高丽后旋即上任。由于章僚在沙县遗留有关韩偓的诗文碑记，难以穷追，人们忽视而已。

章僚《海外使程广记》三卷，宋陈振孙《直斋书录解题》卷八《地理类》详细记载如下：

> 《海外使程广记》三卷，南唐如京使章僚撰。使高丽所记海道及其国山川、事迹、物产甚详。史虚白为作序称己未十月，盖本朝开国前一岁也。[①]

史虚白为《海外使程广记》作序在显德六年（959）十月。根据程大昌《演繁露续集》："《海外使程记》者，南唐章僚记其使高丽所经所见也。中引保大初徐弼使事为证，即当是后主末年也。"[②] 清陈鳣《续唐书》亦云："保大初元宗遣使徐弼往聘高丽，后主时以章僚充如京使，奉使高丽。"[③] 实际上，结合以上史虚白写序的时间——显德六年（959）十月，则章僚写《海外使程广记》应是南唐第二嗣主（元宗）李璟末年，而非后主李煜末年。而其中既然有保大（943—957）初徐弼出使高丽之事，则《通志》所云《海外使程广记》"昇元中录"[④] 亦误。

二 《海外使程广记》佚文内容

程大昌《演繁露》《演繁露续集》皆录入《海外使程广记》佚文。不过，《海外使程广记》在程大昌书中作《使高丽记》《海外行程记》，[⑤] 当是作者随手拈来而引，应是一本书无疑。《海外使程广

① （宋）陈振孙：《直斋书录解题》卷8《地理类》，第651页。

② （宋）程大昌：《演繁露续集》卷1《制度·高丽境望》，第215页。

③ （清）陈鳣：《续唐书》卷70《外国传》，道光四年士乡堂刻本，第327页。

④ （宋）郑樵：《通志》卷66《艺文略第四·地理》，中华书局1987年版，第782页。

⑤ （宋）程大昌：《演繁露续集》卷1《制度·高丽境望》作"《海外行程记》"，第215页；而《演繁露》卷1《服匿、刁斗、斯罗》作"《使高丽记》"，第71页。

记》“地志家多称其书为博洽云”①，足见此书的影响力。

程大昌《演繁露》《演繁露续集》引大致有以下六条：

1. 记载来回高丽“海道”

【予见旧史，自平、辽间陆趋高丽者多直东行，意丽并海与平辽等处对东而出；而明人登航商贩于丽者，乃皆微北并东而往耳】。今观僚所书水程，乃自海、莱二州须得西南风乃行，则丽地之与中国对者，已在山东之东矣。而丽之属郡有康州者，又在丽南五千里，乃与明州相对。康之邻郡曰武州，自产橘柚，又明言其气候正似余姚，则丽之与明其斜相对，值盖相为东西而微并西北矣。(《续演繁露》卷一《制度·高丽境望》)

章僚回程，至海州长沂县东北百余里，船巫祭小青山神。巫具饼饵，先作击击之声，复撒米一把。彼俗云：“鸡林之地，祭先皆以米。”或云鸡林，本鸡种也，高丽不烹鸡，云如烹，即家有祸。按此与犬戎讳犬同。(《演繁露》卷十《犬戎、鸡林》)

2. 记载在高丽所见女真人贸易

僚之使也，会女真献马于丽。其人仅百余辈，在市商物价不相中，辄引弓拟人，人莫敢向，则其强悍有素，丽不能谁何矣。丽主王建尝资其马万疋以平百济，则诸家谓女真攻辽，初时力弱无器械者，误也。(《续演繁露》卷一《制度·高丽境望》)

3. 记载高丽物产、风俗

【南唐张（章）僚《使高丽记》其所见曰】：“丽多铜，田家馌具皆铜为之。有温器名服席，状如中国之铛，其底方，其盖

① （清）吴任臣：《十国春秋》卷28《南唐十四列传·章僚》，中华书局2010年版，第410页；周在浚：《南唐书注》卷18《浮屠契丹高丽列传》，续修四库全书本，第333册，第522页。

圆，可容七八升。案《齐杂记》云：竟陵王子良得古器，小口方腹底平，可着六七升，以示秘书丞陆澄之。澄之曰：'此名服匿，单于以赐苏武，子良视其款识，果如所言。夫东夷之谓服席，即北狄之谓服匿者也。语有讹转，其实一物也。'"（《演繁露》卷一《服匿、刁斗、斯罗》）

僚之回也，舟至冷泉，丽兵来卫，中有铜器，昼以供炊，夜击警用，颜注验之，即刁斗矣。东夷箕子之国也，犹知重古三代俎豆，至汉尚存，则刁斗尚其传习而近者也。（《演繁露》卷一《服匿、刁斗、斯罗》）

【若铜厮罗，其义绝不可晓。案张（章）僚《记》】：新罗国，一名斯罗，而其国多铜，则厮者，斯声之讹者也。名盆以为厮罗，其必由此也……然其以斯罗为名，而至今仍之则斯罗也者，本其所出以为之名也。后世固有改用黄白二金且锻且铸者矣。而其易盆名以为斯罗者，则其祖本由新罗来不可掩也。于是酒器之有丰也，乐之有阮咸嵇琴也，食品中之有毕罗、鉴虚也，皆本其自而立之名也。则易盆名以为厮罗 自当本之新罗无疑也。（《演繁露》卷一《服匿、刁斗、斯罗》）

高丽多产铜，生产生活用具多使用铜器，盛酒器用底方盖圆的服席（服匿），铜盆名斯罗，军士用刁斗。刁斗为斗形有柄的铜器，白天用作炊具，晚上击以巡更。

4. 除上引高丽康州、武州外，加上清吴任臣《十国春秋》、周在浚《南唐书注》所辑佚一条

【（章僚）撰《海外使程广记》三卷，史虚白为之序】。大抵言高丽有二京六府九节度百二十郡，内列十省四部，官朝服紫丹、绯绿、青碧。俗喜匾头，生男旦日，按压其首[①]。

① （清）吴任臣：《十国春秋》卷28《南唐十四列传·章僚》，第410页；周在浚：《南唐书注》卷18《浮屠契丹高丽列传》，第522页。

二京即以开州为东京，平壤为西京。朝鲜李朝郑麟趾著《高丽史》的《地理志》描述高丽朝的地理沿革，即太祖二十三年（940）置二京六府九节度百二十郡。[①] 节度使制度当仿效唐节度使而来，此为高丽后来设置十二节度、五都护转变为道制度的滥觞（详下）。高丽“二京六府九节度百二十郡”是高丽灭掉新罗、百济后设立。较早记载为北宋司马光《资治通鉴》所载，[②] 如《十国春秋》所引章僚《海外使程广记》不虚，当是章僚最早记载高丽行政沿革。高丽官服“紫丹绯绿青碧”，遵循隋唐官制，“紫绯绿青为命服，于隋炀帝巡游之时，而其制遂定于唐，此史传所纪也”[③]。官服按照官阶“青碧以年序迁，绿以上选才能赐之。俸禄赋以田租。尚冠礼略如古制”[④]。匾头风俗亦见于《通典》，“儿生便以石厌其头欲其匾，故辰韩人皆匾头”[⑤]，此辰韩风俗至王氏高丽仍然保存。

三 《海外使程广记》海道、区划与其他事实相互印证

五代十国时期中原的后梁等五个王朝出使高丽“海道”，一般都在山东半岛的登州（治今山东蓬莱）、莱州（治今山东掖县）、密州（治今山东诸城）等港口。[⑥] 其南的海州（治今江苏连云港西）、楚州（治今江苏淮安）是吴（后为南唐）重要的港口，也是吴、南唐与高丽往来的重要港口，此为通往朝鲜半岛的北路。而从扬州、明州来往，为南路。昇元二年（938）六月，“高丽使正朝广评侍郎柳勋律来

---

① ［朝］郑麟趾：《高丽史》卷56《地理志》，四库全书存目本，第160册，第411页。

② 《资治通鉴》卷280，“后晋高祖天福元年十二月辛丑”条，中华书局1956年版，第9166页。

③ 《文献通考》卷112《王礼考》，文渊阁四库全书本，第612册，第632页。

④ （宋）陆游：《南唐书》卷18《浮屠契丹高丽列传》，文渊阁四库全书本，第464册，第491页。

⑤ （唐）杜佑：《通典》卷185《边防一·东夷·辰韩》，第8册，上海人民出版社2008年版，第86页。

⑥ 刘凤鸣：《山东半岛与古代中韩关系》，中华书局2010年版，第239页。

朝贡"[①]，祝贺南唐烈祖李昪受吴禅让登基。其后昇元四年（940）十月己未，"高丽使广评侍郎柳兢质来贡方物"[②]。陆游《南唐书·浮屠契丹高丽列传》云"其后史册残缺，来与否不可考矣"。实际上，章僚《海外使程广记》所记保大初徐弼出使高丽，以及章僚出使高丽两事，恰巧可补南唐派遣使节出使高丽事。综上所述，高丽有昇元时柳勋律、柳兢质两次来南唐，南唐也有保大初徐弼、保大中期章僚两次出使高丽。唐后期以至于五代十国时期，来往新罗、高丽通道，多走南道。

由明州趋朝鲜半岛为南路，徐兢《宣和奉使高丽图经》明确提到："黄水洋，即沙尾也。其水浑浊且浅，舟人云：其沙自西南而来，横于洋中千余里，即黄河入海之处。'舟行至此，则以鸡黍祀沙，盖前后行舟过沙，多有被害者，故祭其溺水之魂云。'自中国适句丽，唯明州道则经此。若自登州版桥以济，则可以避之。比使者回程至此，第一舟几遇浅，第二舟午后三桅并折，赖宗社威灵得以生还。故舟入海以过沙尾为难，当数用铅硾，时其深浅不可不谨也。"[③] 黄水洋为南道凶险之处，故历来经此祭祀亡灵，以求海上航行安全。从上述程大昌《演繁露》《演繁露续集》所引章僚《海外使程广记》海上航程，当是去时从海州或莱州出发走北线，回程走南线当经黄水洋达明州而归。

章僚回程"海州长泝县东北百余里，船巫祭小青山神"。小青山即今江华湾西北的小青山。船行至此撒米祭祀，当是海道途中怕遇搁浅而祀。其西北为今朝鲜大青山、白翎岛。《高丽史·地理志》亦云："白翎镇，本高句丽鹄岛，高丽改今名，为镇。显宗九年置镇将，恭愍王六年以北路艰险，出陆侨寓文化县东村，寻以地窄，废。镇将属文化县任内。恭让王二年，革为直村。有大青岛、小青岛。"[④] 大小青山正处在江华湾西北的海道上。

---

① （宋）陆游：《南唐书》卷1《烈祖本纪》，第390页。

② 同上。

③ （宋）徐竞：《宣和奉使高丽图经》卷34《海道一》，文渊阁四库全书本，第593册，第895页。

④ ［朝］郑麟趾：《高丽史》卷58《地理志》，第459页。

章僚回程的“海州”应是高丽海州，即今朝鲜海州湾北的海州。《高丽史·地理志》云：“安西大都护府海州，本高句丽内米忽，一云池城，一云长池。新罗景德王改为瀑池郡，太祖以郡南临大海，赐名海州。成宗二年初置十二牧州，其一也。十四年，置十二州节度使，称右神策军，与杨州为左右辅。显宗三年废节度使，九年，定置四都护府，改为海州安西都护府。”① 海州从高丽太祖王建改名至今，仍然使用。

章僚提到的康州、武州，与明州相对，据《高丽史》卷五七《地理志》载：“晋州牧，本百济居列城，一名居陁。新罗文武王二年取而置州，神文王四年分居陁州置菁州总管，景德王改为康州，惠恭王复为菁州，太祖又改康州。成宗二年初置十二牧，州其一也。十四年置十二州节度使，号晋州定海军，属山南道。显宗三年废为安抚使，九年定为牧，为八牧之一，别号晋康。成庙所定又号菁州，又号晋阳，有花开、萨川两部曲，又有彰善岛。属郡二县七，领知事郡一，县令官三。”② 当今韩国庆尚南道晋州及附近地区。而与康州比邻的武州，《高丽史》云：“海阳县，本百济武珍州，一云奴只，新罗取百济仍置都督。景德王十六年改为武州，真圣王六年甄萱袭据称后百济，寻移都全州。后高丽王弓裔以太祖为精骑大监，帅舟师略定州界，城主池萱以甄萱壻坚守不降。太祖二十三年称光州，成宗十四年降为刺史，后又降为海阳县令官。高宗四十六年以金仁俊外乡升知翼州事，后升为光州牧，忠宣王二年复降为化平府。恭愍王十一年改茂珍府，避惠宗讳改武为茂。二十二年复为光州牧，别号光山，又号翼阳。有无等山。”③ 武州下辖有祁阳县（高丽称昌平县）、玄雄县（高丽称乐安郡）、龙山县（高丽称伏龙县）等。武州“自产橘柚”，当今韩国全罗南道光州及附近地区，今天这里仍是黄金柚子的产地。今韩国南部的晋州、光州等附近地区，正处于朝鲜半岛南部，地理位置与章僚记述相当，武州气候也如章僚所述“气候正似余姚”。

---

① ［朝］郑麟趾：《高丽史》卷58《地理志》，第457页。

② ［朝］郑麟趾：《高丽史》卷57《地理志》，第432页。

③ 同上书，第451页。

上述高丽国使至吴越、南唐的航线，多从高丽中原府而来。中原府即是高丽初期六府之一。清陆心源《唐文拾遗》卷六九收录高丽崔彦撝《有晋高丽中原府故开天山净土寺教谥法镜大师慈镫之塔碑铭并序》。而宋释法泉《证道歌颂》在高丽刊刻，1378 年夏，高丽僧人僧俊根据宋本或其翻刻本重刻，藏板于中原府青龙禅寺（僧俊用古称“中原府青龙禅寺”，在今韩国京畿道安城市瑞云山）。[①] 两碑刻可证，中原府应为高丽六府之一。

朝鲜李朝郑麟趾著《高丽史》，其《地理志》描述高丽朝的地理沿革，即太祖二十三年（940）置二京、六府、九节度、一百二十郡；成宗二年（982）置十二牧于杨、广、黄、海、尚、晋、忠、清、公、全、罗、升等十二州；显宗三年（1013）废十二节度，改置五都护，显宗九年（1019）定为五道两界：杨广道、庆尚道、全罗道、交州道、西海道、东界、北界。《高丽史》以成宗二年的区划为基础，故未见中原府。从陆游《南唐书·高丽传》和以上两则碑文看，中原府即太祖王建时期的六府之一。此前新罗时期无中原府。成宗之后改为中原道，领忠州、清州等十三州四十二县（实二十五县），相当于现在韩国忠清北道和京畿道的一部分，处于高丽中部，流传至今的中原高句丽碑、中原米勒里寺址等文物古迹，仍冠以“中原”之名。青龙寺在今京畿道安城市与忠清北道的交界处。不过，僧俊刻书时，这里既不称中原府，也不称中原道，而称杨广道，如同宋朝丽水县的祝况、吴庸自称括苍人，僧俊也用了一个古称“中原府青龙禅寺”[②]。

四　《海外使程广记》序作者史虚白

为《海外使程广记》作序的史虚白，仁宗天圣六年（1028）三月辛亥“追号江南处士史虚白为冲静先生。虚白，有高节，善属辞，五代乱离，隐居岩谷，李氏累聘不起，至是其孙虞部员外郎温已以

---

① 杨之峰、范猛：《高丽刻本〈证道歌颂〉考述》，《图书馆学刊》2012 年第 2 期。

② 同上。

《虚白文集》来上，特追旌之”[①]。其大致事迹如下：

史虚白（894—961），字畏名，山东人。“世习儒业，长而富于文，与昌黎、韩熙载友善。唐晋之间，中原多事，遂相与渡淮。”[②]时宋齐邱为吴相，虚白放言：“彼可代而相矣。”宴席间，“虚白谈笑，献酬笔不停辍，众大惊”。曾献言南唐烈祖李昪以江淮建立基业未被采纳，“遂南游庐山，以诗酒自娱。元宗即位，韩熙载荐之，召见，问为治之理”[③]。虚白对曰：“草野之人渔钓而已，安知国家大计?”元宗李璟“赐田五顷，放还山”。李璟南迁豫章，虚白迎道旁而言《溪居诗》，“元宗变色，厚赐粟帛，上樽酒”。死时立言以藜杖、美酒陪葬，“四时勿用祭享”。终年六十八。[④]

史虚白为南唐烈祖李昪、元宗李璟时人，为《海外使程广记》作序也在嗣主李璟后期。故清人周在浚《南唐书注》卷一八《章僚传》、吴任臣《十国春秋》卷二八《南唐十四列传·章僚》、陈鳣《续唐书》卷七〇《外国传》皆因宋程大昌《演繁露续集》卷一《制度·高丽境望》所言南唐后主（李煜）时如京使章僚出使高丽，当误。

（原载于《求索》2015 年第 12 期）

---

① 《续资治通鉴长编》卷 160，“仁宗天圣六年三月辛亥”条，中华书局 1985 年版，第 2468 页。

② （宋）龙衮：《江南野史》卷 8《史虚白传》，文渊阁四库全书本，第 464 册，第 107 页。

③ （宋）马令：《南唐书》卷 14《儒者传下》卷 9《史虚白》，第 315 页。

④ （宋）陆游：《南唐书》卷 7《徐高锺常史沈三陈江毛列传第四·史虚白》，第 425 页。

宋代南海诸国使节来华驿馆考

两宋外交制度一个最突出的特点，就是根据不同的外国对象与外交层次，采取不同的外交途径，制定不同的外交礼仪。迎送就馆制度即其外交礼仪制度的重要一环。都城、沿边以及广州等港口设置对外驿馆，接待外国使节。交阯、占城、三佛齐等南海诸国来宋，其迎往的驿馆值得考察。相关成果以吴晓萍《宋代外交制度研究》（安徽人民出版社 2006 年版）、王文宾《宋代外事馆驿考》（陕西师范大学 2012 年硕士论文）等为代表，对都城与地方的驿馆有所考察，但相关研究成果并未深入，还需进一步探索。本文试对接待南海诸国的驿馆设废过程、地理位置、重要事件等作探索，望方家指正。

一　北宋都城汴梁怀远驿等驿馆

北宋立国之初，在国都汴京与地方上设置馆驿招待外国使节，相关事务由鸿胪寺管理，辽、金、高丽、交阯等国客使接待规格不一。仁宗天圣九年（1031）正月十二日，资政殿学士晏殊上言："伏见占城、龟兹、沙州、邛部、川蛮入贡，或挈家而至，胆望御驾，纵游宫观。臣闻先朝曾有诏书，凡四夷朝贡，委馆伴官询其风俗，别为图录，兹诏废格，因循未举，望下有司按先朝故事施行，从之。"[①] 于是开始设置官吏管理就馆的外国使节。在东京设立的馆驿有：

① 《宋会要辑稿》职官 25 之 1，中华书局 1957 年版。

1. 礼宾院

“契丹使馆于都亭驿，其他诸蕃客使止于公府安泊。”[①] 作为鸿胪寺管属的十二个部门之一的“礼宾院，掌回鹘、吐蕃、党项、女真等国朝贡、馆设，及互市、译语之事”[②]。礼宾院虽为管理外国宾客的机构，但有时也充当款待宾客之所。太平兴国二年（977），勃泥国遣使来贡，“诏馆其使于礼宾院，优赐以遣之”[③]。礼宾院位置“在归德坊。旧有蕃驿院，景德三年并入。掌蕃夷朝贡、互市”[④]。后规定不准外国人任通事。“熙宁九年四月四日，省礼宾院监官。”[⑤]

2. 怀远驿

“怀远驿，景德三年置，以待海南诸国进贡使介也。”[⑥] 并非“怀远驿以待交阯”而已。[⑦] 设置的具体时间和地点为真宗景德三年（1006）“十二月辛巳，置怀远驿于汴河北，以待诸蕃客使”[⑧]。与礼宾院一样，作为鸿胪寺管属的十二个部门之一，“怀远驿，掌南蕃交州、西蕃龟兹、大食、于阗、甘、沙、宗哥等国贡奉之事”[⑨]，也作为宾客馆驿之所。

怀远驿的设置，改变了宋初“契丹使馆于都亭驿，其他诸蕃客使止于公府安泊。至是以为非便，遂规度侍卫都虞候旧公廨创是驿焉”[⑩] 的局面。怀远驿位于汴河北，“在兴道坊，初馆契丹，后馆交阯”[⑪]。“怀远驿在汴京丽景门”[⑫]，即汴梁东南门旧宋门，在汴河北，方便贡使乘船而来。设置位置是有考虑交通条件与管理之便的。而改

---

① 《宋会要辑稿》方域 10 之 14。

② 《宋史》卷 165《职官志》，中华书局 1977 年版，第 3903 页。

③ 《宋史》卷 489《外国传五·勃泥》，第 14095 页。

④ 《玉海》卷 168《景德礼宾院》、卷 172《宋朝礼宾院》，文渊阁四库全书本，台湾商务印书馆 1986 年版。

⑤ 《玉海》卷 168《景德礼宾院》、卷 172《宋朝礼宾院》。

⑥ （宋）高承：《事物纪原》卷 7《库务职局部第三十四》，文渊阁四库全书本。

⑦ （宋）王应麟：《小学绀珠》卷 9《制度类·四方馆》，文渊阁四库全书本。

⑧ 《续资治通鉴长编》卷 64，“真宗景德三年十二月辛巳”，中华书局 1992 年版，第 1436 页。

⑨ 《宋史》卷 165《职官志》，第 3903 页。

⑩ 《宋会要辑稿》方域 10 之 14。

⑪ 《玉海》卷 172《景德怀远驿》。

⑫ （宋）苏轼撰，施元之注：《施注苏诗》卷 20《初秋寄子由》，文渊阁四库全书本。

兴道坊侍卫都虞候旧公廨为怀远驿，主要接待南蕃、西蕃诸国使节。

怀远驿有时也作为皇室与官僚暂时住所。大中祥符六年(1013)，“五月二十四日增修怀远驿为南宅，九月二十八日南宫、惟正等诸院移居新修西宅”①。《宋史·职官志五》云：“咸平初，遂命诸王府官分兼南、北宅教授。南宫者，太祖、太宗诸王之子孙处之所，谓‘睦亲宅’也。”惟正为宋太祖赵匡胤次子赵德昭长子，为宋太宗赵匡义从侄。惟正等王室暂居怀远驿四月余。

怀远驿也在嘉祐至熙宁七年（1074）十一月一度十多年作为官僚或士子来京暂时住所。“嘉祐中有余良肱安泊后以为例”②，暂住怀远驿。嘉祐六年（1061）秋，苏轼“与子由同举制策，寓居怀远驿，时年二十六，而子由二十三耳”③，后作《初秋寄子由》诗云：“百川日夜逝，物我相随去，惟有宿昔心，依然守故处。忆在怀远驿，闭门秋暑中，藜羹对书史，挥汗与子同。西风忽凄厉，万叶穿户牖，子起寻夹衣，感叹执我手，朱颜不可恃，此语君勿疑。别离恐不免，功名定难期，当时已凄断，况此两衰老，失涂既难追，学道恨不早，买田秋已议，筑室春堂成，雪堂风雨夜，已作对床声。”④ 另有《感旧诗并引》一诗云：“床头枕驰道，双阙夜未央，车毂鸣枕中，客梦安得长。新秋入梧叶，风雨惊洞房，独行惭月影，怅焉感初凉，筮仕记怀远，谪居念黄冈，一往三十年，此怀未始忘。”⑤ 两首诗都记载了苏轼、苏辙在怀远驿紧张准备制策的情形，苏轼兄弟各在所上五十篇《进策》《进论》和《御试制科策》中，系统提出了自己的革新主张。苏轼入第三等（一二等为虚设，实为一等），苏辙因极论朝政之失，宫掖之秘，在朝廷引起轩然大波，后第以四等下。

“怀远驿监官二人，以监外物料库官，兼掌西南蕃交州、龟兹、占城、注辇、大石、于阗、甘、沙、宗哥等贡奉之事。”⑥ 熙宁七年

① 《玉海》卷130《官制·景佑睦亲宅》。

② 《宋会要辑稿》方域10之14，《宋会要辑稿》职官25之4略同。

③ （宋）苏轼撰，王十朋注：《东坡诗集注》卷18《感旧诗并引》，文渊阁四库全书本。

④ （宋）苏轼撰，王十朋注：《东坡诗集注》卷10《初秋寄子由》。

⑤ （宋）苏轼撰，王十朋注：《东坡诗集注》卷18《感旧诗并引》。

⑥ 《文献通考》卷56《职官考十》，文渊阁四库全书本。

(1074)“十一月十二日，客省言：怀远驿有提举汴河提岸霍翔在驿寓止，续有溪洞蛮人向仕旋等至，以一翔在即离驿，窃谓朝廷馆待四夷不止于怀远一驿，他处率无许容臣僚休舍之例。欲乞应本省所辖诸驿并不令臣僚安下，从之。先是，嘉祐中有余良肱安泊后以为例，至是罢之。八年闰四月十八日，诏诸处不许指占都亭西驿三位舍屋，在驿官吏不得于见祇应行人处收买物色、占役工匠”①。此后，怀远驿不再安排官僚暂住。

北宋汴梁京城怀远驿史载除上述所言外，接待过的外国使臣还有：哲宗元符二年（1099）“二月庚寅，军头司引见泾原路擒获西界统军统军嵬名阿埋、妹勒都逋等共二十七人。诏并特贷命释缚，押赴怀远驿”②。而“旧制，正旦日朝会，车驾坐大庆殿，诸国使人入贺。更有真腊、大理、大食等国有时来朝贡。其大辽使人在都亭驿，夏国在都亭西驿，高丽在梁门外安州巷同文馆，回纥、于阗在礼宾院，诸番国在瞻云馆或怀远驿”③，已成定制。

南海诸蕃国等“诸国朝贡”，与辽、西夏、高丽一样，“诸国朝贡，其交州、宜州、黎州诸国见辞，并如上仪。惟迓劳宴赉之数，则有杀焉。其授书皆令有司付之。又有西蕃唃氏、西南诸蕃占城、回鹘、大食、于阗、三佛齐、邛部川蛮及溪峒之属，或比间数岁入贡。层檀、日本、大理、注辇、蒲甘、龟兹、佛泥、拂菻、真腊、罗殿、渤泥、邈黎、阇婆、甘眉流诸国入贡，或一再，或三四，不常至，注辇、三佛齐使者，至以真珠、龙脑、金莲花等，登陛跪散之，谓之‘撒殿’”④。“诸蕃入朝，皇朝之制：西北蕃部及契丹、高丽、东南蛮、西南夷及诸外蕃国来贡者，并对于崇德殿，契丹使捧书函入殿庭……他国使或止就长春殿，皆于殿庭北向，跪奉表函，通事舍人，受以进，南蛮、东夷、西南夷，海外蕃国，西北蕃部，对讫，复引对于崇政殿。有善本国歌舞者，令奏之。契丹、高丽、交阯使归，赴内朝奉辞，皆于崇德殿。其契丹使，召升殿授书，他国书皆有司付之。

① 《宋会要辑稿》职官25之4，方域10之14略同。

② 《续资治通鉴长编》卷506，“哲宗元符二年二月庚寅”，第12061页。

③ （宋）孟元老：《东京梦华录》卷6《元旦朝会》，文渊阁四库全书本。

④ 《宋史》卷119《礼志二十二》，第2813页。

其赐物有差。”[1] 契丹国使礼节还是高于其他南海等诸蕃的。契丹、金国等国使节直接进殿传递国书，而交阯等南海诸国由通事舍人传递。宋廷对南海诸国礼别，交阯还是排在首位。其使节归在崇德殿“赴内朝奉辞”，而其他南海诸国则是由有关部门到怀远驿等驿馆来授书的。

值得注意的是，交阯也仿照宋代设置怀远驿之例，天感圣武元年（1044）十二月“置怀远驿于嘉林，以馆四方客使”[2]。交阯制度多仿照宋而来，此为其中一例。

3. 来远驿

北宋都城汴梁在熙宁三年（1070）设置来远驿。熙宁三年五月十九日，“新作来远驿，增葺旧马军都虞候公廨为之，以待蕃客”[3]。既是新建，应在此前还是有来远驿的。此前在政和时在泉州设立来远驿（详下），此次新建，应是在东京新立。都城来远驿“在崇化坊”，“八年闰四月十八日诏都亭西驿监官兼领”[4]，管辖来远驿事务直至北宋末。

二　南宋都城临安怀远驿、贡院馆舍

1. 怀远驿

南宋驻跸东南，接待南海诸国的馆驿应存在，绍兴二年（1132）未移跸临安府前，南宋接待南海诸国的馆驿多临时安排。建炎三年（1129），“占城国王遣使进贡，适遇大礼，遂加恩，特授检校少傅，加食邑。自后明堂郊祀，并仿此。绍兴二年，占城国王遣使贡沉香、犀、象、玳瑁等，答以绫锦银绢”[5]。时未定都，接待馆驿当临时安置。答谢互相馈赠礼物各有差别。

不过，随后建都临安，随即设立怀远驿等馆驿。“诸国朝贡，其

① （宋）李攸：《宋朝事实》卷12《仪注二》，中华书局1955年版，第199页。

② 《越史略》卷中《阮纪·太宗》，文渊阁四库全书本。

③ 《续资治通鉴长编》卷211，“神宗熙宁三年五月戊午”条，第5139页。

④ 《玉海》卷172《熙宁来远驿》。

⑤ 《宋史》卷119《礼志第七十二》，第2813页。

交州、宜州、黎州诸国见辞并如上仪。惟迓劳宴赉之数则有杀焉。其授书皆令有司付之”。“绍兴七年，三佛齐国乞进章奏赴阙朝见，诏许之。令广东经略司斟量只许四十人到阙，进贡南珠、象齿、龙涎、珊瑚、琉璃、香药，诏补保顺慕化大将军、三佛齐国王，给赐鞍马、衣带、银器，赐使人宴于怀远驿。”[①] 怀远驿应在绍兴七年前已设立。

“绍兴二年移跸临安府，始寓于宋氏宅，再徙于油车巷东法惠寺，自寺殿之后为（秘书）省。中厅三间，厅后主廊一间，堂五间，厅堂两傍省官分居之。前有松栢六株，其南有屋三间，秘阁三馆书藏焉。东廊前为仓史堂，吏舍次之，省官位又次之；西廊前为吏舍，装界作次之，厨次之，厕又次之；省东为实录院，其外为仪门、中门三间，厅三间，左为承受位，右为检讨位，厅前有井亭，柳六株，有角门通秘书省后。主廊一间，廊后屋三间，两傍为检讨位，后堂五间，两傍为修撰位，堂后有竹二十余竿，厅东为吏舍，及主管诸司位。又东有土库三间。新省既成，以旧省为怀远驿，驿废为台谏宅。旧实录院初为敕令所，今为太常寺。”[②] 绍兴十三年（1143）于清河坊糯米仓巷西怀庆坊北重建秘书省，翌年建成后，原来秘书省的住址变作怀远驿，而怀远驿地址后为台谏官舍（详下）。“先是十四年新秘书省成，以旧省为怀远驿。”“绍兴二十五年安南入贡，六月九日诏行驿以怀远为名。十一月十六日赐占城使宴享于怀远驿。”[③] 怀远驿以原来临安油车巷东法惠寺后的旧秘书省舍为驻地，在此接待安南、占城使节。

有关绍兴二十五年（1155）六月九日安南进贡，《宋会要》记载详细。“礼部言：‘安南遣使进奉，许令赴阙，令检会典故，驿舍以怀远驿为名；回赐例物，检定名件，数目宣赐。押伴官二员，乞令客省预申朝廷差官；所进方物、表章、关翰苑降诏回答；进奉物色，计价回赐；其人使在驿，遇大礼陪位、称贺，并车驾行幸，四方馆差承

① 《宋史》卷119《礼志第七十二》，第2814页。

② （宋）陈骙：《南宋馆阁录》卷2《省舍》，文渊阁四库全书本。

③ 《玉海》卷172《景德怀远驿》。

受引押起居。’从之。”①

绍兴二十五年（1155）十一月十四日，“占城蕃首邹时芭兰遣部领萨达麻、滂摩加夺、满翁都纲以次凡二十人到阙入见，贡附子沉香一百五十斤、沉香三百九十斤、沉香头二块一十二斤、上笺香三千六百九十斤、中笺香一百二十斤、笺香头块四百八十斤、笺香头二百三十九斤、澳香三百斤、上速香三千四百五十斤、中速香一千四百四十斤、象牙一百六十八株、犀二十株、玳瑁六十斤、暂香一百二十斤、细割香一百八十斤、翠毛三百六十只、蕃油一十灯、乌里香五万五千二十斤。二十八日，礼部言：‘占城国入贡回答敕书制度，乞依学士院检坐到交阯国进奉方物给降敕书体例’从之”②。这次占城来宋达泉州，土贡数量不少，《中兴礼书》记载详细。参照交阯体例，勘会“除就怀远驿安泊，及令客省定赐例物等项目并依得受交趾体例施行外，所有其余合行事仲开具下项”，依据《鸿胪寺条》《主客条例》，接待的行礼、位次、点茶、行酒等礼节，以及赐宴、回赐物品、沿途接待都有详细记载。③“赐酒食殿门外，后三日即怀远驿燕之，其后交阯、三佛齐使人率如此例。”④绍兴二十五年接待南海使臣规制已经形成。其后绍兴“二十六年十二月二十七日赐三佛齐使宴于怀远驿”⑤。

因原来法惠寺前曾作为习仪之所，绍兴后期、隆兴间也曾作为习礼之地。“勘会绍兴十年明堂大礼，踏遂到法惠寺前一月教习。执事、宗室、侍祠朝臣、应奉人系仪鸾司、临安府钉设排办幕，次椅卓，翰林司供应茶汤，所有今来郊祀大礼，逐到法惠寺教习。其合用幕次、椅卓等，乞令仪鸾司、临府、翰林司排办供应，诏依。后至二十八年六月二十四日礼部太常寺言：今来法惠寺改作怀远驿，所有将来教习大礼侍伺行事官并乐工、二舞、鼓吹、警场等约二千余人，委是人

---

① 《宋会要辑稿·蕃夷四》，（清）徐松辑，郭声波点校《宋会要辑稿·蕃夷道释》，四川大学出版社2010年版，第187页。

② 同上书，第229页。

③ 《中兴礼书》卷227《宾礼六·占城》，四库全书存目本，齐鲁书社1997年版。

④ 《建炎以来系年要录》卷170，“绍兴二十五年十一月戊午”条，中华书局1988年版，第2777页。

⑤ 《玉海》卷172《景德怀远驿》。

众，别无宽润可以教习去处。窃绿怀远驿见今空斗，欲乞应副教习如至期，若有朝贡人使到驿，相妨即乞于礼部贡院教习，诏依”①。“绍兴二十九年十月五日礼部太常寺言：今讨论到大行皇太后欑宫合行典礼下项。……一鼓吹警场挽歌教习去处今乞于怀远驿仍乞教习一月日。”② 怀远驿仍间作习礼之地。直至隆兴二年（1164）二月八日尚书礼部侍郎兼权兵部侍郎黄中言：“一教习去处乞依例于怀远驿下临安府，擗截其鼓吹、警场、服着、奏严、鼓角、执色、乐器、宣赦、鼓笋等，经今六年不曾修饰，脱落不堪，乞依今来人数开具报所属斟酌，抽换修饰，施行。诏并从之。”③ 怀远驿仍作习礼之地。其间于绍兴三十二年（1162）六月怀远驿还曾作为“一今踏逐怀远驿空闲可时暂置司”，编纂高宗一朝诏令。④

怀远驿还对因国难未返回原来国家的外国军人即归正人，因长期滞留驿馆而加抚恤。隆兴元年（1163）十二月十七日中书门下省言：“怀远驿见停归正人凝寒，理宜存恤。诏归正官户部人给绢五匹、绵十两，老小并归正、百姓偕老小人，各给绢二匹、薪炭钱二贯，绵绢仍给本色。”⑤ 同时，对驿馆内进奉人实行“几察”，监视其活动。乾道九年（1173）诏：“今来交阯进奉人到阙，特差识字巡视亲事官四人，在驿几察事务，今后诸蕃入贡依此。”⑥

2. 贡院馆舍充当接待南海诸国馆驿

至乾道二年（1166）五月，怀远驿废为台谏官廨。五月二十三日，“知临安府王炎奏：‘欲乞将怀远驿地基创行盖造廨舍五所，专充台谏官住屋，不许指占’。从之”⑦。原来位于法惠寺的怀远驿改作台谏官廨。“八月十一日诏以怀远驿给台谏官为廨舍；九年十一月一日诏权以贡院为怀远驿，事已依旧。先是交阯入贡临安府，乞以马军

---

① 《中兴礼书》卷43《吉礼四十三·郊祀杂录》。

② 《中兴礼书》卷269《凶礼三十四·鼓吹警场挽歌挽词》，卷273《凶礼三十八·显仁皇后祔庙》同。

③ 《宋会要辑稿》舆服1之40。

④ 《宋会要辑稿》职官4之45。

⑤ 《宋会要辑稿》兵15之13。

⑥ 《宋会要辑稿》职官13之47。

⑦ 《宋会要辑稿》方域4之20。

司教场为公舍，得旨，照绍兴二十六年怀远驿修除，既而以狭隘，闻礼、工部请以贡院充，至是有司以绘图来上，故有是命。”[①]这次接待交阯使节，由于交阯长时间未贡而临时以贡院充。乾道九年(1173)“李天祚复遣使入贡。自上即位，每安南遣使来，边吏以闻谕使归国，至是复遣尹子思、李邦正求入贡，恳惋备至，上嘉其善意，许之诏馆于怀远驿。礼部以安南使久不至，移文客省询访士俗人物图画夜貌，如旧制焉。于时广南西路经略安抚使范成大言：本司经略诸蛮，安南在抚绥之内，其倍臣岂得与中国王官抗礼。政和间贡使入境，皆庭参不复报谒，宜遵旧制于礼为得，朝廷从其请”[②]。这次接待交阯使节，乾道九年十一月一日，礼、工部言：“交阯进贡使、副等，临安府以寺院隘狭，乞以贡院充馆舍，仍照旧怀远驿屋宇数目并今来进奉到阙人数约计，严整擗截施行。从之。”[③]按照绍兴旧例，安排接待。怀远驿在乾道时废弃，至南宋中后期，“法惠既废为怀远驿，又以为台谏官舍、敕局，再建于寺之旧处，而容台不移于今五十年矣”[④]。乾道二年刚废弃的怀远驿，乾道《临安志》卷一《行在所宫阙》就载“怀远驿旧在法惠寺，今废”。其后嘉定（1208—1224）、宝庆（1225—1227）年间成书的《舆地纪胜》，亦现“怀远驿旧在法惠寺，今废”[⑤]。

如按照《宋史·礼志》所载，淳熙五年（1178），三佛齐“再入贡，计其直二万五千缗，回赐绫锦罗绢等物、银二千五百两”[⑥]，也应在贡院馆舍接待。“淳祐三年，安南国主陈日煚来贡，加赐功臣号。十一年，再来贡。景定三年六月，日煚上表贡献，乞授其位于其子陈威晃。咸淳元年二月，加安南大国王陈日煚功臣，增‘安善’二字；安南国王陈威晃功臣，增‘守义’二字，各赐金带、鞍马、衣服。

---

① 《宋会要辑稿》方域10之14。

② 《文献通考》卷334《裔考七·交趾》;《宋史》卷488《外国四·交趾》载同。

③ 《宋会要辑稿·蕃夷四》，（清）徐松辑，郭声波点校《宋会要辑稿·蕃夷道释》，四川大学出版社2010年版，第594页。

④ （宋）楼钥:《攻媿集》卷54《重修太常寺记》，文渊阁四库全书本。

⑤ （宋）王象之撰，李勇先点校:《舆地纪胜》卷1《行在所·馆驿》，四川大学出版社2005年版，第51页。

⑥ 《宋史》卷119《礼二十二》，第2814页。

二年，复上表进贡礼物，赐金五百两，赐帛一百匹，降诏嘉奖。”①接待馆驿也应是贡院馆舍。

三　广州来远驿等沿海、沿边的南海诸蕃驿馆

1. 来远驿

北宋在地方上设立来远驿，设立地点在泉州。后在熙宁时在都城新立来远驿于崇宁坊。南宋未在都城临安设置来远驿，而在广州、泉州等设置。“（政和）五年七月八日，礼部奏福建提举市舶司状：‘昨自兴复市舶，已于泉州置来远驿。与应用家事什物等并足定犒设馈送则例，及以置使臣一员，监市舶务门，兼充接引，干当来远驿。及本司已出给公据付刘着等收执，前去罗斛、占城国说谕诏纳，许令将宝货前来投进外，今照对慕化贡奉诸蕃国人等到来，合用迎接、犒设、津遣、差破、当直人、从与押伴官等有合预先措置，申明事件，今措度欲乞诸蕃国贡奉使、副、判官、首领所至州军，乞用妓乐迎送，许乘轿或马至知、通或监司客位，候相见罢，赴客位上马。其余应干约束事件，并乞依蕃蛮入贡修例施行’。如更有未尽事件，取自朝旨本部，寻下鸿胪寺勘会，据本寺状称契勘：‘福建路市舶司依崇宁二年二月六日朝旨，招纳到占城、罗斛二国前来进奉。内占城先累赴阙，系是广州解发外，有罗解国自来不曾入贡，市舶司自合依《政和令》询问其国远近大小强弱，与已入贡何国为比，奏本部勘会。今来本司并未曾勘会，依条比奏及申明合用迎接等事，今启下本司勘会，依降比奏施行’，诏从之。”② 福建复置市舶司在政和二年（1112）才应福建提点刑狱邵涛请示设立，“依旧复置市舶”③，则复置福建市舶司时设立来远驿。从上可知，福建泉州来远驿从设立到建成在政和二年（1112）至五年（1115）间。此前元祐二年诏“泉州增置市舶”④，

---

① 《宋史》卷119《礼二十二》，第2814页。

② 《宋会要辑稿》职官44之12；同见《宋会要辑稿·蕃夷四》，（清）徐松辑，郭声波点校《宋会要辑稿·蕃夷道释》，第225页。

③ 《宋会要辑稿》职官44之12。

④ 同上。

是否设立馆驿名为“来远驿”未见史载。

南宋临安未见来远驿设置，而在泉州仍设置来远驿。乾道三年（1167）十一月二十八日，提举福建路市舶程佑之言：“本司元劝发占城番兴拜纲首陈应等舡已回舶，分载正、副使杨卜萨达麻等并随行人计一十二名，已昭应入贡体例，差官引伴，于来远驿安泊。其附到进贡乳香、象牙、沉笺香等数目，合无依绍兴二十五年指挥，许令将所贡物货计纲随逐进奉人使赴阙，及据使、副萨达麻等赍到本番首邹亚娜表章、番字一本、唐字一本，及唐字物货数一本。又据大食国乌师点等状：‘本国得财主佛记、霞罗池各备宝贝、乳香、象牙等赴大宋进奉，到占城园外洋暂驻，有占城番首差土生唐人及番人打驾小舡，招引佛记、霞啰池等入占城国拘管，将进奉宝货尽数般上，只拨得乳香、象牙与乌师点等，却差他国番人作已物前来进奉，又将人命杀害，委实痛伤。欲乞备申朝廷施行’，候指挥。勘已降指挥，据所贡物以十分为率，许进奉一分，余数依条例抽买。奉圣旨：‘进奉一物物色既有争讼，难以收受，可给还，令程佑之说谕，以理遣回。所有其余物货，令市船司斟量依条抽买’。”① 泉州来远驿设置在何处？史无记载，还需考索。温州作为对外贸易港，也曾设置来远驿。“来远驿，宋时在宜春门外。”② 设置时间与地点需要再探。

不过，南宋时广州来远驿还是设置较早的。绍兴六年（1136）十月二十四日，“改广州奉真观为来远驿，以备招来诸国贡使”③。广州自然是南海诸国来贡的场所，这次设置来远驿缘由，“从舶司之请，以备招来诸国贡使”④。设置地点，“来远驿在蕃巷”⑤，地近南海诸国民众聚集的广州城西南。

同样，金朝仿照宋制，也在燕京设置来远驿，招待南宋使节。

---

① 《中兴礼书》卷227《宾礼六占城》。

② 光绪《永嘉县志》卷3《建置志一》引明姜准《歧海琐谈》补，光绪八年温州维新书局刻本。

③ 《建炎以来系年要录》卷106，“绍兴六年十月戊午”条，第1726页。

④ 《玉海》卷172《熙宁来远驿》。

⑤ 大德《南海志》卷10《旧志馆驿递铺》条，广东人民出版社1991年版，第88页。

"旧例，南使入北境，金遣伴使来迓，正、副使以下至三节人皆乘马，其后以南人不习骑，乃易以车子使去来乘之……又发白军四百人护送所使，县令皆迎迓于境上，至开封乃赐御宴，真定又赐之，常使至燕京，寓于来远驿；若泛使，则居宁远驿焉。"① 此与南海诸国无关。

2. 其他各地接待南海诸国驿馆

除东南沿海港口外，陆上进京沿途也设置馆驿以方便南海诸国进贡。元丰二年（1079）六月，广南经略司在"钦、廉州各宜创驿，安泊交人，就驿置博易场，委州监押、沿海巡检兼管勾"②，管理贡使及贸易。交阯陆海距宋都近，设置驿馆以便利往来。元祐二年（1087），"知颍昌府韩缜言：'交阯小国，其使人将及境，臣尝近弼，难以抗礼。按元丰中迓以兵官，饯以通判，使副诣府，其犒设令兵官主之。请如故事。'仍诏所过郡，凡前宰相、执政官知判者亦如之"③。建炎四年（1130），"南平王薨，差广南西路转运副使尹东珣充吊祭使，赐绢布各五百匹，羊、酒、寓钱、寓彩、寓金银等，就钦州授其国迎接人，制赠侍中，进封南越王。封其子为交阯郡王，遇大礼，并加恩如占城国王。淳熙元年，赐'安南国王'印，铜铸，涂以金"④。

接待南海诸国，与其他方国一样，元丰四年（1081），苏颂建议编纂《驿程地图》，目的是"奉使之别，则有接送馆伴，所经城邑邮亭次舍，山川有险易，道途有回远，若非形于缋事，则方向莫得而辨也，故作《驿程地图》"⑤。这些都便利了域外诸国的往来。

总之，两宋迎送南海诸国的驿馆制度，按照与宋廷的亲疏有一定的差别。宋廷对南海诸国的礼节，交阯排在首位。根据南海诸国与两宋的道里，驿馆在汴梁设有礼宾院、怀远驿、来远驿等，临安有怀远驿，贡院馆舍也有时充当，沿海的广南西路、广南东路、福建路等也设立来远驿等驿馆，以便南海诸国宾客往来。这些驿馆的选址一般考

---

① 《建炎以来朝野杂记》乙集卷12《奉使入北境车子数》，商务印书馆1937年版。

② 《续资治通鉴长编》卷298，"元丰二年六月癸亥"条，第7260页。

③ 《宋史》卷119《礼二十二》，第2813页。

④ 同上书，第2814页。

⑤ （宋）苏颂：《苏魏公集》卷66《戎鲁卫信录总序》，文渊阁四库全书本。

虑交通便利、管理方便等因素。招待南海诸国的驿馆，还曾用来作为习礼、招待宋廷官员之地。其驿馆制度还影响到金国、交阯等，怀远驿、来远驿等同名异地的情形也同时并存。

（与马伟明合作，原载《云南社会科学》2016 年第 2 期）

历史上深圳地域与海上丝绸之路渊源初探

深圳市是我国改革开放的试验田，是我国重要的港口与外向经济的代表。历史上，深圳市曾经设立过宝安县、东莞县、新安县等，其所辖的地区包括今深圳十区、香港在内，本文研究的深圳，即为这一地域。历史时期，深圳所在的珠江口东岸，是海上丝绸之路重要的节点与港口，其与世界各国在交通、历史、制度、经济、海防、人员往来、文化交流等诸多方面关系密切。笔者不揣愚陋，抛砖引玉，希冀方家正之。

一 居江海要冲，为海丝港口、“辞沙”离岸地

历史上，深圳控扼江海要道，为古代海上丝绸之路口岸、航线必经之地，是海船“辞沙”之地，是中外商船离岸的最后停泊地。《汉书·地理志》详细地记载了从中国南部沿海南向东南亚、南亚的海上航线：“自日南障塞、徐闻、合浦船行可五月，有都元国；又船行可四月，有邑卢没国；又船行可二十余日，有谌离国；步行可十余日，有夫甘都卢国。”汉代沿南海西岸航行，今深圳地域时属番禺县管辖，“番禺，亦其一都会也。珠玑、犀、玳瑁、果、布之凑”①，其中深圳地域为航道所经的珠江口东岸，地位重要。

从东晋设立东莞郡宝安县（治今深圳南头）开始，加强今深圳地域的人口与行政管理，在中外交通与贸易中已崭露头角。东莞郡的

① 《史记》卷129《货殖列传》。

盐、蚝等海洋经济的发展以及其在中外交通与贸易中的作用，是政府设立管辖机构的原因。处于珠江口东南的宝安县是广州东莞郡的首县，为中外海上丝绸之路必经之地。广州海上交通航线出珠江口后，西线经宝安离岸，经过海南岛东部七洲列岛，进入南海诸岛，远及东南亚、印度洋诸国，这也是六朝时期海上交通与贸易的重要线路。部分贸易走东线，即经宝安，通往粤东、闽浙，甚或远及朝鲜半岛和日本。所以宝安县成为广州海外交通的前哨站。

唐代广州“通海夷道”，屯门为重要节点。屯门指今深圳南头、香港西部屯门地区。《新唐书·地理志》引贾耽《皇华四达记》载：“广州东南海行二百里，至屯门山，帆风西行二日，至九州石。又南行二日，至象石，又西南行三日，至占不劳山，山在环王国东二百里海中。”可见屯门山是重要的节点。屯门地区扼珠江口外交通要冲，外地船只先经屯门地区，然后北上广州进行贸易。船只一般在每年5月至8月乘西南季风抵达屯门地区，等候通知后方可进入广州；交易完成后则在屯门地区等待10月之后的东北季风才离开。从唐代开始，屯门成为中外商贸必经之地。当时珠江口东侧有一条沿着佛堂门、急水门、屯门、南山，经过南头城、虎头门进入珠江而直抵达广州的深水航道。唐朝广州“通海夷道”必经屯门附近，由于宝安县为海上丝绸之路必经之途和关隘要塞，宝安县是唐代海上丝绸之路重要的桥头堡，其在广州的对外贸易方面，起着十分重要的作用，被认为是广州的外港。[①]

宋代，由大食国（指阿拉伯半岛以东的波斯湾和以西的红海沿岸国家）经故临国（今印度半岛西南端的奎隆），又经三佛齐国（印度尼西亚苏门答腊岛东部），达上下竺与交洋（即今奥尔岛与暹罗湾、越南东海岸一带海域），“乃至中国之境。其欲至广（广州）者，入自屯门（今香港屯门、深圳南头）；欲至泉州者，入自甲子门（今陆丰甲子港）”[②]。这条主干的航线除了向更远伸展之外，还有许多支线。

---

① 王元林：《唐代广州内外港与中外贸易交流》，《唐都研究》2006年第6期。

② （宋）周去非：《岭外代答》卷3《外国门下·航海外夷》。

深圳地域不仅是中外海上丝绸之路的重要据点与港湾，而且对内通过珠江航道辐射岭南西部、北部、东部，甚至长江流域、西南地区。

深圳地域位居珠江口东岸，江海之利使其成为内外联系的重要节点。两汉时，今西江有三道与中原相通。其一，灵渠道。因灵渠连接漓、湘两江，两汉又分别是珠、长江支流，故从秦时起，这一交通孔道成为岭南通往中原最重要道路之一。其二，临贺道（九疑道）。此道从西江支流溯贺江而上，越过分水岭而达湘江支流潇水。九疑因为舜陵早已闻名于世，汉时于此道置八县，足见其地位重要。特别是岭南首府苍梧郡治所广信县，位于今贺江与西江交汇处，西距漓水入西江口不远，地位重要。汉元鼎五年“甲为下濑将军，下苍梧”应走此道。其三，夜郎道（牂牁江道）。溯西江而上，或经今柳江，或经红水河皆可达古夜郎所在地牂牁郡，夜郎与巴蜀有五尺道相通。汉使在南越吃到蜀地出产枸酱，“多持窃出市夜郎”，“南粤以财物役属夜郎”①。而从北江而上，中原亦有三道可通。其一，桂阳道（湟水道）。从北江支流连江越过分水岭，沿湘江支流舂陵水或耒水。其二，六泷道（武水道）。东汉建武初，卫飒为桂阳太守，“乃凿山通道五百余里，列亭传，置邮驿，于是役省劳息，奸吏杜绝”②。灵帝熹平三年（174），桂阳太守周憬又开凿武水六泷，“小溪乃平直，大道允通利，抱布贸丝，交易而至”③。其三，横浦关道（浈水道）。此道由北江支流浈水而上，越横浦关，北上沿赣江支流章江而北上。两汉时，西江、北江通中原六道，以灵渠道、临贺道、桂阳道、六泷道为要。而东江直达龙川县，向北可达赣南。

秦汉航线和道路的形成，为以后海上航线和陆上道路奠定了基础，有着重大的历史作用和深远影响。其后各代，道路在此基础上有所延展。深圳地域北上的东江道，可以通过北江、章江，联通惠州、赣州；通过北江，联通韶州、连州，北上再经赣江、湘江，联通长江

---

① 《史记》卷116《西南夷列传》，第2994页。

② 《后汉书》卷76《循吏列传·卫飒》，第2459页。

③ （宋）洪适：《隶释》卷4《神汉桂阳太守周府君功勋之纪铭》，文渊阁四库全书本。

流域；通过西江，联通肇庆、梧州、柳州、邕州（今南宁），甚或联通西南的贵州、云南、四川地区，腹地范围广大。对外方面，随着交流的扩大，屯门从唐代起就成为海外贸易广州港的外港，经此不仅可以到达南海沿岸的东南亚、印度洋沿岸的南亚、西亚、东非，而且到明代，随着大帆船贸易进行，已经可以绕道好望角，到达西非、西欧，甚至越过太平洋，到达美洲。[①] 其间，深圳地域的交通地位是不可替代的。

从明代开始，深圳的赤湾成为“辞沙”的离岸之地。永乐八年钦差中贵张源出使暹罗，于赤湾建立天妃庙。此后，“凡使外国者，具太牢祭于海岸沙上，故谓‘辞沙’。太牢去肉留皮，以草实之，祭毕沉于海”[②]。去暹罗、占城、满剌加等地，深圳赤湾都是重要的海上交通节点与桥头堡。明清时期，南头、赤湾是深圳重要的海上丝路祭祀之地。“而新安赤湾天后庙，为省会藩篱之地，扼外洋要害之冲，护卫虎门、澳门，以作保障；汇东北诸海，以为归宿；外而占城、爪哇、真腊、三佛齐，番舶来赆，莫不经由于此，然后就岸。”[③]

二 海上贸易历史悠久、体制不断调适，屯门体制成为先行先试的代表

深圳地域海上丝绸之路历史悠久。两汉时期，由于深圳地区属南海郡番禺县管辖，有学者认为，汉武帝28郡盐官之一南海郡番禺县盐官就设在深圳南头，在新安铁仔山、沙井、红花园等发现不少汉墓，其中铁仔山东汉砖室墓葬中，发现3块“熹平四年”的纪年砖，红花园汉墓中出土铜器、银器、陶器、料器（珍珠）等76件，另有铜钱一串，还在一青砖上刻有乘法口诀，[④] 足见汉代深圳地区社会、

① 王元林：《内联外接的商贸经济：岭南港口与腹地、海外交通关系研究》，中国社会科学出版社2012年版。

② （明）黄谏：《新建赤湾天妃庙后殿记》，嘉庆《新安县志》卷23《艺文略·记序》。

③ （清）孙海观：《重修赤湾天后庙引》，嘉庆《新安县志》卷23《艺文·记序》。

④ 广东省博物馆文物工作队：《深圳市南头红花园汉墓发掘报告》，《深圳考古发现与研究》，文物出版社1994年版，第95—103页。

经济、文化之发达。三国东吴时，在深圳南头筑司盐都尉垒。在流塘村富足山发现的东吴时期的墓葬中，出土了一批精美的青瓷器。东晋南朝时，南头大王山、红花园古墓出土各种陶器（陶鸡首壶、陶碗、陶罐、陶碟、陶杯、陶盏）、纺轮、铜器（铜镜、铜盆、铜削）、铁器（铁剪、铁叉形簪、铁棺钉）、石砚、滑石猪等，大王山隋墓出土青黄釉六耳盖陶罐、陶杯，都证明了深圳地区经济社会发展的水平。① 1984 年，深圳博物馆工作人员在沙井的步涌（窑址 3 座）、岗头山南坡（窑址 2 座）发现两处六朝烧制青瓷器的馒头窑场遗址，出土青黄釉的瓷片、残青瓷壶、残青瓷碗、支垫窑具等，② 说明六朝时期宝安地区陶瓷器制造业已经有了巨大进步，一定规模和组织的手工业作坊已经开始专业生产。宋代，深圳地域与世界各国贸易频繁。元代与中国交往的海外国家和地区，见于《大德南海志》等文献的就有 220 个左右，数量上是南宋《诸蕃志》的 4 倍之多。

明代后期南头体制（屯门体制）成为海上丝绸之路“外贸体制”先行先试的窗口，是古代传统贸易体系向世界市场体系转折的重要标志，在一定程度上体现了国家管理外贸的调适。历代朝廷对海洋贸易的管理体制都在珠江口先行先试，使珠江与南海的贸易地位不断提升。中国外贸体制的基本成形发生在唐代，从唐代开始，在广州置市舶使，“以岭南帅臣监领之；设市区，令蛮夷来贡者为市，稍收利入官……番商贩到龙脑、沉香、丁香、白豆蔻四色，并抽解一分”③。南汉国设置了专门管理海外贸易的“押蕃使”等官职，大力发展对外贸易。北宋熙宁九年诏诸舶皆隶于广州舶司，并在熙宁中改市舶法，各地卖海外者往复必诣广州。一口通商的政策调整，大大提高了广州在外贸体制中的地位。元丰《广州市舶条》又颁行闽、浙，成为全国性贸易法规。④ 唐代创立的市舶使（院）制，宋元时期推广到

① 广东省博物馆文物工作队：《深圳市南头东晋南朝隋墓发掘简报》，《深圳考古发现与研究》，文物出版社 1994 年版，第 104—113 页。

② 深圳博物馆：《深圳古代简史》，文物出版社 1997 年版，第 78—79 页。

③ （明）黄佐：嘉靖《广东通志》卷 66《外志》。

④ 韩强：《广府在古代中国外贸体制中的地位及其文化分析》，《佛山科学技术学院学报》（社会科学版）2014 年第 6 期。

东南各港，宋市舶贸易以广州为重，屯门作为广州外港，广东在中国外贸制度史上先行先试。

明初，实行朝贡体制（勘合贸易），南海诸国朝贡主要通道在广东，不许民间进行商舶贸易，严禁私自出海“通番”。明中期开始，由于殖民者的进入，中国外贸体制的重大变革首先在珠江三角洲展开。葡萄牙人在明中期率先进入广东屯门海域，叩关求市。明代规模小且诸多限制的朝贡贸易体制受到强烈冲击，商舶贸易趁势迅猛发展。商舶贸易的兴盛为东南沿海各省的贸易制度转型创造了机遇。以广州、屯门为代表，制度先行先试，在广东特别是珠江口首先实行的这一转型被统称为“广中事例”。开始时，屯门海域的南头形成了“南头体制”（“屯门体制”），构成广州、南头两种体制并存格局。广州城内要持有明政府朝贡贸易使的勘合即许可证，才能进行贡舶贸易（市舶贸易），没有勘合的，也即非朝贡的商舶贸易则可在南头进行，这已得到地方官府默许并公开实施。[①] 南头税制形成的抽分方式为地方官府带来了巨额财富。这种权宜性的贸易规则，在澳门开埠后，因中葡间的贸易通过“澳票制”便转化为澳门与广州间的贸易，因此得到了朝廷同意，由此上升为“广中事例”的组成部分。以税收征管为中心，以开拓财源为目的的广东商舶贸易管理体制，与一年两次的广州“交易会”共同构成了“广中事例”，从而为中国建立了一套适应于贸易转型的管理体制。[②]“广中事例”这一海外贸易体制在清前期得到不同程度的保留，并在乾隆广州一口通商后迅速发展，其中影响重大的是粤港贸易体制的形成与设立十三行等。十三行由官府对外贸易代理人即官商组成，充当国内商家与外商的中间人，在当时具体的条件下，为广州乃至全国海外贸易的发展和体制的转型做出过巨大贡献。

总之，各朝外贸体制改良或改革总在珠江口先行先试，然后推广至其他口岸。明代后期南头（屯门）恰恰是先行先试的实践地。一

① ［葡］多默·皮列士：《东方志——从红海到中国》，何高济译，江苏教育出版社2005年版，第98页。

② 李庆新：《明代屯门地区的海防与贸易》，《广东社会科学》2007年第6期。

直延续到现代改革开放时期。南头形成的“南头体制”，发展出中葡贸易“澳票制”，再上升为中央默许的“广中事例”，这一系列外贸体制的变革为中国海外贸易制度的建立，不断提供了样板和经验。

三　以屯门港为载体，以港湾经济为源头并不断发展，中外商贸交流繁荣

距今6000年前的深圳地域，先民就居住在沿海一带的丘陵、海岛上。以深圳大黄沙、咸头岭、小梅沙、大梅沙等为代表的沙丘遗址，从其出土的打制、磨制石器和陶器证明，深圳先民居住在滨海环境的港湾一带，以采集和渔猎为主，[①] 海洋文化特征鲜明。这些沙丘遗址，背山面海，靠近小溪入海口，海拔高度往往在20米以下，坐落在海岬庇护的风平浪静的海湾之内，良好的沿岸地形也为食物的获取提供了方便。先民选择了这些位于海湾之内的沙丘、古泻湖平原，港湾成为深圳先民文明的发源地。其后，港湾成为沿海贸易、沿海经济的主要支撑。

深圳地区背山面海，本地海洋经济活动主要为采珍珠、晒盐、养蚝、捕鱼，以及与制作外贸活动有关的莞香。因此，历史上，这里为盐民、渔民、蚝民、疍民、珠民与香民（种植采割香树）等集聚之地，商贸经济发达，海洋经济特色鲜明。这些海洋经济活动与贸易构成了深圳地区海上丝绸之路的有机组成部分。三国东吴时，在深圳南头筑司盐都尉垒，管理盐业生产。两晋时，深圳地域海岛上生活着“卢亭”或“卢余”疍民，唐刘恂《岭表录异》记载：“卢亭者，卢循背据广州，既败，余党奔入海岛野居，唯食牡蛎，垒壳为墙壁。”从南汉设立“媚川都”采珠场所开始，宋、元间有设立，采珠成为历史上宝安海洋经济的重要代表。

而东莞郡最早就以产盐而设郡，其后不断发展。宋元丰时，今深圳境内有东莞盐场（今深圳南头）、归德盐栅（今深圳沙井）、黄田

① 杨耀林等：《深圳市先秦遗址调查与试掘》，《深圳考古发现与研究》，文物出版社1994年版，第51—94页。

盐栅（今南头东北及东南）。北宋末至南宋初，又增加叠福盐场（今深圳龙岗叠福）、官福盐场（今九龙半岛东部与北部）。深圳地区在两宋时盐场数量达到五个之多，[①] 可见其规模之大。盐业经济无疑成为港湾经济的重要组成部分。元代，采珠业与盐业不断发展，加上商贸发达，港湾经济仍然名重一时。明代深圳地区的东莞、归德、黄田、官富4个盐场的盐，以及深圳、东莞等地的莞香多由九龙尖沙头落艇，运往港岛西南今香港仔东端一个小港湾，这也是日后名闻遐迩的香港的得名。香料贸易也是明代港湾经济的一个重要内容。宋、明两代盐场规模较大，盐业成为宝安地区重要的经济支柱之一。

正是新安县捕鱼、盐业等海洋经济的发展以及莞香种植业的逐渐兴盛，促进港湾经济从沿海向境内商贸集市发展。清康熙二十七年（1688），新安县有市7个，墟23个。到嘉庆二十四年（1819），新安县有市8个，新增市1个（大鹏城西门街市）墟29个，其中有11个墟是新增。[②] 废4墟，另有1墟入东莞县。墟市分布大多在沿海西部、南部以及内部交通要道、人口稠密地区。特别是新安县城所在的西部地区，为贸易密集地区所在。嘉庆二十五年（1820）松岗墟《重建义和墟关圣大帝古庙碑记》开列的各堂、馆、店、栈、渡口等共121个商号捐资名单，可见其商贸活动的活跃。各墟市参与商贸活动的商家不局限于本地。[③] 南头道光年间的《重建观音阁碑记》所列捐资者中，有来自省内外的商家，其中有湖南、高明、六约、香港、九龙、深圳、元朗、平山、西乡、夏村等地的商人。外地商家为保护其在新安县的利益，在南头成立会馆、商会、会所等组织。如在南头城的商号裕记、恒记、允记店、恒益店、华合后、裕隆店、王佐君、永益店、王灼华、联泰店等。[④] 据清尤廷槐《敬学轩文集》卷二统计，道光年间（1821—1850）新安县的商业捐饷占30%。从商人向封建政府所负担的捐饷比例看，说明当时的商人是为数不少的。因此，历史上深圳的港湾经济是深圳经济发展的基础，其伴随着历史发

① 深圳博物馆编：《深圳古代简史》，文物出版社1997年版，第107页。

② 参见康熙《新安县志》卷3《墟市》，嘉庆《新安县志》卷2《舆地图》。

③ 参见谭棣华等《广东碑刻集》，广东高等教育出版社2001年版，第176—178页。

④ 同上书，第199页。

展的进程不断扩展壮大，并成为今天深圳港湾经济的历史源泉。

同时，随着对外交流的扩大，深圳地域中中外商品交流数量增加，瓷器、珍珠等成为交流的主要产品。朱彧在成书于北宋末年的《萍洲可谈》中记载当时停泊在广州准备出海的船舶“货多陶瓷，大小相套，无少隙地”。海上丝绸之路成了南海陶瓷之路，推动了东南沿海地区陶瓷业的大发展。根据考古资料，今深圳地区宋元明清墓葬中出土的随葬品中有大量瓷器。古墓主要分布在沿海一带，主要在今深圳南头、蛇口、福永、沙井等地。其中，宋墓 7 座（大鹏叠福咸头岭 5 座），出土陶瓷器 41 件；元墓 3 座，出土罐、碗瓷器 8 件；明墓 30 余座，出土与采集的陶瓷器 400 余件；清代 370 多件陶瓷器，主要从基建工地采集而来。从深圳宋元明清出土的瓷器来源来看，有广州西村窑、福建建阳窑、浙江龙泉窑、江西景德镇窑、福建德化窑、广东潮州窑、饶平九村窑、香港大埔窑、梅州大埔窑、佛山石湾窑、惠州东屏宋窑等。同时，深圳出土的宋至清的瓷器，与西沙群岛遗留的外销瓷有许多相同之处。深圳宋元墓出土的瓷器，在甘泉岛、金银岛和全高岛都有同类器物发现。明代嘉靖、万历时期底心饰花卉、葡萄、菊石、蕉叶、桃、灵芝和蟹纹、连弧纹等花纹的青瓷碗，与深圳出土的明代晚期器物极为相似。如深圳后海出土的万历青花碗就与西沙群岛出土的同类器物几乎如出一手。而原件藏坦桑尼亚达累斯萨拉姆国家博物馆的明代菊、竹、梅青花碗，马来西亚马六甲出土的明代景德镇“犀牛望月”的青花碟，都与深圳出土的同类器物相似。而从瓷器本身来看，蛇口明墓中出土 2 件青花瓷，内绘云龙纹与缠枝花卉，均以梵文为边饰；南头后海出土一件挖底、假圈足的明代青花碟，器内绘画两个阿拉伯人物像，一位深目长鼻、高冠长服，另一位袒胸露乳，其绘画题材无非为了适应外销需要。因此，深圳赤湾等港湾，是古代海外交通船舶住泊之地，可以窥见运载倾销于世界各地的中国瓷器的船只在此补给、装卸转运。有外销必有内购，作为外销瓷流落到民间是不难理解的。① 综合该时期广州成为南海陶瓷之路起点

① 杨耀林：《深圳出土瓷器与相关问题的探讨》，《深圳考古发现与研究》，文物出版社 1994 年版，第 251—252 页。

的史实，深圳考古发掘所见窑器应与瓷器外销有关。

四 海上交通的保障与海防要地

深圳地区历来为海防要地，在保证国家海疆安全与海上丝绸之路的畅通方面起着重要作用。唐开元二十四年（736）屯门（今深圳南头）设镇驻军，稽查海防，保证海上丝路畅通。韩愈《赠别元十八协律》第六首就有“屯门虽云高，亦映波浪没”①，刘禹锡《踏潮歌》“屯门积日无回飙，沧波不归成踏潮”②，都描写了屯门波涛汹涌的场景。南汉仍置屯门镇，杯渡山上《汉封瑞应山勒碑》石碑记有“汉乾和十一年，岁次甲寅，开翊卫指挥使同知、屯门镇检点、防遏右靖海都巡检陈巡，命工镌杯渡禅师像供养”③。屯门镇仍为护卫海防、稽查关税的要塞所在。宋制，在今深圳南山设置屯门寨，宝安区固戍村设立固戍角寨，在珠江口外设置望舶巡检司。元沿用以上两个军寨，但改军寨为巡检司，大德时裁撤官福盐场改设官福巡检司（今香港境内），三司除了辅助参与辖区的行政管理之外，主要维护辖区的社会治安、搜捕盗贼，维护海上安全。④

明洪武十四年（1381），设立南海卫，治所在今深圳南头。下置经历司，在卫左；左、右、前、后四所在卫前；镇抚司在卫左。外隶东莞、大鹏、从化三守御千户所。治今深圳南头的东莞守御千户所和大鹏守御千户所，成为隶属南海卫珠江口以东重要的海防机构，这里为广东海防中路要险。“尝考之三四月东南风汛，日本诸岛入寇，多自闽趋广。柘林为东路第一关镇，使先会兵守此，则可以遏其冲而不得泊矣。其势必越于中路之屯门、鸡栖、佛堂门、冷水角、老万山、虎头门等澳，而南头为甚。或泊以寄潮，或据为巢穴，乃其所必由者，附海有东莞、大鹏戍守之兵，使添置往来，预为巡哨，遇警辄

① （唐）韩愈：《昌黎先生文集》卷6《赠别元十八协律六首》。

② 《全唐诗》卷356，刘禹锡《踏潮歌》。

③ （宋）蒋之奇：《杯渡山纪略》，康熙《新安县志》卷12《艺文志》。

④ （明）黄佐：嘉靖《广东通志》卷32《政事志五·弓兵》。

敌，则必不敢以泊此矣”[①]。东莞（驻地南头）、大鹏的海防作用十分重要。“按广东省会，襟江带海；其东出海，则由虎头门；而虎头门之东，则为南头，省会之门户也……今既设南头参将、广海守备，控制于外；虎头门把总，防守于内；又总镇标下添设中权二部水军，以备策应，由今视昔，万一有不测之变，岂遂至束手哉。”[②] 大鹏所城将士与民众多次抵御倭寇、葡萄牙和英殖民者。明正德年间。大鹏所城士兵就跟随海道副使汪鋐参加了抗击葡萄牙殖民者的西草湾战役，把葡萄牙人赶出了屯门一带。隆庆五年（1571），大鹏所城军民在舍人康寿柏带领下，抗击倭寇40余日，击退倭寇。明末，大鹏所士兵在俞大猷率领下，出海剿灭倭寇。1839年，大鹏营将士在赖恩爵将军率领下，在九龙海战尖沙咀击退英军入侵，后又在官涌海战、第一次穿鼻洋海战中取得胜利。其在见证深圳地区中国海疆安全与航行稳定方面起着重要作用。

五　中外使节往来频繁，文化交流不断

深圳地区中外文化交流特色显著，海上佛教以及相关的外来民间习俗十分明显。六朝刘宋元嘉年间（424—453）印度高僧杯渡禅师从海上来华，在宝安县作短暂停留，渡海在县城对面的羊坑山（后改名杯渡山，即今香港青山）居住长达58年之久。后这里称作杯渡庵，信徒们还在附近的灵渡山上修建灵渡寺、杯渡井，[③] 这是佛教通过海上丝绸之路传入的首地。此后，外来宗教婆罗门教、伊斯兰教、天主教等从珠江口附近进入中国大陆，此地成为中外宗教文化相互交流的重地。除宗教外，深圳沿海的文化习俗也与东南亚有关，嚼槟榔、以槟榔为聘礼等风俗，也是从东南亚传入中国的。[④] 其他包括穿、住、行等风俗习惯，也与东南亚文化有关。

从唐代开始，来自东南亚等地的“昆仑奴”就在岭南沿海地区出

① （明）茅元仪：《武备志》卷213《广东事宜》。

② 同上。

③ 康熙《新安县志》卷3《地理志》。

④ 王元林、邓敏锐：《东南亚槟榔文化探析》，《世界民族》2005年第3期。

现，深圳所在的珠江口地区，应是其往来的必经之地。宋元时期，深圳地区来自域外的商人也多从望舶巡检司附近登岸。而深圳赤湾是明清中外使节“辞沙”之地，明代大量使节在此天后宫祭祀完毕，登船离岸。上述永乐八年中贵张源使暹罗，答谢天妃庇佑于赤湾新建天妃庙。此后，天妃宫为历代使臣出发广州“辞沙”之地，庙宇辉煌与官方使臣出还顺利有关。天顺四年（1460）九月丙戌，命给事中王汝霖为正使，行人刘恕（《新安县志》作刘泰）为副使，“有占城之行，泊舟庙下，于神是祷，往返无虞，出钱二万缗”，让东莞知县建赤湾天妃庙正殿四楹，前殿易为享堂。天顺五年（1461）三月戊午，给事中陈嘉猷、行人彭盛治舟再往满剌加行礼。[①] 来回顺通，为答谢天妃阴佑功绩，“复发钱万缗以相其事”[②]。三次使节出钱建庙与重修，感谢天妃庇佑海上交通的安全与畅达。清代，“赤湾天后庙为省会藩篱之地，扼外洋要害之冲，护卫虎门、澳门，以作保障，汇东北诸海以为归宿”。南海诸国贡船“外而占城、爪哇、真腊、三佛齐番舶来贡，莫不经由于此。然后就岸望海，若有朝宗。荷慈航之，普渡功施丕著，中外蒙庥”。乾隆初，南头商埠商人倪某捐资重修。嘉庆时，海寇猖獗，沿海遭殃，童都督等“官弁稽首祷祀于后，将事之日，乘风克敌，转舵登陴，士无伤残，民无瘴疠，守御三年，皆各安堵如故。惟神助顺，惟帝庸功，海氛荡平，海宇清晏”[③]。而明代新安县人“张政，勇敢有干局”。弘治初，占城国乱。都御史屠镛“檄募能谙海岛可使者，政往应，至占城，宣谕本朝威德，争据者咸服。还，给以冠带”[④]。张政为明代中越关系做出了贡献。

明清乃至近代，深圳地区海外华侨 12 万之多，分布在 54 个国家、地区。除清代以前零星移居海外外，主要是在鸦片战争后至 19 世纪末以及 20 世纪初特别是抗日战争以后至新中国成立前这两段时

---

① 《明英宗实录》卷326，“天顺五年三月戊午”条。同见《明英宗实录》卷47，“成化三年十月乙未”条（陈嘉猷）“使满剌加国封王，航海值风，舟坏，得不死归。治舟再往，竣事还”。

② （明）吴国光：《重修赤湾天妃庙记》，康熙《新安县志》卷12《艺文》。

③ （清）孙海观：《重修赤湾天后庙引》，嘉庆《新安县志》卷23《艺文·记序》。

④ 康熙《新安县志》卷10《人物志》。

期出国的前一个时期以在香港做船员的宝安华工为主，主要移民美国、荷兰、比利时、英国及东南亚等，还有荷属西印度的乔利梳及亚鲁巴、非洲的尼日利亚和莫桑比克。在东南亚的马来西亚的宝安籍的华侨最多，达5万以上，他们在马来西亚种植橡胶、开采锡矿，为马来西亚经济的发展做出了贡献；其次印度尼西亚的华侨中，宝安籍的也不少，他们来自龙岗爱联乡、观澜、横坑和石岩官田、罗祖、布吉、沙湾、新联等村，主要从事烟草种植、加工。横坑村的何石崇创建利索纳雪茄卷烟厂，成为荷兰统治时期当地的第二大雪茄卷烟厂。①

总之，古代宝安（今深圳）与海上丝绸之路的关系表现在以下方面：深圳地域控扼江海要道，为古代海上丝绸之路口岸、航线必经之地；深圳地域海上丝绸之路历史悠久，是中国外贸制度先行先试之地；深圳地区海洋经济特色鲜明，中外商品瓷器、莞香等交流频繁；文化上，作为佛教海上南来首地，中外人员往来频繁，同时深圳地区也是十多万华侨华人的祖籍地。

（与熊雪茹合作，原载《深圳大学学报》2016年第3期）

① 姜蔚：《深圳华工与华侨简况》，《深圳文史》第4辑，海天出版社2002年版，第263—270页。

论岭南龙母信仰的地域扩展

龙母信仰是岭南地区特有的民间信仰，是岭南民间信仰不可或缺的组成部分。其经历了由传说而历史，由民间而正统，再由正统走向民间化。在龙母水神逐渐发展成型的过程中，龙母信仰的地域亦渐次扩展，随着历史的演进，表现出种种与岭南其他水神崇拜迥然不同的地域形态。一些学者曾从民俗学、文化学的角度对龙母信仰进行过研究，代表作有容肇祖《德庆龙母传说的演变》（《民俗》周刊 1928 年第 9、10 期），陈摩人《悦城龙母传说的民族学考察——民间文学的横向探索》（《华南师范大学学报》1987 年第 1 期），叶春生、蒋明智《悦城龙母文化》（黑龙江人民出版社 2003 年版），罗世敏、谢寿球《大明山龙母文化揭秘》（广西民族出版社 2006 年版）等。木文试图从历史文化地理的角度再对其作以剖析，以龙母信仰的地域扩展历程为切入点，全面考察龙母信仰文化的地域特色，恳请方家赐教。

一　岭南龙母信仰的形成

作为地方崇拜的神灵，龙母信仰的形成离不开岭南独特的地理环境。岭南北依五岭，南临南海，交通除部分陆上道路外，多借以船舶之利。先秦和秦汉时期岭南与中原的交通主要依靠河流，时政治、军事中心集中在苍梧郡，偏于西部，故西江中游与灵渠、贺江道等成为岭南与中原交通的重要通道。西江支流始安江（因始安郡而命名为始安江，今漓江）、广信江（因广信县而命名为广信江，今贺江）和西江干流中游的郁林江（因郁林郡而命名为郁林江，即今浔江、郁江)，号称“三江”①。正是在中原文化进入岭南最早和最重要地区的三江附近，产生了龙母传说，“溪浦口有蒲母养龙，裂断其尾，因呼龙掘，人时见之，则土境大丰而利涉也”②。溪浦口，即程溪浦口，在今广东德庆县悦城江水口，龙母水神即诞生于此。这里上通漓江、贺江，下达南海，位于西江中下游的咽喉，是中原与岭南交通道路的要津，是中原先进文化与岭南本土文化的交汇点。悦城“据三江口，居广东上游，当五州要路，阻山濒海，控江带山，延袤数千里”③。虽然后世的三江与前代不尽一致，但这里地势险要，“山河之固，犹有大府之风焉。江南虽割，境内以宁；若香山后拥，灵严东开，固名胜之区而神仙之宅也”④。良好的地理环境是孕育龙母信仰的基础。

龙母信仰主要来自岭南越族的龙崇拜。“昔有温氏媪者，端溪人也。常居涧中，捕鱼以资日给。忽于水侧遇一卵，大如斗。乃将归置器中。经十许日，有一物如守宫，长尺余，穿卵而出，因任其去留。稍长五尺，便能入水捕鱼，日得十余头。稍长二尺许，得鱼渐多。尝游波中，萦回媪侧。后媪治鱼误断其尾，遂逡巡而去，数年乃还。媪见其辉色炳耀，谓曰：‘龙子今复来也。’因蟠旋游戏，亲驯如初。秦始皇闻之，曰：‘此龙子也，朕德之。’所致诏使者，以元珪之礼聘媪，媪恋土不以为乐。至始安江，去端溪千余里，龙辄引船还。不逾夕，至本所。如此数四，使者惧而止，卒不能召媪。媪殒瘗于江阴，龙子常为大波，至墓侧萦浪转沙以成坟。土人谓掘尾龙。今南人谓船为龙掘尾，即此也。”⑤显而易见，龙母豢养龙子演化成神，龙母信仰与越地多蛟龙有关（曾昭璇《天后的奇

① （南朝宋）沈怀远：《南越志》（不分卷），《初学记》卷6《江》引，中华书局1962年版。

② （晋）顾微：《广州记》（不分卷），《艺文类聚》卷9《浦》引，上海古籍出版社1982年版。

③ 李贤：《明一统志》卷81《肇庆府》，四库全书本。

④ 崇祯《肇庆府志》卷8《地理志》，《日本藏中国罕见地方志丛刊续编》，影印崇祯六年（1633）刻本。

⑤ （南朝宋）沈怀远：《南越志》（不分卷），《太平寰宇记》卷164《岭南道·康州》（四库全书本）引。

迹》、王颋《秦媪豢龙——“悦城龙母”的原始传说及流变》皆认为，龙为鼍，龙母传说与西江生活的鳄鱼有关）。[①] 值得一提的是，百越人自古有崇龙的习俗，他们“文身断发，以避蛟龙之害”。应劭曾云：“常在水中，故断其发，文其身，以象龙子，故不见其伤害。”[②] 龙母豢养龙子，实际上与古越人避蛟龙而“文身断发”一样，是早期人们对水中神灵从畏惧到征服的体现。龙子在龙母的训导下，善良孝顺，施云降雨，保境安民，庇佑民众。龙母驯服蛟龙，对豢养蛟龙之母的崇拜，是早期古越人崇龙习俗的延续。直到今天，西江岸边的居民们仍亲切称龙母为“阿嬷”，显然仍把龙母当作祖先来崇拜。总之，龙母信仰实质上是早期百越信仰的主要内容之一，其起源于越族崇龙（蛇）习俗，而其本身却是祖先崇拜。[③]

龙母信仰在产生之初仅属地方性民间信仰，其后，官方不断对龙母进行封敕，将龙母信仰纳入国家祭祀体系，龙母由地方神灵逐渐成为国家众多神灵之一。汉代龙母始有封敕，“汉初封程溪夫人”[④]。但此封号因年代久远，值得怀疑。“唐天祐初载，始封母温‘永安郡夫人’，越明年，改封‘永宁夫人’。”[⑤] 虽然此封号还要更多的史料证实，但从秦汉至唐，龙母崇拜一直在民间存在，上述所引晋顾微《广州记》和南朝宋沈怀远《南越志》即是例证。南汉时悦城祭祀龙母的庙宇被封为龙母庙，后主大宝九年（966），龙母被

① 曾昭璇：《天后的奇迹》，香港中华书局有限公司1991年版；王颋：《秦媪豢龙——“悦城龙母”的原始传说及流变》，《古代文化史论集》，上海古籍出版社2007年版。

② 《汉书》卷28《地理志》，中华书局1957年版，第1667页。

③ 有关龙母起源的传说学术界争论较大，相关综述见徐亚娟《近百年龙母传说研究综述》，《广西民族研究》2007年第4期。上述《大明山龙母文化揭秘》（广西民族出版社2006年版）一书收录覃乃昌《论龙母信仰源于壮族先民的图额、特掘崇拜》论文，南宁环大明山有多处“娅蒲”庙，娅蒲为壮语“懂得巫术的地位很高的老外祖母”，南宁娅蒲庙与其他西江地区龙母庙的关系值得探索。

④ 《明·洪武诏书》，咸丰《悦城龙母庙志》，清道光元年（1851）刻本。

⑤ （宋）吴揆：《赐额记》，道光《广东通志》卷210《金石略》，道光二年（1822）刻本。

封为“龙母夫人”①。宋代，随着国家对民间信仰的重视，龙母信仰逐渐纳入国家祭祀行列。“自今诸神祠无爵号者赐庙额，已赐额者加封爵，初封侯，再封公，次封王，生有爵位者从其本封。妇人之神封夫人，再封妃。”② 龙母也渐渐走上国家的祭祀舞台。熙宁九年（1076），因阴佑安南招讨使郭逵航运之功，“（元丰）戊午，诏赠龙母为‘永济’，委官增修”③；崇宁三年（1104），赐岑溪县龙母温媪祠“庙额异应”；大观元年（1107），赐端溪县悦城龙母庙额“孝通”④。这一时期，不仅是国家神灵诸如南海神等纳入地方崇拜，也是福建天妃、岭南龙母等地方神灵纳入国家祭祀的重要时期。⑤ 明清以来，即使龙母信仰趋向民间化，但国家对龙母的重视有增无减，仍对其封敕不断。明“洪武初诏称程溪龙母之神”⑥，“洪武八年封程溪龙母崇福圣妃，九年封护国通天护国通天惠济显德龙母”。同时规定，“每岁五月八日，遣官致祭”⑦。清末，由于龙母“实御灾捍患，有功德于民”，咸丰三年（1853），“敕封广东德庆州悦城水口庙祀龙母为昭显龙母之神”。同治七年（1868），“又敕加广东昭显龙母溥佑封号”。光绪八年（1882），“敕加昭显溥佑龙母广荫封号”⑧。由此可见，龙母由民间神灵而演变为正统的神灵，是在官方对其不断封敕的过程中完成的。因其受帝王尊崇，上行下效，使龙母信仰的范围扩大，也造成了龙母崇拜的兴旺。至今，每年五月初八龙母的圣诞之日，包括港澳同胞在内的广大岭南信众，顶礼膜拜，热闹空前。

同其他宗教和信仰一样，一切宗教都不过是支配着人们日常生活

---

① （明）刘应麟：《南汉春秋》，嘉庆十二年（1807）刊本。

② 《宋史》卷105《礼仪志》，中华书局1977年版，第2561页。

③ （宋）张维：《永济行宫记》，崇祯《肇庆府志》卷28《艺文》，崇祯六年（1633）刻本，《日本藏中国罕见地方志丛刊续编》。

④ 《宋会要辑稿》第19册“礼二十”，中华书局1957年版，第793、794页。

⑤ 王元林：《天妃、南海神崇拜与郑和下西洋》，《暨南学报》（哲学社会科学版）2005年第6期。

⑥ 嘉靖《广东通志》卷30《政事志·坛庙》，广东省地方史志办公室誊印。

⑦ 光绪《德庆州志》卷5《坛庙》，光绪二十五年（1899）刊本影印。这些封号的真实性还需详考。

⑧ 《清会典事例》第6册卷443《礼部·群祀》，中华书局1990年影印本。

的外部力量在人们头脑中的幻想的反映，在这种反映中，人间的力量采取了超人间的力量的形式。[①] 对龙母的信仰，正是“人间的力量采取了超人间的力量”的一种表现，其产生与越人难以克服蛟龙之害密切相关。龙母信仰属于民间信仰，宋以后随着岭南地方逐渐接受国家观念和礼制，有必要使这种民间信仰得到国家的认可。而封建统治者为维护其统治，以神权巩固政权，也需要地方神灵的合法化。两者是如何结合呢？通过熙宁九年的龙母阴佑安南招讨使郭逵航运之功，宋廷封号龙母“永济”，地方神灵与国家承认开始结合，一方面，龙母登上了国家祭祀的舞台，成为国家认可的神灵；另一方面，国家通过龙母的阴佑显灵，名正言顺地把龙母整合到国家的祭祀体系的神灵中。当然，经过多次“灵异”地显灵，国家的多次封号、历代隆修和相关礼制的完善，两者的结合才得以不断地继续和深化。就龙母信仰的发展而言，官方的介入，无疑有利于龙母信仰的扩展，推动了龙母祭祀地区的形成。

二　岭南龙母信仰的扩展过程及路线

一种地方神灵信仰成熟的首要标志是祠庙的建立即祭祀场所和相关礼仪及制度的形成，以数量而言，民间祠庙的多少可以直接反映一个地区民间信仰的兴盛与否，如果将崇祀某一神灵的祠庙逐一排开，可以清晰地看出这种神灵信仰的地域分布；如果再具体分析它们的建庙时间，又可以看出该神灵信仰的地域扩展过程。因此，分析龙母信仰的地域扩展过程，重点在于考察龙母庙的地理分布和数量变化。

先秦时期龙母崇拜萌芽，而秦汉时期龙母信仰逐渐成形。虽然悦城龙母祖庙的修建时间没有确切记载，但至迟在六朝时期，龙母墓就已存在，南朝宋沈怀远《南越志》即是例证。龙母墓为悦城龙母祖庙的最终修建无疑提供了地理支撑。降及唐代，先有县丞赵令则、李景休修复龙母庙（两石刻见于宋吴揆的《赐额记》），后有朝廷封敕，

① 《马克思恩格斯选集》第3卷，人民出版社1995年版，第666—667页。

悦城龙母信仰日益发展成熟，逐渐向外扩展，而江西分宜县最先奉祀龙母。唐中叶，“（分宜）邑西昌山渡，相传有阅（悦）城人温媪，产龙伯，有灵异，阅（悦）城人祀之”①。“予邑以宋时分自宜春得名，邑治上游二十里有昌山，山脉发自红花仰山中一支，历昌田，至昌山起高，峰下有阅（悦）城君庙，唐宜春令卢公萼所建也。”② 阅（悦）城君庙建于分宜县西的昌山渡，庙原址在分宜县城西南二十里许袁河南岸，袁河水道至此，急转直下，河岸两山夹峙，河床乱石嶙峋，春夏水涨，浪涛汹涌，古时商旅往来，多取水道，船行至此，常被撞破，人船翻溺，为祈求平安，过往商旅常于昌山庙奉敬龙母娘娘，习为惯例，影响极广。最先发起兴建阅（悦）城君庙的是唐代宜春县令卢萼，③“唐太和间卢萼尝梦龙伯谓曰：‘君将为江西县令’，萼后果宰宜春，为立庙。”④ 官员的参与，使龙母信仰形成了“岭外”祭祀中心——分宜，分宜的龙母文化，源自德庆悦城，两地分隔千里，龙母信仰的传播归根于龙母、龙伯的灵异和官员的推动。今江西分宜县昌山庙仍存，庙又称龙媪庙、阅城君庙、孝通庙、圣母庙，供奉的主神为龙媪（亦称龙母娘娘、昌山圣母），每年农历八月十三日传说为龙母诞辰日，香客云集，热闹非凡。这里的龙母圣诞之日与悦城的五月初八不一样，或为唐时的建庙之日，或为他因而改，值得再探索。

宋元时期，在尚鬼崇神的背景下，龙母信仰发展至高峰，信仰的祭祀带基本形成。据目前掌握的资料统计，宋代广南东西路的龙母庙约有十几处，主要分布在西江及支流沿岸州县（东江流域龙川县例外），兹列表如下（参见表1）：

---

① 康熙《分宜县志》卷3《祠庙》，康熙二十二年（1683）刊本影印本。

② 林有席：《昌山龙母事状辨》，道光《分宜县志》卷31《艺文志》，道光二年（1822）刊本影印本。

③ 按卢萼，唐太和中宜春县令，元和中“卢府君尝游宦南越，乞灵于龙”，返江西后兴建阅城君庙，其侄卢肇为其作记，是为《阅城君庙记》，见雍正《江西通志》卷120《艺文》。

④ 康熙《分宜县志》卷3《祠庙》，康熙二十二年（1683）刊本影印本。

表1 **宋元时期广南东西路龙母宫庙分布统计**

所在州县	数目	名称	庙址	修建情况	资料出处
德庆州	4处	圣岭宫	在江村旁	宋修，兼祀宋知军州江璆	光绪《德庆州志》卷五
		龙母祖庙	悦城江水口	秦代	
		永济行宫	城西五里白石泉	宋时为永济行宫	
		龙母庙	在废植墟	宋元建	
高要县	1处	龙母庙	在龙潭都（今白沙龙母庙）	宋咸淳中建	《古今图书集成·方舆丛编·职方典》卷一三五〇
新兴县	1处	龙母庙	在县城北门外一百余步登云坊	元延祐二年建	乾隆《新兴县志》卷一八
顺德县	1处	龙母庙	在龙潭	南宋建	咸丰《顺德县志》卷一六
龙川县	1处	龙母寺	在太和都	元大定中建，僧脱尘创	乾隆《龙川县志》卷五
梧州	2处（?）	龙母庙	一在城西北二里许桂江上；一在郭外北关外	一不知建自何时（?），一为宋建	乾隆《梧州府志》卷七
岑溪县	1处	龙母温姥祠	无考	崇宁三年赐庙额	《宋会要辑稿》礼二〇
藤州	1处	龙母庙	州东杭容州江口	最迟宋建	《太平寰宇记》卷一五八
昭州	1处	龙母庙	无考	最迟宋建	《元丰九域志》卷九
象州	1处	龙母庙	在阳寿县	最迟宋建	《舆地纪胜》卷一〇五
宜州	1处	龙母庙	城南五里龙塘	最迟宋建	《舆地纪胜》卷一二二

续表

所在州县	数目	名称	庙址	修建情况	资料出处
贺州	1处	龙母庙	苍梧门外南履江上	最迟宋建	《舆地纪胜》卷一二三

根据上表统计，宋元时期除德庆州不断修筑龙母庙外，龙母信仰沿西江干支流扩展传播，其传播路线与河道一致，分为两条主线：其一，沿西江干流传播路径。龙母信仰以端溪为中心，沿西江向上游溯源，扩展至梧州、藤州；向下游扩展，高要、顺德为重要据点。其二，沿西江支流及其他河流传播路径，分作五大路线：一是沿新兴江扩展到新兴县；二是沿贺江扩展至贺州；三是沿桂江扩展到昭州（治今广西平乐县）；四是沿北流江扩展到岑溪县（治今广西岑溪）；五是沿柳江及支流龙江扩展至象州阳寿县（治今广西象州县）、宜州（治今广西宜山县）。另外，以珠三角为跳板，向东江流域传播，沿龙川江扩展到循州、惠州交界的龙川县（今广东龙川县以东），龙川县龙母庙与道家结合，为寺僧所创。

值得注意的是，两广的龙母信仰本为一体，以梧州、德庆为连接桥梁，两地的民间信仰传承互动，西江流域龙母信仰祭祀带基本形成。此外，江西一带，除了分宜县稳定发展外，龙母信仰也有新拓展，由渝水（即袁江）流路扩展至赣水（即赣江）流域，两河相交所在地新淦县峡江镇（治今峡江县）发展为江西龙母信仰的又一中心区域。“临江新淦之上游有镇曰峡江镇，有龙母祠，曰孝通之庙。古祠在今德庆之悦城镇，峡江受吉赣、南安诸水，又豪商大贾之所会，两山如束，水势湍悍，岁数坏舟楫，必有尝受神赐于岭海之间，而分祠于此，以压水患，然不可考矣。凡舟楫上下，水旱疾疫，必祷焉。”①

明清时期，大量的水神信仰遍布岭南乡村，其中的龙母神日渐成为岭南诸神信仰的主角之一，其地域以宋元时格局为基础，逐渐扩充，在各区域形成具有一定规模的祭祀带，下面分别从广东、广西、

① 揭傒斯：《文安集》卷10《孝通庙记》，四库全书本。

江西、四川等龙母信仰涉及区域作以详细探究（参见图1）。

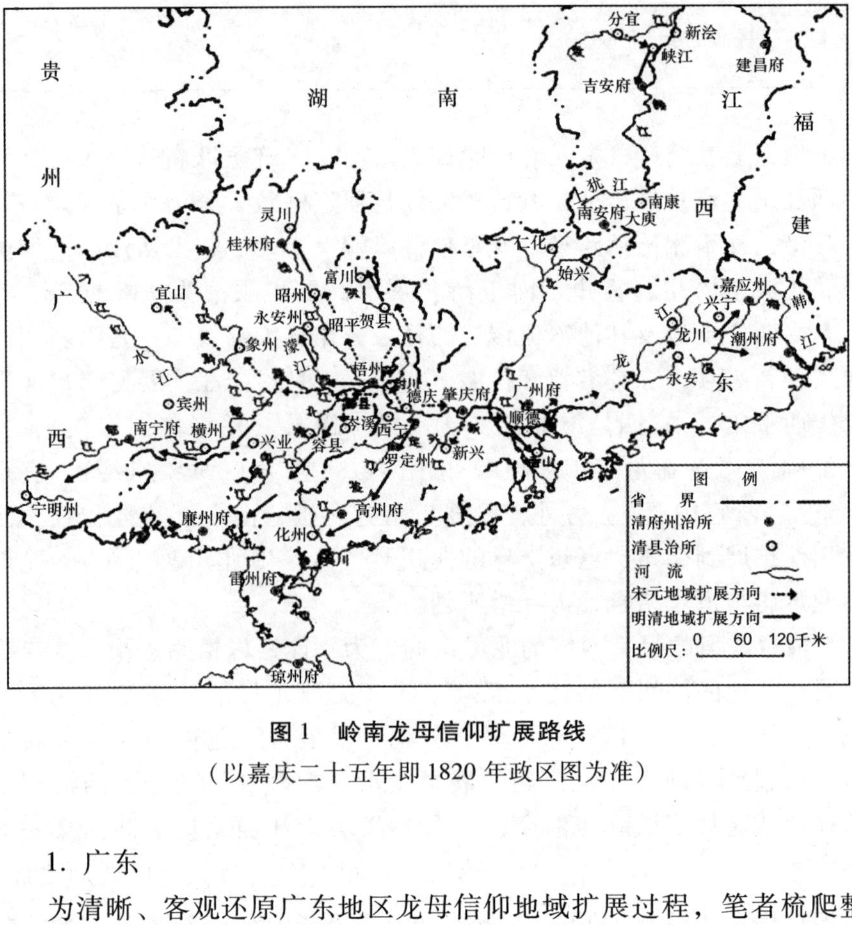

图1　岭南龙母信仰扩展路线

（以嘉庆二十五年即1820年政区图为准）

1. 广东

为清晰、客观还原广东地区龙母信仰地域扩展过程，笔者梳爬整理明清广东各地方志相关龙母庙的资料。据不完全统计，广东地区龙母庙共达64所（参见图2），呈现出数量多、分布相对集中的地域特色，沿河流扩展的特点十分突出，主要遍及广州府、肇庆府、高州府、韶州府等地。而以上各地没有见于方志的庙宇也不计其数，在此只好付之阙如了。

肇庆府本为龙母信仰的发源地，明清以来更是龙母庙数量最多的府州。单是德庆州州境，龙母庙就达14间之多，孝通庙、独树庙、金定庙、龙母行宫、龙山宫、圣岭宫、周东宫、金龙宫、罗都宫、圣

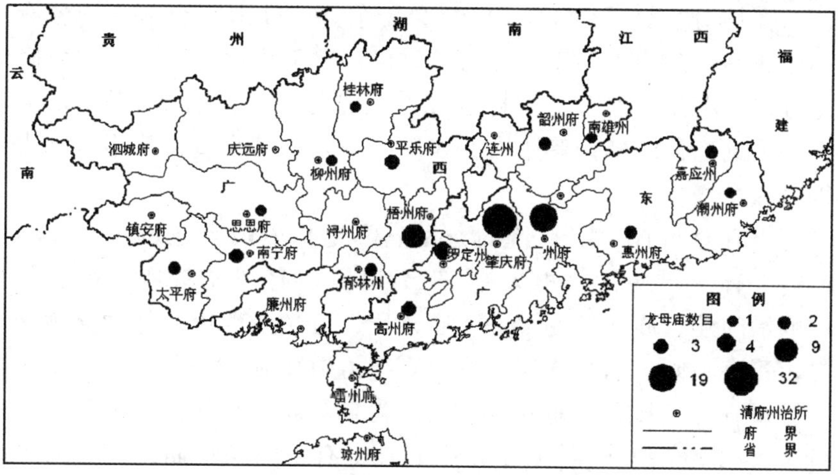

图2 明清岭南里龙母庙分布

（以嘉庆二十五年即1820年政区图为准）

井宫、迴龙宫、文龙宫、龙母西庙、龙母庙，庙宇名目繁多，但都祭祀龙母神灵，且现在见到的大多是清朝修建。此外，高要、西宁、高明、四会、开建县均是龙母信仰兴盛的区域，县境均有数量较多的龙母庙祠，如高要县有3间龙母庙，一在白沙堤岸，光绪八年（1882）知府绍荣奏请准加封广荫；一在禄步墟新市街外，同治二年（1863）张远倡集众建；一为宋建，万历间郑一麟别建于黄沙。① 另外，封川、恩平亦各有一间龙母庙。

广州府是仅次于肇庆府的龙母庙分布较为集中的区域，南海、顺德、增城、新会、东莞、佛山、香山等地均有分布。其中，南海县有6间龙母庙，一在新豈栏，光绪年间建；一在九江堡东方奇山横涌口；一在南方赵涌口大围里；一在下二围永兴社；一在北方李涌口社世德约；一在黄竹歧乡东北。② 顺德县有4间，一在逢简；一在龙潭；南宋建；一在龙江头；一在歌滘。③ 增城县有2间，一在豸岭下，临

① 宣统《高要县志》卷6《坛庙》，民国二十七年（1938）铅印本影印；康熙《肇庆府志》卷23《寺观》，《稀见中国地方志汇刊》影印康熙十二年（1673）刻本。

② 宣统《南海县志》卷6《建置略·坛庙》，宣统三年（1911）刻本。

③ 咸丰《顺德县志》卷16《胜迹略·祠庙》，咸丰三年（1853）刻本。

江；一在县南寨岭下，临江。[1] 新会、东莞、佛山、香山等均各有一间龙母庙。今深圳市福田区上梅林村仍存建于明代、重修于清乾隆时的龙母宫；广州天河区猎德村也存一间龙母庙，笔者2003年夏去考察，仍可见清代的碑记等镶嵌在四周，今城中村改造，希望这一古迹能得以保存。

高州府分布有一定数量的龙母庙。化州境内有龙母岭，今称南山，岭上有龙母庙，兼祀天妃。[2] 吴川境内有“龙母庙，在县北二里，顺治间建，庙前有龙母井，庙久圮，道光三十年知县钟斯敬捐题修复，正座一间，前后二层，岁旱官绅祷雨辄应”[3]。

韶州府仁化县有两座龙母庙，一为惠济庙，在扶溪，宋建；一为龙母宫，在城东门外。[4] 南雄州始兴县也有1间龙母庙，在城西丰陂洞。[5] 值得注意的是，宋时的仁化县惠济庙，理宗时封这里的龙母为显德夫人，[6] 显然与德庆龙母源流不一致。至于仁化县、始兴县的其他龙母祠，是否与西江流域的龙母有关，还需探索。

由上述可知，大体上讲，明清广东龙母信仰仍以沿江沿河传播为主要特色，大致形成了两大祭祀带：（1）西江干流流域祭祀带。这是广东乃至整个岭南最主要的一条祭祀带，几乎囊括了广东大部分的龙母庙。龙母文化的地域扩展过程主要是：以德庆为中心，向上游溯源，经封开、西宁，传向广西；向下游推进，经肇庆、高要、三水，遍布整个珠江三角洲。总体来看，龙母庙绝大多数分布在西江边缘地带，确切地说，庙址的选择大多定在江河岸边。（2）西江支流流域祭祀带。其地域扩展的路线大致有三：一沿新兴江传至新兴；二沿罗定江扩展到罗定州（今罗定市），府州里有龙母庙，“庙在北门外，

---

① 康熙《增城县志》卷14《外志·寺观》，康熙二十五年（1686）刻本影印；民国《增城县志》卷11《祀典》，民国十年（1921）刻本影印。

② 光绪《化州志》卷3《坛庙》，光绪十六年（1890）刻本影印。

③ 光绪《吴川县志》卷3《建置·坛庙》，光绪十四年（1888）修，十八年（1892）启寿刻本影印。

④ 民国《仁化县志》卷首《坛庙》，民国二十年（1931）修，二十三年（1934）铅印本影印。

⑤ 民国《始兴县志》卷6《建置·坛庙》，民国十五年（1926）石印本影印。

⑥ 《宋理宗封龙母敕》，民国《仁化县志》卷8《艺文·敕》。

前有戏台”[①]；三以罗定为踏板，传至高州鉴江流域。另外，北江流域的龙母祭祀，其源头或与岭南其他地区的信仰有差别。

除了以上龙母祭祀带外，潮州府、嘉应州一带亦零星分布有龙母信仰。兴宁县有龙母嶂，据说此山“在县北八十里，县之起祖山也。峰联环护，穿落黄茅嶂数山，昔立寺宇，毁于兵火，今有坛所石砌八景，所谓龙母遗迹也，遇旱祈雨，屡应，崇祯十年春旱，知县刘侯出接行礼未毕，大雨滂沱，谢雨旌之扁曰‘神功润国’”[②]。而嘉应州、永安县、潮州府海阳县皆有关于龙母庙的记载。与之相反，沿海地区，如廉州府、雷州府、琼州府，一般少见或不见龙母庙的存在，与这些地区靠海祭祀海神有关，故天妃、伏波信仰较为兴盛。

2. 广西

由于广西政区设置较复杂，龙母庙分布相对零散，列表统计各地龙母庙分布更为直观，兹统计如表2所示。

表2　　**明清时期广西地区龙母庙分布统计**

所在州县	名称	数目	庙址	修建情况	资料出处
梧州府（治苍梧县）	龙母庙	2处	一在城西北二里许桂江上；一在西南十里长洲尾，两俱在滨江	一为宋建，万历间修	乾隆《梧州府志》卷七
苍梧县	温母庙	1处	在县北二里	无	乾隆《梧州府志》卷七
富川县	龙母庙	1处	在柳家源	遇旱祷雨辄应	雍正《平乐府志》卷一四
昭平县	龙母庙	1处	在思勲江七分埠	兼祀文武二帝	民国《昭平县志》卷二
灵川县	龙母庙	1处	在六区龙岩侧	无	民国《灵川县志》卷三

① 民国《罗定州志》卷4《坛庙》，民国二十四年（1935）铅印本影印。

② 崇祯《兴宁县志》卷1《山川》，崇祯十年（1637）刻本。

续表

所在州县	名称	数目	庙址	修建情况	资料出处
藤县	龙母庙	4处	一在水东街；一在三眼堡窦家司署前三合嘴；一在县东；一在州东，杭、容江口	一为宋建；一为知县邱堂祈雨，率众创建；一为历代修建，乾隆十八年贡生霍士型、邑人钟明云等重修	同治《藤县志》卷六
容县	龙神庙	1处	在城东一里	无	光绪《容县志》卷七
北流县	龙母庙	2处	一在县东南沙街；一在下一里湾肚村	一为明万历十一年邑民黄文忠重修	乾隆《重修北流县志》第1册
岑溪县	温姥祠	1处	无考	宋建	《宋会要辑稿》礼二〇
永安州	龙母庙	1处	在州城外西河	旁有大榕树一株	嘉庆《永安州志》卷五
横州	龙母庙	1处	南门城外	乡村多建，奉祀者俱不食鲤	雍正《太平府志》卷一八
南宁府	龙母庙	1处	在南门城外	无	嘉靖《南宁府志》卷五
邕宁县	龙母庙	1处	在安塞门外，面大江	民国八年开辟八路，庙经拆毁，庙前筑临江码头	民国《邕宁县志》《祠祀志·坛庙》
思明土州（清时为宁明州，今宁明县）	龙母庙	2处	一在府治西一里；一在明江亭廖村边龙塘头	一为知府黄泽重修，今圮；一坐西向东	光绪《宁明州志》卷下
象州	龙母庙	1处	在阳寿里	宋建	同治《象州志》《纪故》
宾州	龙母庙	1处	在县西	无	万历《宾州志》卷三

从表中数据统计可知，明清时期在宋元基础上，广西的龙母文化地域传播路线大致有如下六条：第一，沿西江、桂江，在昭平县（今昭平县）继续沿桂江往北，灵川县（今灵川县）也有龙母庙的分布；第二，沿贺江往北，在贺县继续向贺江源头处，富川县（今富川县）成为龙母庙的分布区；第三，沿西江往西，便是龙母崇拜的又一兴盛区——藤县，由藤县沿绣江、容江、南流江依次扩展到容县（今容县）、北流县（今北流县），形成一个以藤县为中心的西江支流祭祀带；第四，西江支流濛江源头处的永安州（今蒙山县）也有龙母庙落户；第五，沿郁江扩展到广西最南端，经过横州（今横县）、南宁府（今南宁市），到太平府宁明州（今宁明县），都广布龙母庙，这一路线则形成以南宁府邕宁（今南宁）为中心的龙母信仰带；第六，与宋元一样，沿西江往北，经黔江、柳江，在象州（今象州）一带仍有龙母庙。

六大路线的传播方向与过程，除第六条线路之外，第一、第二条线路在宋元基础上，分别沿桂江、贺江再向上游扩展，再结合其他广西境内的三条路线，反映了龙母文化在广西的传播呈自东向西，自干流向支流的传播态势，沿江河传播的特点仍然十分鲜明。总体来看，广西中部、东北部是龙母信仰比较集中、兴盛的区域，西部、西北部则少有龙母信仰的痕迹。

3. 江西

明清以来，江西旧有龙母信仰仍然孤立地发展，只是在赣江中游偶有扩展。虽然形成赣江上游新的龙母祭祀地点，但此龙母信仰源头还需再做辨析。

梳理江西方志，吉安府治所卢陵县（今吉安市）有孝通庙，“在儒林乡第十都，即龙母祠，相传秦时有媪妪于程溪得巨卵，生五蛇，俱化龙去。母死，五龙化为人，葬母于越城”①。越城即悦城。临江府新淦县（今新干县）也有龙母庙，“在县西四十里板陂，祈雨立应”②。而

① 乾隆《卢陵县志》卷6《庙坛》，乾隆四十六年（1781）刊本影印。

② 隆庆《临江府志》卷8《秩祀》，《天一阁藏明代方志选刊》，隆庆六年（1572）刻本。

南安府南康县（今南康县）有龙母祠，“在县东四里，后废”[1]。大庾县（今大余县）也有龙母祠，又称“龙母院”[2]，“在府治东一里，广化院左，郡人水旱疾疫、求嗣者祷焉”[3]。南康县、大庾县的龙母庙或与交通传播有关，或与广东仁化县惠济庙龙母传播有关，或为本地神灵，还需详考。

江西龙母文化主要围绕赣江传播扩展，沿江沿河传播的特点突出。从参与修建庙宇的人员来看，政府官员、士商扮演着最重要的角色，他们在推动龙母文化地域扩展过程中发挥重要作用。另外，江西中东部与福建毗邻的建昌府府治南城县（治今南城县），有“龙母殿”，在“徐田上排”[4]。这些龙母庙（殿）还需史料证实是否与岭南龙母有关，暂且存疑。

4. 四川

清代初年，四川因战乱人口锐减，为发展四川经济，清政府推行湖广填四川的政策。其中部分广东居民为寻求财富，冒险举家迁往四川。在迁川过程中，龙母信仰随着广东移民也迁至四川。在四川的广东会馆中，龙母成为会馆的主神。

四川中部大竹县（治今四川大竹县）的广东会馆，称为“东粤宫”，“在城南街，清雍正元年建，乾隆五十六年及同治光绪重修，本名龙母宫，或称圣龙庙，原籍广东，人祀之”[5]。广东移民以龙母为会馆神仙，四川出现龙母崇拜。大竹县附近的渠县（治今渠县）也有“龙母宫”，“在县半边街左，清雍正十一年广东人建为会馆”[6]。1984 年 6 月，渠县历史博物馆在该县渠江镇文物调查中，征集到题为《龙母墓碑》的碑石一通。“此碑长 157、宽 84、厚 6 厘米，青砂石质。碑文竖排，作楷书，计 16 行，有少许字风化。

---

① 嘉靖《南安府志》卷 12《庙祠》，《天一阁藏明代方志选刊续编》影印，嘉靖十五年（1536）刻本。

② 乾隆《大庾县志》卷 6《坛庙》，乾隆十三年（1748）刻本影印。

③ 康熙《南安府志》卷 12《祠祀志》，康熙四十九年（1710）刊本影印。

④ 同治《南城县志》卷 4《祠庙》，同治十二年（1873）刊本影印。

⑤ 民国《大竹县志》卷 3《祠祀志 · 群祀》，民国十七年（1928）铅印本影印。

⑥ 民国《渠县志》卷 5《礼俗志 · 祠庙》，民国十四年（1925）修，十九年（1930）续修铅印本。

据上下文意思看，此碑不是全文，应另有一石，已佚。”渠县的《龙母墓碑》是龙母文化着迹渠县的明证。“从渠县发现的《龙母墓碑》考，自西汉高祖封龙母为‘程溪夫人’起，至清代光绪的两千多年间，历代由帝王敕封神号达九次之多，最后竟封为‘程溪永妥水宁永济夫人灵济崇福圣妃护国通天惠济显德昭显溥佑广荫龙母娘娘水府元君’，共三十八字，可见影响之深远。”① 此外，巴州（治今四川巴州）有龙母宫，“粤籍人，宫建为会馆”②；东乡县（治今四川宣汉县）也有龙母宫，为广东会馆。③ 直到民国，这里以龙母宫命名的广东会馆还见记载。④ 可见，这类以龙母为祭祀主神的会馆在四川并不少见。

三　岭南龙母信仰与其他水神崇拜的比较

岭南一隅，尤以水神崇拜最盛。既有外来的海神天妃，也有本土的南海神洪圣王；既有由外传入的水神龙王、真武北帝，也有土生土长的江神龙母等。今天除见于史料记载外，民间存在着大量的、各种各样的水神庙宇。诸水神有各自的特点，各司其职，共存于岭南，“庇佑”民众的生产生活。

中国自古有龙崇拜，古人以土龙祈雨，在封建帝王的敕封下，龙崇拜趋向人格化，龙王自始形成。龙王、龙母同属龙族，有一定渊源，从两者在岭南的分布看，龙王涉足范围较龙母广，但作为男性神明，却缺少龙母特有的温柔及保佑生育功能。天妃来自福建，俗称妈祖。粤人信仰妈祖的热心与虔诚不逊于闽人。“广人事妃，无异于莆，盖妃之威灵远矣。”⑤ 妈祖传入岭南与闽人入迁潮州有密不可分的联系。天妃、龙母均是女性神明，但土生土长的龙母却远不及外来的天妃庙宇林立，这与天妃在全国的传播以及大量福建移民入粤有关。真

① 陈铁军：《龙母与〈龙母墓碑〉》，《四川文物》1994年第2期。
② 道光《巴州志》卷2《祠祀志》，道光十三年（1833）刻本。
③ 光绪《东乡县志》卷10《祠庙志》，光绪二十八年（1902）刻本。
④ 民国《宣汉县志》卷3《祠祀志》，民国二十年（1931）石印本。
⑤ （宋）刘克庄：《后村集》卷36《祝文·圣妃庙》，四库全书本。

武由星辰崇拜和动物崇拜而来，虽然神职北方，但真武“属水”，与龙母相似，人祀之“以厌火灾”，庇佑岭南民众水上和航海，加上真武还是道教的神灵，因此，不论岭南的内陆和沿海，真武崇拜都颇为兴盛。南海神专司南海，位列岳镇海渎之一，由于南海神祭祀属于国家祭祀的一部分，国家祭祀的南海神在地域扩展上受到一定限制，在信众方面，比不上民间出身的龙母。

岭南诸水神各有所长，深得粤人推崇，在其发展中，形成各自的信仰区域，如妈祖信仰圈、龙母崇拜祭祀带等，各领风骚，构成岭南民间信仰文化的一大亮点。明清时期，诸水神的空间扩展达到顶峰，各大神明的地域分布出现明显差异，时岭南乡村水神庙不计其数，大大小小，林林总总，以下以明清时期有关方志所载粗略作以统计，虽然不尽完善，但在一定程度上，也可窥探明清时期岭南诸水神神庙的分布（参见表3 如下，另参见图3）：

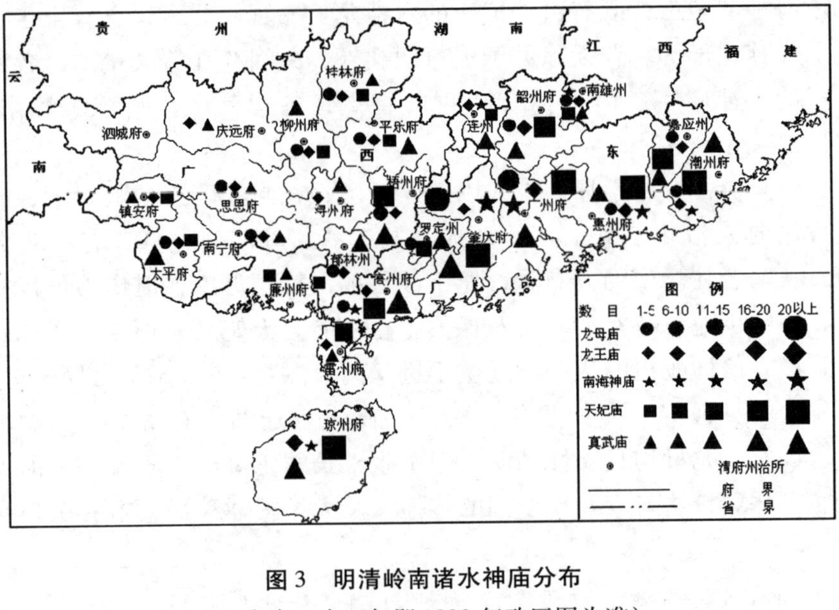

图3 明清岭南诸水神庙分布

（以嘉庆二十五年即1820年政区图为准）

底图来源：谭其骧主编《中国历史地图集》清时期全图。

表 3　明清时期岭南诸水神神庙统计　（单位：座）

统县政区	龙王庙	龙母庙	南海神庙	天妃庙	真武庙
广东地区					
广州府	15	19	59	125	114
肇庆府	5	32	71	53	59
韶州府	6（?）	2	0	9	15
潮州府	3	1	3	49	20
高州府	5	3	4	17	22
惠州府	6	2	12	24	11
雷州府	2	0	0	12	5
廉州府	0	0	0	2	1
琼州府	14	0	1	35	17
罗定直隶州	0	4	0	6	13
南雄直隶州	1	1	2	4	2
连州直隶州	4	0	3	4	12
嘉应直隶州	3	2	0	18	12
总计	64	66	155	358	313
广西地区					
梧州府	2	9	0	16	17
太平府	3	2	0	1	20
柳州府	1	1	0	3	7
平乐府	4	3	0	5	11
镇安府	3	0	0	1	4
桂林府	3	1	0	4	1
郁林州	1	2	0	3	11
南宁府	2	3	0	0	5
思恩府	2	1	0	0	4
庆远府	1	0	0	0	1
浔州府	1	0	0	0	6
总计	23	22	0	33	87

资料来源：明清广东（包括琼州府）、广西相关方志。

表3和图3表明，明清时期各水神崇拜兴盛程度不一，地域扩展范围也有所分异。

首先，从分布区域来看，各神灵信仰形成各具特色的神灵崇拜祭祀圈。

龙王崇拜在岭南的发展呈均衡态势，各处均有龙王庙，可见龙王崇拜惊人的渗透力。龙王崇拜尤以广东为重，广西相对薄弱。广东以广州府、琼州府所辖区域的龙王庙数量较多，单是广州府就有龙王庙15座，几乎占广东地区总数的1/4，琼州府也有14座龙王庙，与广州府旗鼓相当。龙母信仰的地域分布规律性较强，主要在西江干支流流域。龙王崇拜呈大范围、大区域分布，地域特色不如龙母明显，但亦有所侧重，以珠三角及海南岛为中心。

与其他水神比较，天妃庙的数量最多，“天后功德之被于生民也，大矣。凡八极四溟以及经流三百支流三千有水之区，即有神之区，灵显及布获弥纶，岂但施及一时一方已哉”①。无论是沿海还是内陆，天妃庙遍布各地。由于其为海神，珠江三角洲、潮汕平原、海南岛以及雷廉一带成为天妃信仰的集中区。

与天妃一样，真武水神崇拜遍布岭南各府各县，其辐射的范围和区域较南海神、龙母都广，集中分布在珠三角一带。由于真武司水，内陆民众亦争相崇奉真武。以佛山祖庙为中心，广州府（珠三角）和肇庆府（西江中下游）是其中心区域。相对天妃而言，潮州、琼州、雷州一带的真武崇拜稍稍逊于天妃，但韶州、高州等内陆地区，真武崇拜较天妃略胜一筹。

南海神庙隋时创建于广州扶胥水口，是为南海神“祖庙”，南海神崇拜起源于此，兴盛于斯，广州成为其中心区域。珠江三角洲及粤西一带，南海祠分布较密集，之所以形成这样的地理分布格局，与当地河网稠密，南临大海密切相关。

其次，从岭南各大文化区域来看，各区水神崇拜各有特色。

在北部山地丘陵的客家文化圈内，带有广府民系色彩的南海神崇

① 谢崇俊：《新建天妃神庙碑记》，道光《广宁县志》卷15《艺文》，道光四年（1824）刻本。

拜显然很难得到当地人的认同；深得民心的天妃自然可以打通障碍，有一定的发展；沿河流扩展的龙母崇拜也得到客家人认可，并化身为扶溪娘娘；代表道教的司水神真武最易融入当地，成为当地人的保护神，乐昌县至今仍保存着一块石刻，名为《玄帝赞》（俗曰飞来碑）："上帝降令，乾斩妖精，离坎相合，雷电震惊，七星魁斗，八卦见形。"① 当地人对真武神描述绘形绘色，崇祀之盛略见一斑。

中部三角洲平原及西江中下游，既河网密布，又面临海洋，是水神崇拜发展最合适的土壤，因此四大水神形成了各自的中心区域。龙母以德庆为中心，悦城龙母庙是其祖庙；真武以佛山为据点，佛山祖庙成其祖庙；南海神则以广州为起源地，扶胥波罗庙为其祖庙；天妃分布十分广泛，多沿福建移民和商人的足迹在这一带都有分布。

南部沿海，代表福佬民系文化，重海神，福佬文化所到之处，均有天妃信仰的足迹。同是海神的南海神，只在福佬民系没有涉足的珠三角与粤西的其他地区间有分布。而真武水神由于明清国家和道教的提倡，沿海多布。西江流域龙母神地域性强烈，在沿海的祠宇寥寥无几。

无论如何，龙母信仰和祭祀是岭南民间独有和历史最悠久的神灵，其他外来和本地的水神，虽然后来发展的规模和地域空间甚或超过了龙母这一本地神灵，但无论从时间和起源来说，龙母信仰是岭南越文化的早期遗存，是岭南民间信仰的杰出代表。

四　岭南龙母信仰地域扩展的原因

岭南龙母信仰的地域扩展，是诸多原因导致的结果。

首先，粤人崇神传统是岭南龙母信仰产生的前提条件。粤人以笃信鬼神为俗。秦汉之前，百越族的巫术名于天下，连汉武帝也颇为推崇。《汉书》有载："是时既灭两粤，粤人勇之乃言'粤人俗鬼，而其祠皆见鬼，数有效。昔东瓯王敬鬼，寿百六十岁。后世怠嫚，故衰耗。'乃命粤巫立粤祝祠，安台无坛，亦祠天神帝百鬼，而以鸡卜。

① 民国《乐昌县志》卷22《金石》，民国二十年（1931）铅印本影印。

上信之，粤祠鸡卜自此始用。"[①] 隋唐以来，"江南之俗，火耕水耨……其俗信鬼神，好淫祀"[②]。降至明清，岭南人信鬼敬神的习俗愈演愈烈，逐渐发展为民众日常生活的一部分。好鬼信神的传统，为岭南民间信仰的滋生提供了肥沃的土壤，也为龙母崇拜的发展提供了一个优越的活动平台。

其次，作为一种民间信仰，龙母信仰须在历史长时期的发展中，表现出能让信徒信服的能力，而这种"灵验"的能力恰恰与民众的生计、温饱等实际问题密切相关。换言之，民间神灵要维持与发展，必须满足信徒功利性的信仰需求，从某种程度上说，在龙母信仰的传播中，许多龙母庙的建造是在龙母神显应的前提下进行的。下层民众的求神奉祭，往往是一种直接利益的诉求。民众对于频繁发生的天灾人祸，常难以抗拒，很自然地产生功利性极强的信仰诉求，并与民众日常生活密切联系。比如，悦城龙母庙，"每年水旱疾疫，祈禳，悉随叩随应"[③]；吴川县有龙母庙，"钟明府莅吴川过，适岁旱虞祷于神，六月初旬间日，得雨三日，酬功便得大雨，以霑以足，农人告欢"[④]；"羊城梁某妻患抱腰蛇疮，沉痛焦灼，莫可言状，药亦罔效，时龙母驻其家，长年供奉，梁遂日夜虔祷，梦一老妪谓曰：'盍往某处请某先生疗乎。'醒，异之，迹求医理，果瘳"[⑤]。

再次，民间信仰的地方性与官方正统性相结合是导致龙母信仰稳定发展的最重要原因。以神权来巩固政权，是封建统治者维护其统治的一贯手法。把民间信仰纳入国家管理体系，反映了国家与民间社会文化资源上的互动和共享。一方面，地方上的士绅通过请求朝廷将地方神纳入国家神统而抬高本地区的地位，有利于地区的利益；另一方面，国家通过赐额或赐封号的方式把地方神连同其信众一起"收编"，有利于控制地方社会。当两者相互结合时，民间信仰便有了最

① 《汉书》卷25《郊祀志》，中华书局1962年版，第1241页。

② 《隋书》卷31《地理志》，中华书局1987年版，第886页。

③ （宋）吴揆：《赐额记》，道光《广东通志》卷210《金石略》，道光二年（1822）刻本。

④ 光绪《吴川县志》卷3《建置·坛庙》，光绪十四年（1888）修，十八年（1892）启寿刻本影印。

⑤ 《悦城龙母庙志》卷2《灵验》，光绪十三年（1887）省城学院前锦书堂刊印。

大优势的“人和”条件，发展如日中天。从另一角度看，民间信仰由于民间性，很难走出一方区域，扩散发展到其他地方。而一旦受到国家和官方的重视，机会大大提高。带着国家的封敕，民间信仰如虎添翼，极有可能发展为一方大神，统领地方其他神灵。总体来看，从宋代始，国家对龙母神信仰十分重视，一则国家通过封爵加号，希望通过把龙母尊奉为西江流域保护神，达到控制岭南地方社会的目的；二则随着宋以后国家观念和礼制逐渐被地方社会所接受，岭南地方也希望把龙母纳入国家神灵的信仰体系，从而名正言顺，并借以扩大岭南地方神灵的影响力。在两股力量不断交织，相互作用下，龙母崇拜必定会走出悦城，向外发展，成为代表岭南特色的信仰文化。

最后，流动官员、士商和移民在推动龙母文化地域扩展过程中的作用不容忽视。移民对民间信仰的影响主要表现在把自己原来迁出地特有的地方神信仰带入新移居的地区。在龙母崇拜的地域扩展过程中，官员、士商和交通作用，使江西形成新的龙母信仰区；移民迁徙使龙母崇拜跳跃式地迁入四川，并使龙母信仰融合进当地的民间信仰中，形成了岛状移民型的信仰文化。

（与陈玉霜合作，原载《中国历史地理论丛》2009年第4期）

国家祭祀与地方秩序构建中的互动

——以唐宋元伏波神信仰地理为例

地方秩序建构过程中，前代有功于地方的官员被塑造成人物神，升格为英雄神灵，其与地方上的一般的“乡贤祠”“名宦祠”不同。国家为了维护地方的安定和边疆的稳固，通过后世的封赐神号、敕建庙宇、颁发匾额等形式逐渐确立其神灵在国家和地方上的正统地位。而这些英雄的人物神也不断显灵，庇佑一方的平安，成为当地的保护神。地方秩序建构和国家祭祀相互作用，完成了神灵从国家到地方、从英雄到亲近民众的过程，其间国家政权的引导和教化作用不可低估。伏波将军原来仅是西汉至南朝陈时执掌水师的军队官职，历史上曾授予多人，却因西汉路博德、东汉马援皆为伏波将军，功勋卓著，死后被后世不断地放大，封号迭加，甚至伏波祠庙也间有两者同祀的情形。何以此两人独享岭南和湘西（仅马援）地区的香火？而马援曾经讨伐的五溪蛮地，何以后来却成为其信仰的中心地区之一？……诸多问题值得思考。有关伏波信仰的研究成果，多以广西籍学者为多。① 这其中有关国家祭祀

---

① 如施铁靖《马援在广西》（《河池师专学报》2003 年第 3 期）；滕兰花《清代广西伏波庙地理分布与伏波祭祀圈探析》（《广西民族学院学报》2006 年第 4 期）、《清代桂西南地区伏波庙文化探析》（《广西地方志》2007 年第 4 期）、《清代岭南地区伏波庙地理分布与历史记忆》（《广西民族研究》2008 年第 2 期）；范玉春《马援崇拜的地理分布：以伏波庙为视角》（《广西师范大学学报》2007 年第 3 期）；杜树海《神的结盟——广西漓江上游流域马援崇拜的地方化考察》（《民俗研究》2007 年第 4 期）；麦思杰《神明信仰与边疆秩序——宋明时期广西伏波信仰研究》（《柳州师专学报》2008 年第 3 期）；史亚辉《伏波神崇拜及其仪式与功能解析——以横县伏波庙为例》（硕士论文，广西民族大学，2008 年）；廖幼华《历史地理学的应用——岭南地区早期发展之探讨》（台湾文津出版社 2004 年版）；Donald S. Scutton，“A case of Literati Peity：The Ma Yuan Cult From High-Tang to High-Qing Chinese Literature”，*Essays Article Reviews*，Vol. 11，1989；等等。

与地方信仰的伏波神信仰研究较少，对马伏波信仰形成的三大祭祀地区也较少勾画，而国家祭祀与地方秩序构建中的关系也鲜有论述。本文试在这些方面作以论述，还请各位专家正之。

一　汉两伏波将军神起的缘由与唐时讴歌主题

在岭南建立功勋的汉两伏波将军，一为西汉路博德，另一为东汉马援。路博德，《史记》《汉书》无传，仅在《汉书·霍去病传》附云："路博德，西河平州人，以右北平太守从票骑将军，封邳离侯。票骑死后，博德以卫尉为伏波将军，伐破南越，益封。其后坐法失侯。为强弩都尉，屯居延，卒。"元鼎五年（前112），汉武帝"令粤人及江淮以南楼船十万师往讨"南越，博德为五路进军首领，"出桂阳，下湟水"，其亲率这一路由今连江至北江南下，与楼船将军杨仆率领的由江西进入广东的另一路于北江汇合，"遣使招降者"，平定南越国，置儋耳、珠崖、南海、苍梧等岭南九郡，"伏波将军益封"①。伏波将军路博德在国家统一岭南的战争及随后的置郡中功勋卓著，受到朝廷嘉奖。

而《后汉书》卷二四有马援传。马援，字文渊，扶风茂陵人也。"年十二而孤，少有大志。"事兄如父。兄卒"援行服期年，不离墓所"。助光武帝刘秀灭隗嚣，授陇西太守，大破诸羌；经营武威，遣返客民，修城置吏，"起坞候，开导水田，劝以耕牧，郡中乐业"，广开恩信，诸羌纷降，"陇右清静"。马援在凉州六年因功勋卓著而升拜虎贲中郎将。援"又善兵策"，多与光武帝合，击灭卷人维汜叛乱。而影响较大的便是征讨交趾征侧、征贰姐妹与五溪蛮的叛乱。建武十八年（42），马援被授为伏波将军，率长沙、零陵、苍梧万余兵讨伐征氏姐妹叛乱。时叛军"寇略岭外六十余城，侧自立为王"，援从合浦，"遂缘海而进，随山刊道千余里"，在浪泊等地大败叛军，诛杀征氏姐妹，又灭余党都羊等五千人，"峤南悉平"，分置封溪、望海两县，"援所过辄为郡县治城郭，穿渠灌溉，以利其民"，修正

① 《汉书》卷95《西南夷两粤朝鲜传》，中华书局1962年版，第3859页。

越律，约束越人，“自后骆越奉行马将军故事”。朝廷封马援为“新息侯”，食邑三千户，“赐援兵车一乘，朝见位次九卿”，回京后又北伐乌桓。建武二十四年（48），五溪蛮打败汉军刘尚，马援请战，率四万人出征，沿沅江直逼壶头山（今湖南沅陵县东北清浪境），“会暑甚，士卒多疫死”，“水疾，船不得上”，马援染病而卒。监军梁松等诬告，又有谗言云援掠“南土珍怪”，上怒夺援侯并连坐诸族，由于亲属“上书诉冤，前后六上，辞甚哀切，然后得葬”①。马援一生，文治武功，功勋卓著，“马革裹尸”，死后却受诽谤，悲剧英雄的结局成为后代流贬官员和士人讴歌的主题之一。

范晔《后汉书》所及马援形象高大，修身齐家，孝悌教子，“慷慨多大志”，与将士同甘苦；聚米为谷，料事如神；“伏波好功，爰自冀、陇。南静骆越，西屠烧种。徂年已流，壮情方勇”，成为后代士人和将士效仿的榜样。死后遭谗被“追收印绶”，但并不影响其高大形象。相反，时官员多为援鸣不平。云阳令朱勃，“建武中以伏波将军爵土不传，上书陈状，不顾罪戾，怀旌善之志，有烈士之风”②。其奏文除述援功绩外，以“圣王之祀，臣有五义。若援，所谓以死勤事者也。愿下公卿平援功罪，宜绝宜续，以压海内之望”。汉明帝于南宫云台列二十四功臣像，因马援女为明德皇后故，未画伏波将军马援像。至永平十七年（74），马援夫人卒，“乃更修封树，起祠堂”。建初三年（78），章帝命“持节追策，谥援曰‘忠成侯’”③，虽此封与明德太后有关，但马援功绩盖世，理当封侯。“忠成”两字，说明其效忠国家，不计个人安危，战死疆场，是对其最好的褒奖，也是日后士人歌咏的主题之一。

东汉及其以后各代，浏览正史、政书等不难发现，权贵和士绅们引经据典，多以马援为楷模，无论从国家还是家庭，无论从政治还是军事，无论从择人还是审事，无论从老骥伏枥还是边疆建功……人们还多以马援功绩和事迹为效仿榜样。唐开元十九年（731）敕“宜拣

① 《后汉书》卷24《马援传》，中华书局1965年版，第846页。
② 《东观汉纪》卷16《朱勃传》，中华书局1985年版，第142页。
③ 《后汉书》卷24《马援传》，第852页。

取自古名将充十哲、七十二弟子”，以配祀太公庙。时太公庙（即武成王庙），“两京及天下诸州，各置太公庙一所”，春秋二、八月上戊日祭，“诸州宾贡武举人，准明经进士，行乡饮酒礼，每出师命将，辞讫，发日，便就庙引辞”。新息侯马援名列“七十二弟子”之一，虽后于贞元二年（786）取消“名将配享”太公庙之仪，[①] 但马援军功仍被时人称颂。咸通八年（867），维州（治今四川理县薛城）左武备兵曹参军崔遂撰《伏波庙碑》，[②] 惜碑文佚，无法考证。

唐乾符二年（875），马援敕封为昭灵王。[③] 这次敕封的原因史书无载，从《太平寰宇记》“桂州·伏波庙”条来看，乾符二年以前桂州发生大事或即咸通九年（868）徐泗一带戍守桂州（治今广西桂林）的士兵叛乱，他们共推粮料叛官庞勋为首领，史称“庞勋起义”。起义军沿湘江北上，又沿长江达浙西（治今江苏镇江），再北上淮南，沿途大量农民加入，起义军人数达十万以上，转战于淮河以北，于咸通十年（869）九月，被唐军镇压。[④] 因这次起义，肇始于桂州，又为军人哗变所至，且一年多时间内，即被唐军镇压，这是否被认为与军功卓越的马援神灵庇佑有关？也或许正是因其庇佑才使唐军很快得以取胜因而其被加封号？又或是咸通九年（868）九月至十年（869）十月，桂州刺史鱼孟威重修灵渠，因灵渠为史禄首创，“汉命马援征征侧而继疏之”[⑤]，以追其功故而加号？诸多推测还需再探索。

唐末这次马援封号，有人以为“疑系马氏子孙私自追尊其祖之称耳”[⑥]。实际上，马殷建立楚国的时间为公元927年，此前马殷于唐

---

① （宋）王溥：《唐会要》卷23《武成王庙》，中华书局1955年版，第435—436页。

② （宋）王象之：《舆地碑记目》卷4《威州碑记》，中华书局1985年版，第86页。

③ （宋）乐史：《太平寰宇记》卷162《岭南道·桂州》，中华书局2007年版，第3102页。

④ 《新唐书》卷9《懿宗纪》、卷225下《逆臣传·黄巢》，中华书局1975年版，第260、6452页。

⑤ （唐）鱼孟威：《桂州重修灵渠记》，（宋）李昉等编《文苑英华》卷813，中华书局1966年版，第4297页。

⑥ 光绪《湖南通志》卷268《艺文志》，引《金石文编》，光绪十一年刻本。

昭宗乾宁三年（896）才任武安军节度使（治潭州，今湖南长沙）。[①]从时间上来看，应与乾符二年封号无关，并非以马援为先祖的马殷等私自妄加。乾符二年封马援为昭灵王，不但《太平寰宇记》《舆地纪胜》卷一〇三《广南西路·静江府》有载，就是天福五年（940）的《复溪州铜柱记》亦云“我烈祖昭灵王”，颂词“昭灵铸柱垂英烈”，[②] 应是以封号代称马援。于溪州（治今湖南古丈县野鸡坨）立铜柱，表明了马希范仿效先祖马援立铜柱之事迹，证明了当时楚国对五溪蛮的占领，象征其边疆的极界。而《舆地纪胜》卷一〇七《广南西路·昭州》昭平县（治今广西平乐）有“昭灵庙”，为“汉伏波将军庙”，应与马援封号有关，建庙时间或早于宋代。

唐时祀伏波将军马援的两庙除上述桂林城郭东北二里的伏波庙外，还有全义县（治今广西兴安县），“县侧有伏波庙”[③]。李商隐有《祭全义县伏波神文》，歌颂马援一生建功边疆，“铜留铸柱”的功绩，讴歌其“革誓裹尸”“犹羞病死”的气概。时为大中初，商隐为桂林观察使郑亚幕府，郑遣全义县令韦必复祭伏波庙，“昭赛于汉伏波将军、新息侯马公越城旧疆汉将遗庙一”，“及申望岁之祈，又辱有秋之泽”[④]。不过，从李商隐祭文中不难看出，此次祭祀伏波神灵与祈望雨泽有关，但并未及马援重修灵渠事迹。而唐莫休符《桂林风土记·灵渠》明载“相传曰后汉伏波将军马援开川浚济，水急曲行回互，用遏其冲，节（节）斗门以驻其势”[⑤]。《郡国志》亦云：“后汉伏波将军马援开湘水，为渠六十里，穿度城。今城南流者是，因秦旧渎耳。”[⑥] 马援有功于灵渠的重修，与水泽有关，唐时这一主题已经出现，后世被不断放大。这也成为宋时人们追其为交通水神、降雨

① 《新五代史》卷66《楚世家》，中华书局1974年版，第822页。

② （五代）李宏皋：《复溪州铜柱记》，（清）董诰等编《全唐文》卷893，中华书局1983年版，第9323页。

③ （唐）莫休符：《桂林风土记·灵渠》，中华书局1985年版，第7页。

④ （唐）李商隐著，刘学锴等注：《李商隐文编年校注》“大中元年八月为中丞荥阳公祭全义县伏波神文”，中华书局2002年版，第1533页。

⑤ （唐）莫休符：《桂林风土记·灵渠》，第7页。

⑥ （宋）乐史：《太平寰宇记》卷162《岭南道·桂州》引，中华书局2007年版，第3104页。

的原因所在。

早于李商隐的李翱，于元和四年（809）至五年（810）为岭南节度使杨于陵幕僚，元和五年正月，曾准制祭名山大川及历代名贤。《准制祭伏波神文》一方面仍颂马援功绩，另一方面则为马援遭“小人赤口”“明珠僭起”的诽谤鸣不平，“赫赫圣帝，嘉贤命祠，酒斝既设，神乎降思，尚享”①。李翱、李商隐祭文虽然不免流露出个人官场失意，这与马援“马革裹尸”，遭人诬陷乃至病逝疆场的悲剧有相似之处，但细读这些祭文，其缘由皆是皇帝及地方长官祭祀历代明贤，其颂诵主题仍是军功和“历万代而不灭者”忠良之士的情操。

至于马援立界标事，有关汉代史书中已有提及，《水经·温水注》引东汉杨孚《南裔异物志》：“昔马文渊积石为塘，达于象浦，建金标为南极之界。”② 而唐李贤注《后汉书》时，引晋人（裴渊或顾微）《广州记》云：“援到交趾，立铜柱，为汉之极界也。”③ 南朝梁陈时庾信《哀江南赋》亦曰：“东门则鞭石成桥，南极则铸铜为柱。”④ 人们已经把铜柱作为汉疆极南处。李埏先生《马援安宁立铜柱辩》（《思想战线》1990 年第 3 期）认为，马援未到过云南安宁城以及交趾立过铜柱，此事纯系传说。既未立铜柱，后世为什么把当地某些事物附会为马援铜柱呢？其用意何在？隋唐时，有关岭南马援铜柱的记载增多，《隋书·刘方传》《南史·南蛮传》《通典·边防典》引《林邑国志》及屈璆《道里记》《旧唐书·地理志》《新唐书·环王传》等都大量出现马援铜柱的记载，这一方面说明铜柱是体现马援军功的一部分，是马援军功在扩疆展土方面的体现；另一方面，证明东汉在岭南（包括交趾）统治秩序的重新确立，隋唐王朝不断颂扬的目的，亦说明隋唐王朝在岭南（包括安南）统治秩序的确立。而铜柱与马援伏波信仰密不可分，国家重点在于维护边疆华夷秩序的目的

① （唐）李翱：《李文公集》卷 16《准制祭伏波神文》，文津阁四库全书本，第 268 页。

② （魏）郦道元：《水经》卷 36《温水注》，上海古籍出版社 1990 年版，第 688 页。

③ （南朝宋）范晔撰，（唐）李贤注：《后汉书》卷 24《马援传》，中华书局 1965 年版，第 840 页。

④ （晋）庾信：《庾子山集》卷 2《哀江南赋》，中华书局 1980 年版，第 111 页。

昭然若揭。

另外，两晋时已出现与马援有关的马流（留）人。《水经·温水注》引晋俞益期《笺》云："马文渊立两铜柱于林邑岸北，有遗兵十余家不反，居寿泠岸而对铜柱，悉姓马，自婚姻，今有二百户，交州以其流寓，号曰'马流'，言语饮食，尚与华同。"这些马留人为马援士兵后代。"自相婚姻，有二百户，以其流寓，号'马留'，衣食与华同，山川移易，铜柱入海，以此民为识耳，亦曰'马留'。"① 马留也成为南疆地界的代表。而其他武陵郡（治今湖南常德）北"有鹿木二林，马伏波所种，木多节"②。相关的附会之说出现，说明马援在交趾及武陵地区已有一定的信仰基础。

唐代有关马援的庙宇除上述桂林城、全义县附近的伏波庙外，另一处就是马援征战五溪蛮的壶头山附近的伏波祠。刘禹锡有《经伏波神祠》云"蒙蒙篁竹下，有路上壶头"，"乡园辞石柱，筋力尽炎州。一以功名累，翻思马少游"③。该诗为元和初刘禹锡因永贞革新而贬朗州司马时所作，表达了作者借古抒贬谪生涯的怨苦之情。壶头山，马援疫死之地，于此建庙纪念马援当在情理之中。

东汉梁松、马援征五溪蛮，皆有军功，唐朗州（治今湖南常德）北三十里阳山庙，"梁松南征至此，遂为其神"，因阳山"直上千仞，横袤三峰，红崖青壁"，"仙驭往来，沉沉洞宫"，故"至今洞庭余艎，若遭迅风，靡不卬首，求请多获利济"，似有护佑渔民航行的功能。永贞元年（805），"沅水泛滥，坏及庐舍，几盈千室，生人禽兽，随流逝止"；二年（806）"云汉为厉，稼穑之土，敛为负租"；元和二年（807）"旱弥深"。朗州刺史宇文宿到任，"巷鲜居人"。宿上奏，赐廪粟，民众"皆联联鼓舞，喜得生活"；宿又沐浴致斋，祈祷阳山神灵，"山泽之神，利及物者"，"唯神降鉴明"，"乃相与缮修

---

① （唐）段成式撰，方南生点校：《酉阳杂俎》卷4《境异》，中华书局1981年版，第47页。

② （唐）段成式撰，方南生点校：《酉阳杂俎续集》卷10《支植下》，中华书局1981年版，第286页。

③ （唐）刘禹锡撰，卞孝萱校订：《刘禹锡集》卷22《经伏波神祠》，中华书局1990年版，第279页。

祠屋，整顿睟容”。[①] 后元和时刘禹锡在朗州曾作《阳山庙观赛神》云“汉家都尉旧征蛮，血食如今配此山”[②]。大和九年（835）朗州刺史刘端夫“祷《阳山神文》凡五首”[③]，祭祀阳山神梁松活动不断进行。宋时武陵县（治今湖南常德）梁山有安义王庙，“即梁松也”[④]。元至元时，方回游此庙以马援遭梁松谗言所诬，“似不当祭之人”[⑤]。《明一统志·常德府》云：阳山庙“以祀阳山之神，以征南将军梁松配享，宋封灵济侯，赐庙额，本朝命有司岁时祭焉”。祭文以神“克复蛮邦，论功封谥”而“神德昭彰，恪遵祀典”。至明后期，兵灾后庙毁。每年十月十六日，“有事设祭一坛致祭”，人们大多以时辰州伏波祠多而松祠仅此一祠论之，提出“则吾常之祀松，不亦诬哉！”[⑥]官方祭祀梁松受到道德品行的质问，诬告陷害马援为人所不齿，因此梁松祭祀仅存一处，而未像马援因人品光明磊落，其信仰祭祀已深入民间，祠庙在湘西广布。

嘉庆《广西通志》卷一四四、卷一四六《建制略·坛庙》记载广西宣化、藤县的马援庙建于唐代，因年代相差甚远，无法考证，值得怀疑。

作于南汉大宝二年（后周显德六年）（959）的《新开宴石山记》，曾载“宴石山者，在白州博白县之西乡，与马门滩伏波公之祠邻近”[⑦]。则博白县马门滩伏波祠早在南汉或之前的唐代已经存在。

总之，汉以后至唐代，马援祠庙是国家和民众怀念其军功而建，唐代刘禹锡、李翱、李商隐等士人借以抒发贬谪之情，为马援死后夺爵鸣不平的同时，也为自己贬官湘西、岭南怨恨不已，这一主题基本

---

① （唐）董侹：《修阳山庙碑》，（清）董诰等编《全唐文》卷684，第7003页。

② （唐）刘禹锡撰，卞孝萱校订：《刘禹锡集》卷22《阳山庙观赛神》，中华书局1990年版，第301页。

③ （宋）王象之：《舆地碑记目》卷3《常德府碑记》引《集古录》，第53页。

④ （宋）祝穆：《方舆胜览》卷30《常德府》，中华书局2003年版，第539页。

⑤ （元）方回选评，李庆甲校点：《瀛奎律髓汇评》卷28《陵庙类》，上海古籍出版社2005年版，第1237页。

⑥ 嘉靖《常德府志》卷20《方外志》，明嘉靖刻本。

⑦ （南汉）刘崇远：《新开宴石山记》，（清）陆耀遹纂《金石续编》卷12《五代十国》，清同治十三年双白燕堂刻本。

上是唐代歌咏马援的主旋律。而唐时，诗词中也出现了歌咏马援保佑地方雨泽丰歉，赞扬其兴修灵渠等主题，与前歌咏军功和感叹其凄凉的人生结局相较，这一类主题被后世不断放大，水神、交通神灵成为唐以后歌咏马援的主要内容之一。

二　宋元时伏波祠庙与信仰主题的演化

马援南征交趾，“随山刊道千余里”，“治城郭，穿渠灌溉”；西征五溪蛮，沿沅江西进，病死壶头山。唐时于兴安县灵渠及壶头山都有马援庙祠，马援有功于修渠开道，治城灌溉的事迹在宋时不断被放大，[①] 其有功于水利（水运、灌溉）的功绩成为其受到朝廷封号赐爵的主要原因，这一方面与宋时湘西、岭南西部的进一步开发，农业已逐渐发展起来有关，特别是与两宋政府经营开发广南西路（包括琼州等海南岛之地），利用榷场等与西南少数民族、海外贸易有关。另一方面，也与宋朝政府推行国家观念，利用书院、礼制、宗族、法律等形式进行教化，国家礼制开始被地方社会接受有关。“伏波”原意即为降伏波涛，正迎合边地人们对水运交通安全甚或地区安定等的期许，伏波将军随着国家的倡导，其祠庙在唐代的基础上逐渐增多。

咸平元年（998），广南西路转运使陈尧叟经营海南琼州等四军州。“先是，岁调雷、化、高、藤、容、白诸州兵，使辇军粮泛海给琼州。其兵不习水利，率多沉溺，咸苦之。海北岸有递角场，正与琼对，伺风便一日可达，与雷、化、高、太平四州地水路接近。尧叟因规度移四州民租米输于场，第令琼州遣蜑兵具舟自取，人以为便。”[②] 琼州海峡正当海上咽喉要道，保证海上交通的畅通和安全，是官兵和民众迫切的需求。而琼州等四军州时属广南西路管辖，原来广西境内的伏波信仰自然而然地成为官兵和民众心灵慰藉的妙药，这在客观上刺激了有宋一代琼州海峡伏波信仰的兴盛。

① （宋）郑樵《夹漈遗稿》卷2《重修木兰陂记》云：“马伏波所过州县，必留心灌溉之利。”中华书局1985年版，第9页。

② 《宋史》卷284《陈尧佐传附兄尧叟》，中华书局1985年版，第9584页。

咸平二年（999），辰州（治今湖南沅陵）官员上奏，“汉伏波将军马援庙，水旱祈祷有应，诏加封号‘新息王’。孝宗隆兴二年（1164）二月赐额‘升德’”①。无独有偶，元丰五年（1082）七月，广南西路提点刑狱彭次云“以祷雨应状于朝，赐‘忠显王’庙额”②。这次赐号的应是桂林城郭的马伏波庙，因庙在岭南西道治所而影响较大。值得注意的是，元丰三年（1080）闰九月，海南黎人陈被等五洞首领，“异时盛强，为中国患”③；次年（1081）十一月，彭次云建议，“朱崖、昌化、万安军，僻在海岛，元属生黎，未尝开通，窃虑琼州知州、通判已往，逐军巡按”。次云于琼州“计会，知州、通判分往点检”。时广南西路海北诸州已巡历点检，琼州以外的包括上述三军州在内的边远之地，“道路艰阻，委难巡历，即依所奏。若可以亲往，依近降指挥”④。这次封号是与祈雨有关，还是与镇压海南民众有关？值得探讨。元丰五年七月，彭次云又奏请以昌化县（治今海南昌江昌化）西北二十里山神为峻灵王，受封原因是昌化大岭为上帝分宝之所，“天亦分宝以镇世也”，“上帝赐宝以奠南极”。⑤ 时间、地方官员恰与马援封号不谋而合，是否与峻灵王同样，忠显王封号用意仍为国家镇定南方海疆边陲？而《元丰九域志》卷九《广南路·昌化军》“古迹”有“伏波王庙”，或许是最好的诠释。《宋会要辑稿》“礼二〇之二六”把忠显王封号写于雷州伏波祠下，时间定作元丰五年七月，显然此次封号应与雷州伏波庙有关。《元丰五年雷州伏波将军庙诰》曰：“神明在于天，幽功施于世，从而修报，古之道也。灵贶所及，屡获嘉应，宜赐爵号，以答神庥，宜特加封‘忠显王’。”⑥因此，广西宪使彭次云“奏论伏波灵验事，敕书赐封曰‘忠显王’”，

---

① （清）徐松辑：《宋会要辑稿》礼20之26，第777页。

② （明）孙元肃：《桂林重修伏波庙碑》，（清）汪森编《粤西文载》卷38，文津阁四库全书本。

③ （宋）李焘：《续资治通鉴长编》卷390“元丰三年闰九月壬寅”，中华书局1992年版，第7497页。

④ （宋）李焘：《续资治通鉴长编》卷321“元丰四年十一月己酉”，第7733页。

⑤ （宋）苏东坡：《苏东坡集》卷15《峻灵王庙碑》，中国书店1986年版，第628页。《宋史》卷16《神宗纪》马援封忠显王时间作“元丰六年十月辛丑”，误。

⑥ 道光《广东通志》卷333《杂录》引《雷州府志》，道光二年刻本。

忠显王封号原因，不仅指桂林祷雨灵应之事，还应包括伏波神在雷州“屡获嘉应”的灵验（参见图1）。

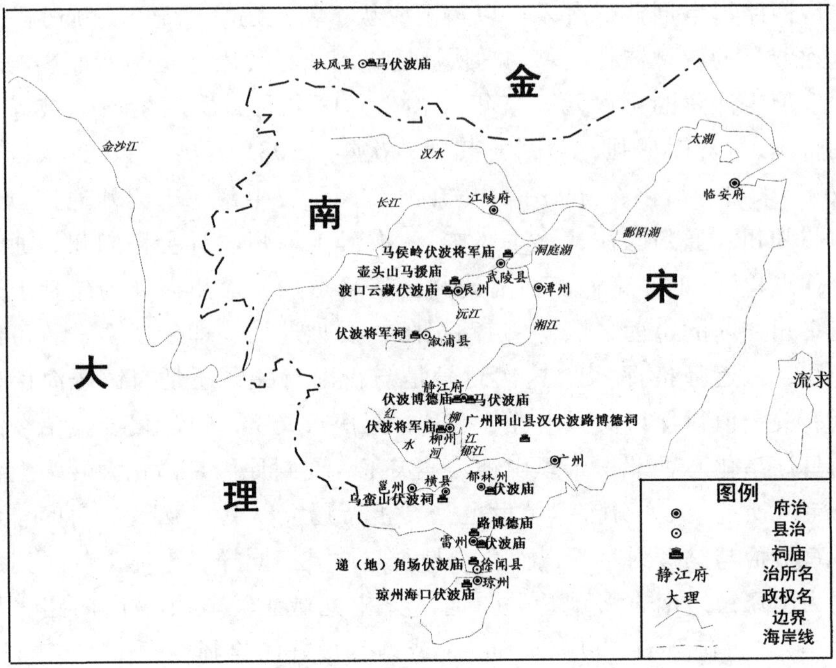

图1　宋金时期伏波庙分布

宋时“故凡祠庙赐额、封号，多在熙宁、元佑、崇宁、宣和之时”①。崇宁四年（1105），赐广州阳山县汉伏波路博德祠额为“忠勇”；大观元年（1107），赐雷州伏波祠庙额“威武”②。汉路博德率兵攻南越，阳山县所在的连江为必经之途，于此立庙赐额合情合理。《舆地纪胜》卷九二《连州》记有伏波将军庙，引林概诗云：“尉佗尺檄黄关闭，天欲亡秦盛汉家。一自将军通战棹，何曾五岭限中华”；陆节诗云“翠琰苔封韩令句，古祠巫降伏波灵”，应是阳山路博德伏波将军的写照。同样，雷州半岛东汉时设徐闻县，属合浦郡管辖，马

① 《宋史》卷105《礼志》，第2562页。

② （清）徐松辑：《宋会要辑稿》礼20之26，第777页。

援于此合段志兵“随山刊道”，缘海而进，于此设庙颁额应是常理。分别赐两伏波将号“忠勇”“威武”，应是彰显两人军功。因雷州半岛三面环海，南连海南岛独特地理位置，特别是琼州海峡常有风波之灾。人们祈报便利，在海南海口与雷州，甚或徐闻渡海处，皆有伏波庙。琼州海口原有伏波庙，神为伏波将军马援，南汉封号“辅汉王庙”，南宋改赐“威武”①。在崇宁、大观两伏波封号之前，苏轼谪居昌化。元符三年（1100）北归时乃作庙碑，认为“汉有两伏波皆有功德于岭南之民”，“古今所传莫能定于一”。由于“蚁舟将济，眩栗丧魄”，“凡济海者必卜”海边伏波庙，吉卜方可济。宋海南岛上设四州，“四州之人，以徐闻为咽喉；南北之济者，以伏波为指南，事神其敢不恭”。苏轼渡琼州海峡，“往返皆顺风，念无以答神贶者，乃碑而铭之”②。从苏轼文中可知，既然海口伏波庙封忠显王，当原祭马援而已。不过，李时亮却认为雷州伏波祠是祭路博德。其记文先述路博德功绩，再言“广西宪使彭公奏论伏波灵验事，敕书赐封曰‘忠显王’”③。除以上两人外，雷州海康令王约作《忠显王庙记》，以为马伏波；“夏侯安雅作《庙记》，又以为马伏波，纷纷孰是?”④ 正因为无法确定两伏波事，“政和中，因修《九域图志》，以睢阳双庙为例，令祀两神。盖义理当于人心，虽是时正讳，东坡议论而亦不能废也”⑤。看来，正因为以睢阳双节庙（祀张巡、许远）例以及苏轼等士人影响，雷州、琼州伏波庙后祀路博德、马援两人。

政和中令祀路伏波、马伏波两神，宣和二年（1120），“顷缘使舶共苦风涛，漕臣修致祷之虔，以求共济。屏翳息号空之怒，飘顺而安，遂成济海之功，无愧伏波之号，宜进加其徽号，用昭报于宠休，

① （清）徐松辑：《宋会要辑稿》礼 20 之 26，第 777 页。

② （宋）苏东坡：《苏东坡集》卷 15《伏波将军庙碑》，中国书店 1986 年版，第 629 页。

③ 万历《雷州府志》卷 11《秩祀志》引李时亮《记》，万历四十二年刻本。

④ （宋）孙奕：《示儿编》卷 12《正误》，《北京图书馆古籍珍本丛刊》，书目文献出版社 1998 年版，第 80 页。

⑤ （宋）费衮：《梁溪漫志》卷 10《伏波、崔府君庙》，上海书店出版社 1990 年版，第 3 页。

神其格思，歆我嘉命，可特封‘忠显佑顺王’，两神同一诰，盖例封也”[①]。与宣和二年雷州马伏波封号同时，封雷州路博德为“忠烈王”，琼州有别庙。[②]《舆地纪胜》以至和中封路博德，并始别立雷州路伏波庙即忠烈王庙于马忠显王庙西，“至和”当是宣和之误。[③] 这从以上引“宣和二年封诰”和《宋会要辑稿》可证。琼州的“祀汉二伏波将军”的威武庙，在郡北六里的龙岐村；威武行宫，宣和间知州方略建于旧星轺驿背，建炎四年（1131）知州陈觉迁移于大英盐场山下，至正十三年（1353），知州真圣奴重修。[④]

宣和分别封路博德、马援为忠烈王、忠显佑顺王，这在随后李纲的《梁溪集》中亦可得到证明。李纲是在苏轼渡琼州海峡后三十年而两次往返琼州海峡的。建炎二年（1129）十一月二十五日，李纲因病遣子宗之，于徐闻“次地角场设祭伏波庙”，时两伏波神“庙食海上，为往来济者指南”。卜吉，夜半南渡，“风便波平”。次月五日乙卯，占卜不吉；六日辰辰，占吉，北渡，“乃知神之威灵，肸蚃昭著若此”，化险为夷。[⑤] 两次渡海伏波庇佑，海峡南北各有威武行宫，南渡祭两伏波，北返祭马伏波。至雷州两伏波庙，施金委郡侯董缙刻石。时祭文与诗文仍歌咏神“正直”“精忠”“祥飙送帆”，“克济重险”，[⑥] 主题未变。史载“徐闻有递角场，与琼对峙，相去约三百六十余里，顺风半日可济，中流号三合溜，涉此无风涛，则舟人举手相贺”[⑦]。

绍兴四年（1134），广西提点刑狱董弅巡查海南诸州，僚属以“琼崖块隔巨浸，波涌涛吼”欲阻止，董弅依然前往。琼州海口、徐闻递（地）角场两伏波庙，“意往返叩二祠，怅然念公祠卑陋，独在

---

① 道光《广东通志》卷333《杂录》引《雷州府志》，道光二年刻本。

② （清）徐松辑：《宋会要辑稿》礼20之26、礼20之8，第777、768页。

③ （宋）王象之：《舆地纪胜》卷11《雷州》，中华书局1992年版，第3457页。

④ 正德《琼台志》卷26《坛庙》、卷29《秩官上》、卷32《破荒启土》，正德刻本。

⑤ （宋）李纲著，王瑞明点校：《李纲全集》卷133《武威庙碑阴记》、卷24《次地角场，俾宗之设祭伏波庙》，岳麓书社2004年版，第1282、318页。

⑥ （宋）李纲著，王瑞明点校：《李纲全集》卷164《祭伏波庙文》《北归祭文》，第1515、1516页。

⑦ （宋）赵汝适：《诸蕃志》卷下《志物·海南》，中华书局1985年版，第40页。

一隅，不足以侈神灵而昭示无穷，思撤而新之”。令雷州知州陶尧夫规划、兵马监押赵公总管重修之事，从七月至十二月，“二庙一新，重门双峙，庭宇寥豁，庙貌修洁，增广于旧数倍”①。董弅往返海南，祭与回谢雷州伏波庙文皆于史载，无怪乎“惟忠显王，人所依凭，愿其安济，送以顺风”②，仍是起庇佑琼州海峡安渡的作用。除此之外，绍兴五年（1135）九月，董弅又上奏，“臣比将命远使渡海，皆有灵应，乞将马伏波更加封号，及将邳离忠烈王路伏波与马伏波一等封号”。又加封马援为忠显佑顺灵济王，路博德为忠烈明威广佑王，与横州马援威武庙一样（详下），改海口马援辅汉王庙为威武庙，③ 而琼州路博德伏波庙即忠烈明威广佑王庙仍存。④ 新增的“灵济”封号正昭示其庇佑琼州海峡的神职。“按史二伏波虽未至琼，然皆有功岭南，故俱德而祀之”，宋代封号不断，“渡海者尤专乞灵，故滨海南北庙祀尤虔”⑤。

元代，继宋“追崇前代名贤者”，元世祖仍封伯夷、叔齐、屈原等，顺帝封微子、杜甫、刘蕡等。⑥ 而伏波将军“至元尤敕崇奉”⑦。因灵渠“马伏波南征之师饷道亦出于此”，在宋代李师中等不断修复的基础上，“令广西转运司措置修复，俾通漕运”⑧。至元十三年（1353），唐兀公阿里海涯（后作乜儿吉尼、额尔吉纳），命王惟让、张文显督修灵渠。因秋冬间“积雨泞溢，畚锸难施”，请祷“四贤旧祠于西山之地”，修渠顺利，“铧陡之制加于初，漕溉之利咸复其旧矣”，故“所以答灵贶者”，扩充祠庙，增饰神像，于至正十五年（1355）建庙命曰“灵济之庙”，祀四贤（史禄、马援、李渤、鱼孟

① （宋）袁潭：《伏波将军庙记》，万历《雷州府志》卷20《艺文志》，明万历四十二年刻本。

② 正德《琼台志》卷32《按部》，正德刻本。

③ （清）徐松辑：《宋会要辑稿》礼20之8，第768页。

④ （清）徐松辑：《宋会要辑稿》礼21之4，第862页。

⑤ 正德《琼台志》卷6《山川下》，正德刻本。

⑥ （清）赵翼：《陔余丛考》卷18《宋元追褒古贤》，中华书局1963年版，第348页。

⑦ （明）孙元肃：《桂林重修伏波庙碑》，（清）汪森编《粤西文载》卷38，文津阁四库全书本。

⑧ 《宋史》卷97《河渠志》，第2418页。

威），以祭法当祀，“能攘患以庇民”[①]。灵济庙额或与庇佑灵渠畅通有关，或与绍兴马援封号“灵济”有关？

宋元时“岭南之俗尚鬼，群小祀、淫祠不知数，惟伏波将军庙，其神大而正者”[②]。而徐闻地（递）角场海岸边伏波祠与琼州海口二伏波祠，扼琼州海峡交通咽喉，受到来往官吏、客商、船民等祭祀。“过海者必祷于是，得杯珓之吉而后敢济。”[③] 曾丰亦存有《渡海谒两伏波将军祠》诗，“千载英雄迹未磨，逐客乞灵几前辈，丰碑费我小摩挲”[④]。岭南伏波将军祠庙分布除以上所罗列桂林城郭、兴安灵渠、雷州城、徐闻地角场、琼州、阳山县、昭平县、昌化军外，其他还有柳州伏波将军庙、[⑤] 邕州马将军庙。[⑥] 桂林伏波崖，“山头博德庙，今为文渊矣”[⑦]。诗为刘克庄于嘉定二年（1209）至十七年（1224）在广西时所作，证明原为路博德的伏波庙，南宋后期已祀马援矣。广西郁林州也有伏波庙，在“鬼门山之隈”。宋司马光有《题伏波庙》诗：“谁名报国心，一棺忠勇骨。”[⑧] 横州“威武庙，在宁浦县（治今广西横县），汉马伏波之祠也”[⑨]。乌崖山因避南汉刘隐名讳而改作乌蛮山。《徐霞客游记·粤西游日记二》引《庙碑》云：庆历六年（1046），横州知州任粹到任因“乌崖积翠贯州图”诗寻访乌崖，于此“遂为之修庙建碑，以正其讹”。建庙原因或与后代的歌咏主题不甚相关。但此前的宝元初（1038—1039），区希范率安化蛮叛，横州知州杜杞以“横为邕、钦、廉三郡咽喉，地势阻险，可以屯兵，应援三郡，贼或奔冲，足为控扼。邕管内制广源，外控交趾”，朝廷以杜

---

① （元）黄裳：《灵济庙记》，雍正《广西通志》卷108《艺文》，文津阁四库全书本。

② 万历《雷州府志》卷11《秩祀志》引李时亮《记》。

③ （宋）赵汝适：《诸蕃志》卷下《志物·海南》，第40页。

④ （宋）曾丰：《撙斋先生缘督集》卷12《渡海谒两伏波将军祠》，四川大学古籍整理研究所编《宋集珍本丛刊》，线装书局2004年版，第119页。

⑤ （宋）王存：《元丰九域志》卷9《广南西路》，中华书局1984年版，第703页。

⑥ （宋）王象之：《舆地纪胜》卷106《邕州》，第3250页。

⑦ （宋）刘克庄：《后村集》卷6《伏波崖》，四川大学古籍整理研究所编《宋集珍本丛刊》，线装书局2004年版，第741页。

⑧ （宋）祝穆：《方舆胜览》卷39《郁林州》，第703页。

⑨ （宋）王象之：《舆地纪胜》卷113《横州》，第3376页。

杞为邕州牧，“使经制边事”，平定了叛乱。[①] “铜鼓侵城角，蛮旌接使麾。平生闻义勇，好祭伏波祠”[②]，正是当时的写照。边地战乱平定，伏波神灵庇佑，是否是任粹建庙的主因？值得考虑。值得一提的是，宋以后的安南也有威武庙，这在黎崱《安南志略》卷一《古迹》有载。

由于宋元时国家提倡，神灵显佑，伏波信仰得以广泛传播。岭南以外的湘沅流域及附近地区，是另一个伏波信仰的中心地区。除辰州壶头山伏波庙外，辰州城沅江“渡口云藏伏波庙”，“伏波庙前秋草黄”，[③] 五代楚建的庙在城外江南岸，到明宣德间再改建；[④] 沅水上游溆浦县（治今地）西二里、麻阳县（治今湖南麻阳西南）治东回龙山，两处亦有元建的“祀汉马援”的新息侯庙。[⑤] 南宋时，辰州东常德府武陵县（治今湖南常德）东北马侯岭下有伏波将军庙，淳熙十五年（1188）伏波庙钟铭文可证。[⑥] 位于湘江中游醴陵县西南九十里昭陵滩，因马援封昭灵王而讹为“昭陵”[⑦]，这里“怪石屹立，水势汹涌，舟行每惮其险，即渌水合湘江处也”[⑧]。宋乐雷发有《昭陵渡马伏波庙》诗，“纸钱撩乱巫分胙，粉壁阑班客写诗”[⑨]。与辰州同在武陵山区的思州（治今贵州务川），其酋帅田佑荣为思州守，“初伏

① （宋）李焘：《续资治通鉴长编》卷148“仁宗庆历四年四月丁酉”，中华书局1992年版，第3578页。

② （宋）刘敞：《公是集》卷22《送杜横州》，中华书局1985年版，第259页。

③ （宋）王庭珪：《卢溪文集》卷16《闰十二月自城东泛舟迁居城西安福寺，舟中微雪》、卷2《早行》，四川大学古籍整理研究所编《宋集珍本丛刊》，线装书局2004年版，第544、592页。

④ 《湖广通志》卷25《祀典志》，文津阁四库全书本，第179册，第270页。

⑤ （明）李贤等：《明一统志》卷65《辰州府》，文津阁四库全书本，第161册，第556页。

⑥ 《湖南通志》卷283《艺文志》“宋伏波将军庙钟款”，续修四库全书本，第668册，第407页。

⑦ （清）邓显鹤：《南村草堂文抄》卷20《昭山得名不由马氏》，岳麓书社2008年版，第371页。

⑧ （清）顾祖禹：《读史方舆纪要》卷80《湖广六》，中华书局2005年版，第3758页。

⑨ （宋）乐雷发：《雪矶丛稿》卷3《昭陵渡马伏波庙》，四川大学古籍整理研究所编《宋集珍本丛刊》，线装书局2004年版，第48页。

波祠甚灵，及佑恭生，祠不复灵，至佑恭卒，乃复灵应如初”[①]，伏波神已深入当地少数民族中。就是湘沅流域以北的荆州（治今地），“卷地风号云梦泽，黏天草映伏波祠，一枝藤杖平生事，击鼓开帆未恨迟”[②]，荆江附近也出现伏波祠庙。

总之，宋元时期伏波信仰，“哀将军之身见诬于千载之上，而叹将军之泽不斩于百世之后”[③]。一方面，人们常以“事边如马伏波”来作比，[④]仍然歌咏马援在边疆的丰功伟绩；而马援悲剧式人生，也成为许多流贬之士共鸣的主题。绍兴时，李光遭秦桧及党羽迫害，贬适谪广西，其过琼州海峡《祭马伏波文》曰：“公虽老矣，矍铄据鞍，纷纷谤伤，过若风雨，名垂日星，照映终古。某之心迹，唯公可知，迁流万里，落天一涯，孤帆涨海，寄此一身，其卒相之，庶几有神，尚飨。”[⑤]而另一方面，宋元时期伏波神有庇佑水上交通安全的神职功能被淋漓尽致地描绘出来，特别是在岭南琼州海峡、郁江乌蛮滩、灵渠等处，其在阴佑水上交通安全，甚至庇佑地方水旱等方面，灵异不断，功勋卓著，封号叠加，民众亦渐接受这种国家意识中的军功大将，一系列“威武”“灵济”等封号，更彰显其形象高大和神职的多样。“故白起祠于杜邮，马援祠于南海，诸葛祠于三巴，张巡祠于睢阳，皆所以明施报之义，扬盛大之业也。”[⑥]彰显马援军功于南海，这与宋时琼州“丁晋公尝贬为州司户，教民读书著文。庆历间，宋侯贯之创郡庠，嘉定庚午，赵侯汝厦新之，祠东坡苏公、澹庵胡公于讲堂之东西偏，扁其堂曰‘明道’”类似。民众皆以为“马伏波之

① 转引自（宋）邵雍《梦林玄解》卷4《梦占》，明崇祯刻本。

②（宋）陆游著，钱仲联校注：《剑南诗稿校注》卷10《出游》，上海古籍出版社2005年版，第976页。

③（宋）苏过：《斜川集》卷5《伏波将军庙碑》，中华书局1985年版，第91页。时苏过侍父适居惠州、万安军，“涉大海，过将军祠”，即伏波将军庙。

④（宋）范仲淹著，李勇先等校点：《范仲淹全集》卷12《宋故干州刺史张公神道碑》，四川大学出版社2002年版，第293页。

⑤（宋）李光：《庄简集》卷17《祭马伏波文》，四川大学古籍整理研究所编《宋集珍本丛刊》，线装书局2004年版，第90页。

⑥（元）刘敏中：《平宋录》卷首，杜道坚《序》，文津阁四库全书本，第140册，第1144页。

平海南也，命陶者作缶器”①。马伏波已深入地方，成为民众信仰的功臣英雄。甚至远至湘西一带，元至治三年（1323）左右，壶头山也有伏波将军庙，“俗称马王庙”，“今其俗甚严奉之”②，可见，国家观念对这一地区的影响至深，已接受马援为其地的保护神。荆江、湘沅流域及附近地区，国家祭祀已深入民众，“民思之，（援）所到处祠庙俱存”③。故宋元时歌咏马援主题的重心与唐代有所不同。

而有关马援的附会之说也逐渐增加，诸如“铜鼓，古蛮人所用，南边土中时有掘得者，相传为马伏波所遗”④。

三 明清官方祭祀伏波神中心和主题的变化

明代，地方祭祀列入中央祭祀范畴的是沔阳马侯庙（参见图2）。《明会典》卷八五《礼部·祭祀六》湖广“沔阳马侯庙：祀汉新息侯马援”。沔阳州，治今湖北仙桃市西南。《明一统志》卷六六《沔阳州》详载：“马侯庙，在州西五里，隔澧河，祀汉新息侯马援。本朝洪武中重建，每岁春秋致祭。”何以在承天府沔阳州祀马援？这里“汉水濒其西，浸汇如襟带，历潜、沔入大江，而洞庭、建业皆下游也”。地近武陵之地，江汉交错，洞庭在其南，与荆州相邻，祀马援于河畔，仍彰显其水神的特质。“沔阳之水秋连天，伏波祠前江可怜”⑤，伏波平水仍是其神职所在。

湖广布政使司所辖地域，除上述列入国家祭典之外，明代辰州城旁的伏波庙仍是当地官方祭祀的中心所在（参见图2）。宣德时，辰州夏旱，官民祈神“妙运化机，大雨兹土，以濯辰人”⑥，司水神职

① （宋）赵汝适：《诸蕃志》卷下《志物·海南》，第40页。

② （元）顾文琛：《西游记》，（元）陶宗仪《游志续编》卷上，台湾商务印书馆1981年版，第110页。

③ （宋）范致明撰：《岳阳风土记》，中华书局1985年版，第29页。

④ （宋）范成大：《桂海虞衡志》之《志器·铜鼓》，中华书局2002年版，第100页。

⑤ （明）李濂：《嵩渚文集》卷23《秋谒伏波庙》，明嘉靖刻本，《北京图书馆古籍珍本丛刊》，书目文献出版社1999年版，第357页。

⑥ （明）薛瑄：《敬轩文集》卷7《祭文·辰州府告神文》，丛书集成本，中华书局1985年版，第131页。

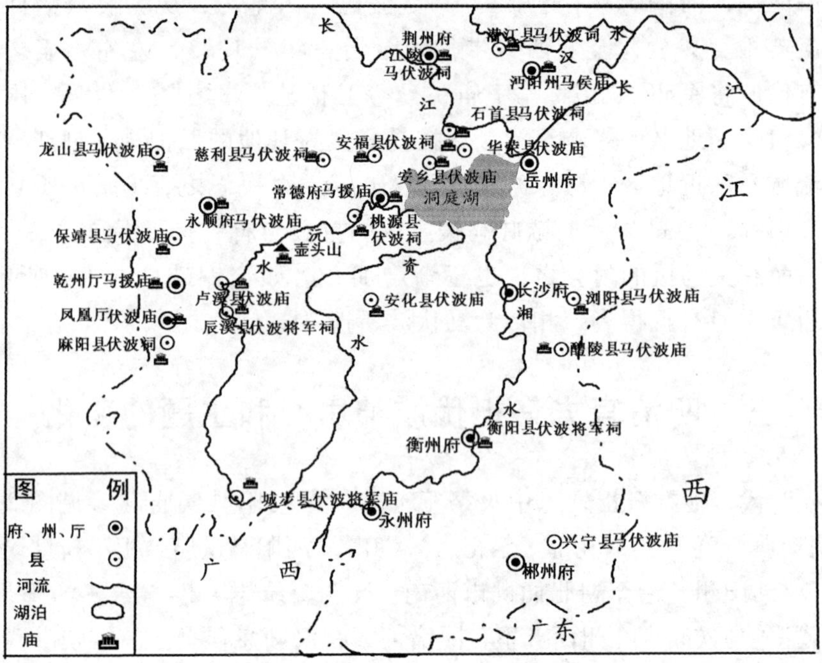

图2　明清以湘沅流域为中心伏波庙分布

可见一斑。辰州“野夫女子犹知道公之威名，在在有庙以祀公”。“公庙之在辰者，独登秩典，有司以时行事，无敢怠弛。人有水旱疫疠则祷焉。”明代除修复辰州城旁伏波庙及亭外，还修祀壶头山伏波庙，“庙亭既新，余（薛瑄）遂取公之大节，俾辰人刻之，并系以诗”①。官方在祭祀马援方面采取的积极扶持的态度，在一定程度上便利了马援信仰的传播。常德府的马援庙，“俗称马王庙，久废址存，今改祀三贤祠”；沅江畔的常德府桃源县（治今地）南三里的伏波祠，嘉靖时知县汪洋重修。② 明代，沅江流域的慈利（治今地）一带峒蛮已形成一种习俗，“以夷性从征剿，则人口安宁，否则有疫疠之灾。峒中尊崇马伏波神。将出剿时，系牛于神前，以刀断牛首，卜胜

① （明）薛瑄：《敬轩文集》卷8《碑·汉伏波将军马公庙碑》，第134页。

② 嘉靖《常德府志》卷10《祠祀志》，嘉靖十七年刻本。

负，牛进则胜，退则败，退而复进者，先败而后胜，以此为验”[①]。

其他“汉新息侯马伏波将军祠，荆鄂古道间，在在有之。意其征南时，都人沐其过化，久而祀之”[②]。承天府潜江县（治今地）东七里黄汉垸马伏波祠，明隆庆五年重修，地在河边的高氏堤上；[③] 其南岳州府澧州（治今湖南澧县）东三十里的忠烈祠，嘉靖时知州创立，“祀马援”；华容县（治今地）南河外马援伏波庙，隆庆时已废；安乡县（治今地）马波湖伏波庙，“俗传屯兵于此”[④]，三处伏波祠庙地近洞庭湖。思南府的宋马援祠，明嘉靖时已废。[⑤] 甚至连三峡地区奉节县东的白帝庙，正德七年（1512），四川巡抚林俊“毁公孙述像，祀马援及川神、土神，改曰‘三功祠’”，后于嘉靖时改祀刘备。[⑥] 衡州府衡阳县（治今湖南衡阳西北）蒸水北明时亦有伏波将军祠。[⑦]

湘西、渝鄂沿长江附近，黔东等地的伏波将军祭祀带，辰州马援庙地壶头山为重要的祭祀场所之一（参见图2）。“神灵甚，舟人过者必割牲酒酒以祭，辰、沅诸处庙祀尤多。”[⑧] 常德以上的沅江流域，“辰州各处民家亦以上巳日用羊祀马公”，“土俗最敬汉伏波将军马公援”。“永（顺）、保（靖）、龙（山）、桑（植）四县土人境内，处处皆有伏波庙，极壮丽，祀事甚虔。每岁三月三日，醵金购牡羊，倩巫击鼓，一人执羊，昂其首刺颈喷血，另一人跪献酒，以将诚敬。”与其说马援“余威震于殊俗，犹令蛮人凛然畏之”[⑨]，不如说是国家礼制推行与教化使民众接受国家教化中的神灵更为贴切。官方祭祀马伏波神，仍颂扬其光明磊落。湘西今土家族居住地的沅江、澧水流域，除上述沅陵县、溆浦县、麻阳县（光绪《湖南通志·典礼志》

① 万历《慈利县志》卷17《峒僚》，明万历刻本。

② （清）甘云鹏编：《潜江贞石记》卷2，李崇信《汉伏波将军祠记》，崇雅堂丛书本。

③ （清）穆彰阿等：嘉庆《大清一统志》卷342《安陆府》，续修四库全书本，第620册，第179页。

④ 隆庆《岳州府志》卷9《秩祀考》，明隆庆刻本。

⑤ 嘉靖《思南府志》卷4《祠祀》，明嘉靖十六年刻本。

⑥ 雍正《四川通志》卷28上《祠庙》，文津阁四库全书本。

⑦ 嘉靖《衡州府志》卷4《祀典·祠宇》，明嘉靖十六年刻本。

⑧ （清）段汝霖：《楚南苗志》卷2《苗人总叙二》，岳麓书社2008年版，第58页。

⑨ （清）段汝霖：《楚南苗志》卷6《上巳祀神》，第222页。

载麻阳县有二伏波祠，当清时增加一处）外，泸溪县（治今地）北门伏波庙，辰溪县（治今地）西二里亦有伏波将军祠。沅江上游的城步县（治今地）南、黔江县（治今湖南黔江西南）亦分布有伏波庙。沅江支流熊水（今武水）的凤凰厅（治今湖南凤凰县），马伏波祠在东门外；永顺府龙山县（治今地）东南有伏波庙；[①] 沅江支流北河上的永顺县（治今地）东南会溪上和保靖县（治今地）南亦有马伏波庙；干州厅（治今湖南吉首西南）镇溪上亦有马援庙；靖州（治今湖南靖县）州治后和州南演武亭左各有马王庙，“其神即伏波将军”；常德府除武陵县南沅江和桃源县南的伏波祠外，还有桃源县东高吾铺沅水边的马伏波祠。[②] 相邻的澧水流域澧州安福县（治今湖南临澧）南、永定县（治今湖南张家界）观音桥东亦有伏波庙。[③] 资水流域的长沙府安化县（治今湖南安化东南）西圭溪坪有马伏波庙。湘江中下游长沙府除醴陵县昭陵马伏波庙外，其他还有浏阳县（治今地）黄基塘、湘阴县（治今地）西笙竹驿等，后者传说马援曾于此驻兵。[④]

清代，荆州府（治今地）的长江两岸有马伏波祠三座，“一在江陵县东草市，一在石首县西南，一在监利县北八十里”[⑤]。其他还有涪州（治今重庆涪陵）东十里的伏波祠，“祠汉新息侯马援”，其南乌江江畔的彭水（治今地）西壶头山之麓，也有伏波祠。[⑥] 后两处的马援祠应是湘西马援崇拜的扩展。

清代，湘江以南的桂阳州临武县（治今地）东北马侯岭有伏波将军祠，“祀汉马援，以援征南时曾经其地，故也”[⑦]。郴州兴宁县（治

---

① 光绪《湖南通志》卷76《典礼志》，第663册，第273页。

② （清）穆彰阿等：嘉庆《大清一统志》卷361《宝庆府》、卷365《常德府》、卷367《辰州府》、卷369《沅州府》、卷372《永顺府》、卷376《靖州》、卷379《乾州直隶厅》，第620册，第538、593、616、639、696、734页；第621册，第8页。

③ 光绪《湖南通志》卷77《典礼志》，续修四库全书本。

④ 光绪《湖南通志》卷74《典礼志》，第663册，第190页。

⑤ （清）穆彰阿等：嘉庆《大清一统志》卷345《荆州府》，第620册，第249页。

⑥ （清）穆彰阿等：嘉庆《大清一统志》卷388《重庆府》、卷417《酉阳州》，第621册，第185、693页。

⑦ （清）穆彰阿等：嘉庆《大清一统志》卷375《桂阳直隶州》，第620册，第734页。

今湖南资兴）泷头亦有祀马伏波的庙宇。[①] 这里已是古桂阳郡地，如果溯源，路博德或许与这一地区有关，而由于国家礼制的宣传和教化等作用，这一地区祀伏波将军马援而非路博德。

清赵翼在《瓯北集》卷一四《从军行》言："粤西祀伏波，滇南祀诸葛，代阅数千载，英风犹未沫，伟哉！兹二公，建树何宏阔。"明清广西祀马援伏波将军祠的庙宇遍布，"广西伏波庙最多，皆祀马文渊"，追其原因，一般以为，马援生前过岭西"穿渠""治郭"，申律约束，"是其泽之被于岭西独深"[②]。桂林为明靖江王府所在，"靖江亲王好善有诚……乃具启请金帛以为木石之资"，于天顺五年（1461）至六年（1462）修桂林伏波庙。[③]

明清广西另一处伏波庙就是横州乌蛮滩的伏波庙（宋称威武庙）。这里地处郁江江畔，为明清朝廷出使安南必经之地。洪武初，朝廷册封安南，翰林学士张以宁、编修王廉等先后两次途经此地。张以宁诗"丹荔黄蕉长盛祭，绿沉金锁尚英风，滩声夜带军声壮，岚气秋随剑气空"[④]。王廉经此"睹其庙貌颓坏，因所余金俾有司缮修之"，并述修庙原因，"援当时杀戮群蛮过当，故蛮俗今犹不共其祀耳。为之修庙，良是也"[⑤]。国家倡导作用不可低估。弘治十四年（1501），重修乌蛮滩伏波庙，并以宋庆历时伍粹建庙时旧名，更名为乌崖；[⑥] 十八年（1505）翰林编修沈焘再次册封安南，"乌蛮滩头苦竹密，伏波庙前春日西，扬旌走马迎天使，拥节封王壮汉仪，试向殊邦观礼乐，交

---

① （清）穆彰阿等：嘉庆《大清一统志》卷378《郴州府》，第620册，第776页。

② （清）梁章钜等撰，白化文等点校：《楹联丛话》卷4《庙祀下》，中华书局1987年版，第46页。

③ （明）孙元肃：《桂林重修伏波庙碑》，收入（清）汪森编《粤西文载》卷38，文津阁四库全书本。

④ （明）张以宁：《翠屏诗集》卷2《乌崖滩马伏波祠》，文津阁四库全书本，第409册，第677页。

⑤ （明）王袆：《王忠文集》卷17《书代祀马援颂后》，中华书局1985年版，第360页。

⑥ （明）彭甫：《重建乌崖滩伏波将军马侯庙记》，（明）郑岳辑《莆阳文献列传》卷12，《北京图书馆古籍珍本丛刊》，第19册，第147页。

南元是旧边陲"[1]。乌蛮滩伏波庙在一定程度上，代表着国家昔日对边地的统治，同时也是明与安南往来交通保障的象征。嘉靖二年（1523）、六年（1527），岑猛及属下土目卢苏、王受分别作乱，朝廷分别派两广总督姚镆、兵部尚书王守仁镇压叛乱。王守仁有《梦中绝句》诗云："此予十五岁时梦中所作，今拜伏波祠，宛如梦中，兹行殆有不偶然者，因识其事于此。"而《谒伏波庙二首》有"四十年前梦里诗，此行天定岂人为……尚喜远人知向望，却惭无术救苍痍。从来胜算归郎庙，耻说兵戈定四夷。""荒夷未必先声服，神武由来不杀难。想见虞廷新气象，两阶干羽五云端。"[2]王守仁招抚边地民众，希望边陲安宁，国家一统的新气象昭然若揭。这其中不乏有希望国家在边疆秩序建构中利用神灵的力量。因乌蛮滩"卑陋不称显佑，爰命州府增饬栋宇，作而新之"。南宁知府受命新修，并作碑记，述"古之豪杰任大事而立奇功，足以利国家、垂永久者，其大致有三，曰几、曰忠、曰智，而神存乎其间"[3]，再次颂扬马援的丰功伟绩。嘉靖二十九年（1550），南宁知府王贞吉又在庙前立碑，"乌蛮非可以渎前古名贤之祠，易名'起敬滩'"。至崇祯十年（1637）八月，徐霞客至此时，"余遍观庙中碑甚多，皆近时诸宦其地者"[4]。官宦颂咏达到顶峰。为王守仁献招抚策的副总兵张佑，作战勇敢，受命镇守思州、田州易叛之地。其过乌蛮马伏波祠，亦叹死后当如伏波，享俎豆而有功于世。"后田州人立祠横山祀之。"[5]而嘉靖《南宁府志》卷10《文艺志》收录的张以宁、钱溥、姚镆、王守仁、黄佐、董传策、吴时来、方瑜等的《题伏波祠》，都是以歌咏马援在边地建功立业、贡献国家为主题。

---

① （明）李梦阳：《空同集》卷20《龙州歌送沈编修使安南》，上海古籍出版社1991年版，第155页。

② （明）王守仁著，王晓昕等点校：《阳明先生集要》卷4《梦中绝句》《谒伏波庙二首》，中华书局2008年版，第974、997页。

③ （明）蒋山卿：《（横州）伏波庙记》，雍正《广西通志》卷180《艺文》，雍正十一年刻本，第189册，第773页。

④ （明）徐霞客：《徐霞客游记·粤西游日记二》，上海古籍出版社1980年版，第443页。

⑤ （清）张廷玉等：《明史》卷166《张佑传》，中华书局1974年版，第4497页。

乌蛮滩伏波庙除彰显国家秩序在边地的构建外，更重要的还在于其亲近民众的方面。诸如“兹土之人，岁时伏腊必祷焉，雨旱札瘥必祷焉，诸往来者，亦血荐惟谨”①。嘉靖四十二年（1563）左右的南宁知府亦云：“（马伏波）功德著在岭表，是宜随地祀之。而祀之横江之澨，得非以伏波威灵于今尤烈，怪石险流，假以镇厌，而往来之人，恃以无恐者也。”② 马援在维护地方交通、水旱丰歉、人老疾病等方面的神职，更贴近民众，使其已成为民众普遍接受的神灵，这也是明清马援伏波祠庙在广西广布的主要原因之一。

除上述两处广西伏波祠重要外，明清时，郁林北流县（治今地）鬼门关（后改天门关）的伏波庙仍存。③ 安南的安州（治在今越南清代省清代县东南）亦有鬼门关和马伏波庙。“朝使过者，例得致祭，有铜船。”④“铜船”“马留人”、铜柱等，皆是后人附会与马援南征有关。安州伏波庙，成为明清使臣出使安南例祭的庙宇。南明永历十二年（1658），许孚远、张衡宇、黄臣以取道安南赴滇，有《同黄、张祀伏波将军庙歌》。⑤ 至道光十六年（1836），谅山南鬼门关伏波将军庙，“甚灵异，凡使臣往来，必诣庙进香”⑥；光绪九年（1883），谅山长庆“府南十五里为鬼门关，有伏波庙”⑦。

值得注意的是，南宁府宣化县（治今广西南宁）府城邕江西岸的伏波庙，据说为唐武德时建，清康熙十三年（1674）至十八年（1679），镇南将军莽吉图于两广在平定吴三桂、尚之信叛乱中，战绩显赫，“康熙间郡人以莽吉图并祀”，与马援一样，彰显军功以及利用神灵维护国家在广西的稳定。其他如太平府崇善县（治今广西崇

① （明）蒋山卿：《横州伏波庙碑记》，雍正《广西通志》卷180《艺文》，第189册，第773页。

② （明）方瑜：《告伏波庙文》，收入（清）汪森编《粤西文载》卷75，文津阁四库全书本。

③ （明）陆应阳：《广舆记》卷20《广西》，清康熙五十六年聚锦堂刻本。

④ 《清文献通考》卷296《四裔考·安南》，浙江古籍出版社2000年版，第7454页。

⑤ （明）许孚远：《交行摘稿》，丛书集成初编本，中华书局1985年版，第1页。

⑥ （清）蔡廷兰：《海南杂著·炎荒纪程》，《台湾文献史料丛刊》，台湾大通书局2000年版，第8辑，第20页。

⑦ （清）唐景崧：《请缨日记》卷2，沈云龙主编《近代中国史料丛刊》，第43册，文海出版社2002年版，第88页。

左)、左州（治今广西崇左北)、太平土州（治今广西大新南)、江州土州（治今广西崇左南）等处都有伏波祠，大多建在州治或州署迩旁,[①]其拱卫地方政权和彰显军功的用意十分明显。嘉靖三年(1524)，左州知州周墨，在岑猛乱后，加意抚恤当地民众，“开田凿井，筑城建学，立祠祀马援、张柬之、苏缄、邹浩诸贤，以风厉土俗”[②]，教化边民而渐立边疆秩序。新近滕兰花《边疆安全与伏波神崇拜的结盟——以清代广西左江流域伏波庙为视野》（《广西社会科学》2009年第12期）提出，广西龙州、凭祥等有多处伏波庙，中法战争后，桂西南边疆危机，伏波神再一次与国家边疆经略结盟，通过重建或新建伏波庙来强化王权对边疆的统治，伏波庙承载着中央政治权力对民间秩序的重塑和强化。

今广西南部沿海，明清属广东廉州府（治今广西合浦）管辖，廉州府“伏波将军庙，州县皆有”[③]（参见图3）。钦州（治今地）东南一百六十里乌雷岭，“突起海滨，其地险要，设兵防……伏波庙前，廉州水路经此”[④]。这里有淡水，“往来舟楫于此汲水，近交趾界，伏波庙在其上，交人每望祭之”[⑤]。明嘉靖时，“交贼杜文庄泊舟乌雷岭下，以觇官军”，明军遂立澁坑营，清康熙时亦设营防守，“闻乡人每岁望祭”[⑥]，官民亦同祭，起到拱卫边防和保佑地方水路安全的作用。钦州龙门水口阿公山的伏波庙（参见图3)，亦在康熙年间建，嘉庆九年（1804)，副将舒万年率官民重建。[⑦]伏波祠庙与军民关系密切。

明清广东伏波庙仅有几处祀路博德。英德县洸口武水西有唐建的伏波将军庙，洪武二年（1369）迁于韶州府官滩，二十年（1387）又迁于韶州南十里武水西，并祀马援，弘治三年（1490)，通判伍惠

① 雍正《广西通志》卷42《坛庙》，雍正十一年刻本，第189册，第329页。

② 雍正《广西通志》卷67《名宦》，第189册，第521页。

③（明）李贤等：《明一统志》卷82《廉州府》，文津阁四库全书本，第161册，第672页。

④（清）穆彰阿等：嘉庆《大清一统志》卷450《廉州府》，第622册，第654页。

⑤（清）顾炎武：《肇域志》卷48《广东》，上海古籍出版社2004年版，第2302页。

⑥ 道光《广东通志》卷122《关隘》，道光二年刻本。

⑦ 道光《广东通志》卷150《建置略》。

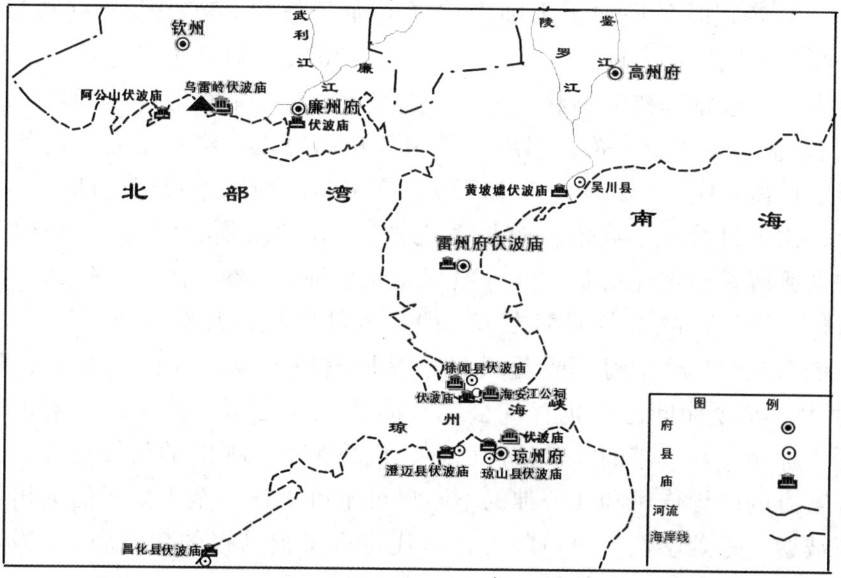

图3　明清以琼州海峡为中心伏波庙分布

重修；嘉靖四年（1525）知府唐升重修；雍正十三年（1735）重修。而连州朝天门外的路博德庙仍存。① 雷州和徐闻县伏波庙，皆祀路博德、马援两伏波将军。雷州伏波庙，弘治十年（1497），太监陈荣、参议任谷“捐赀鼎建，置田一十六亩以供祀事”；嘉靖十七年（1538）郡守洪富重修，“增以春秋二祭”；后又有署府事戴嘉猷重修；万历二十三年（1595），郡守伍士望又捐金重修。② 徐闻县讨网村伏波庙，祈求平定吴三桂叛乱心愿得以实现，康熙二十年（1681）重建；琼州府琼山县（治今海南海口）东龙岐村有伏波庙，祀两伏波。其余的澄迈县（治今地）东南二里的伏波祠，明天顺、清康熙皆重修；昌化县伏波将军庙祀马伏波。③ 值得注意的是，宋元至清康

① 雍正《广东通志》卷54《坛祠志》，同治《韶州府志》卷19《建置略》引李聪《记》，雍正九年刻本。

② 万历《雷州府志》卷1《秩祀志》，万历四十二年刻本。

③ 道光《广东通志》卷151《建置略》。

熙间，“而二伏波将军者，专主琼海。其祠在徐闻，为渡海之指南”[①]。雍正时又增加了水师副将江起龙的祭祀。雍正九年（1731）徐闻海安城建江公祠，乾隆二十六年（1761），知县张三仁迁南门外渡头。江起龙，初为参将，驻白鸽寨（今广东雷州北），后移海安，“出洋捕盗，风发舟覆，殒焉。民颂其功而思之，将军没后，迭著灵异，祈祷立应”。雍正八年（1730）广东布政使王士俊奏请朝廷，次年，钦定封爵为“英佑骁骑将军之神”，在海安所、海口“并有祠，往来渡海者必虔礼焉”，“至今官民事祀愈谨”（参见图3）。[②] 其“为人仁勇忠直，故生著匪躬之节，殁显利涉之功，宜膺大典云”[③]。因“在官以公事没于海，颇著灵异，保护商民有功，守臣以为言，故封”[④]。至今徐闻海安仍存江公祠，而伏波祠已不见踪迹，清雍正以后，琼州海峡一带的江公信仰已逐渐代替了宋元明时的伏波信仰，其间官方的引导作用和江公神的不断显灵不可小视。至于高州的吴川县黄坡墟，地处鉴江入海口附近，清代也有祭祀马援的伏波庙，[⑤] 当是雷州伏波庙向东的延伸。

总之，明清广西、湖南的伏波信仰，在地方秩序的重建以神灵的指示作用彰显了国家力量的存在与介入。明清时“广西伏波庙最多，皆祀马文渊”，“然粤民意中皆有马无路”，“是其泽之被岭西独深，岭西之专祀固宜”。[⑥] 实际上，官方在广西大肆倡导建马援庙，其拱卫边疆秩序，教化地方风俗的意图体现得十分明显。乌蛮滩地位凸显，与官军不断镇压边地民众起义、使节出使安南等密切相关。正如光绪十六年（1890）广西巡抚马丕瑶上奏云：“私为创造祠庙、书院，则惟汉臣伏波将军马援，明臣两广总督王守仁著。臣校阅所经南宁府城及所属多有马援、王守仁祠庙。而横州之乌蛮滩马伏波庙尤为著灵异，水旱患难，祈祷辄应。”祈于乌蛮滩马援祠庙与思恩府王守

---

① （清）屈大均：《广东新语》卷6《神语·海神》，中华书局1985年版，第205页。

② 道光《广东通志》卷151《建置略》引翁方纲《英佑将军江公祠壁记》。

③ 道光《广东通志》卷261《宦绩录》。

④ 《清文献通考》卷160《群祀考》，浙江古籍出版社2000年版，第5782页。

⑤ 光绪十四年《吴川县志》卷3《坛庙》，光绪十八年启寿刻本。

⑥ （清）梁章钜等撰，白化文等点校：《楹联丛话》卷4《庙祀下》，中华书局1987年版，第46页。

仁书院，请颁“御书匾额两方”，教化地方，“凡广西所属各府州县前已建有马援、王守仁祠庙书院之处，饬令地方官春秋专祭，以顺舆情”①。地方教化与祭祀的作用同等重要，“维教养之泽深入人心，故报祀之隆永于身后，马援、王守仁均与有功德于民，则祀之例相符”。“至今粤民犹追思乐道两人之遗事。”② 而琼州海峡一带的两伏波信仰，也是出于官方的引导，雷州二伏波祠，“朔日城南小队过，鬟边只要插花多，金钗竞叩三铜鼓，沉水齐薰二伏波”③。在清雍正以前，“今岭海多伏波庙，而雷之徐闻、浔之乌蛮滩，香火尤盛，士夫客商往来必祷祀乃济”④。而雍正以后，随着国家封江起龙“英佑骁骑将军之神”，神庙香火旺盛，不断显灵，逐渐代替伏波神司职琼州海峡。嘉庆十六年（1811），又以广东虎门镇副将张瑜为“襄靖普佑之神”，附祀江公祠。⑤ 两人由水师军官升格为神灵，司职水上交通和安全的作用十分明显。

［原载《暨南学报》（社会科学版）2011 年第 2 期、
《广西民族研究》2010 年第 2 期］

---

① （清）朱寿朋：《东华续录（光绪朝）》卷 120，清宣统元年上海集成本，第 384 册，第 324 页。

② 同上。

③ （清）屈大均等撰，赵福坛等点校：《翁山诗外》卷 15《七言绝句·雷阳曲》，《屈大均全集》，人民文学出版社 1996 年版，第 1177 页。

④ （明）田艺蘅：《留青日札·伏波将军八人》，明万历重刻本。

⑤ 刘锦藻：《清续文献通考》卷 158《群祀》，浙江古籍出版社 2000 年版，第 9128 页。

国家祭祀视野下的金龙四大王信仰

金龙四大王信仰是明清时期盛行于运河、黄河一带的官方和民间信仰。目前学界对该信仰的研究主要有以下成果：蔡泰彬《明代漕河四险及其守护神——金龙四大王》（《明史研究专刊》第10期）一文考述了信仰的起源，并揭示了漕河险道与信仰传播的关系；王云《明清时期山东运河区域的金龙四大王崇拜》（《民俗研究》2005年第2期）一文立足于山东运河区域，研究了信仰的传播；申浩《近世金龙四大王考——官民互动中民间信仰现象》（《社会科学》2008年第4期）一文对信仰的起源考述甚详。三者对信仰的起源时间均持不同观点，但信仰在明清时期已广泛传播则是不争的事实。上述研究对涉及金龙四大王信仰中的国家祭祀行为探讨较少，本文拟从明清国家祭祀的角度分析祭祀的方式、官方心态及影响，不当之处敬请方家斧正。

一　国家祭祀金龙四大王的方式

历史时期，黄河以善淤善徙著称，下游河段决口不断，影响国计民生。元至明清定都北京，朝廷供需仰给东南，物资输运主要依靠京杭大运河，而黄河溃决屡屡冲毁运道，治河和护运成为朝廷要务。河流水性靡常，治理甚难，在当时的社会条件下，当人力所不能及时只得求助于神灵。而兴起于民间的金龙四大王因迎合国家的祭祀政策，由民间护佑漕运的水神上升为国家祭祀的黄河和运河之神。国家祭祀金龙四大王始于明景泰年间，时张秋沙湾敕建感应祠中祀大河之神，金龙四大王位列大河神之左，“以春秋二仲及起运，运毕凡四祭”①。景泰七年（1456），又另建专祠祀金龙四大王。② 嘉靖四十四年（1565），黄河在沛县决口，横截运道，“越岁丙寅九月九日河通，漕舟悉达京师”③，帝命朱衡建庙于鱼台县新河堤上。隆庆六年（1572），因“漕运横溢，运道艰阻”。帝遣总河佥都御使万恭致祭，祈神“急竭洪澜，佑成群役，俾运储以通济”④。清代延续明制，仍将金龙四大王纳入国家祀典。顺治三年（1646），“以黄河著异”，加封金龙四大王为“显佑通济之神”，“庙祀江南宿迁县”⑤。此后，国家祭祀更为频繁，形式多样。清帝南巡时多在河工险处祭祀河神谢绪。康熙二十三年（1684），皇帝南巡察视江南堤工，至桃源县众兴集遣孙在丰祭金龙四大王。⑥ 康熙四十三年（1704）南巡时，又令“宿迁等县黄河金龙四大王庙皆入春秋祀典”⑦。乾隆二十二年（1757），皇帝亲临徐州阅视河工，“以河溜刷深，神灵默佑，令地方官建河神庙于云龙山（铜山县）之北”⑧，并加封谢绪为显佑通济昭灵效顺广利安民金龙四大王之神。敕建庙宇是国家祭祀金龙四大王的重要形式，皇帝不惜重金建庙祀神，旨在庇佑河安运畅。雍正二年（1724），河南巡抚田文镜奉旨于武陟县建造金龙庙，耗银八千余两，“庙宇极其精工壮丽”⑨。雍正五年（1727），总河齐苏勒奏曰：“江南黄河一带所建龙王庙宇甚多，或地处沮洳，或庙貌狭小，均不足以

---

① （明）谢肇淛：《北河纪》卷8《河灵纪》，文津阁四库全书本，商务印书馆2005年版，第192册，第63页。

② 《续文献通考》卷79《群祀三》，浙江古籍出版社2000年第2版，第3498页。

③ （清）仲学辂编：《金龙四大王祠墓录》卷4《鱼台县新建金龙四大王庙记》，《丛书集成续编》，上海书店出版社1994年版，第59册，第692页。

④ （明）谢肇淛：《北河纪》卷8《河灵纪》，文津阁四库全书本，第192册，第64页。

⑤ 《钦定大清会典则例》卷84《礼部·群祀》，文津阁四库全书本，第207册，第11页。

⑥ 《清圣祖实录》卷117，中华书局1986年版，第222页。

⑦ 《清圣祖实录》卷215，中华书局1986年版，第180页。

⑧ 《清朝文献通考》卷106《群祀考上》，文津阁四库全书本，第210册，第715页。

⑨ 《世宗宪皇帝朱批谕旨》卷126《朱批田文镜奏折》，文津阁四库全书本，第144册，第40页。

壮观瞻……本籍祠墓亦行修理，以彰盛典。”[①] 皇帝采纳奏议，敕建宿迁皂河、钱塘孝女北管两处庙宇，规模与豫省同。乾隆二十六年(1761)，河南杨桥漫工合龙，“于工所建立河神专祠，岁特祭享”[②]。乾隆四十二年（1777），因陶庄开放引河工成，“命建河神庙，岁以春秋致祭”[③]。敕建庙宇规模宏大，并由专官祭祀，香火旺盛。除敕建庙宇外，给庙宇颁发匾额也是国家祭祀的形式之一。皇帝通过赐予匾额的方式为更多的庙宇披上了皇权色彩。这种方式在清末较普遍，详见下表1：

表1　**清末颁发金龙四大王庙匾额一览**

时间	庙址	匾额	资料出处
同治元年十月	河南孟县	威宣绥靖	《清穆宗实录》卷46
同治五年七月	直隶长垣（大王庙）	恬波助顺	《清穆宗实录》卷180
同治五年九月	河南省城	神功运翊	《清穆宗实录》卷185
同治七年七月	河南封丘	功昭式遏	《清穆宗实录》卷239
同治八年四月	山东德州	通津显佑	《清穆宗实录》卷256
同治十一年十月	山东张秋（大王庙）	宣流济运	《清穆宗实录》卷343
同治十三年六月	山东张秋	神功济运	《清穆宗实录》卷367
同治十二年六月	侯家林	施洽群有	《清穆宗实录》卷367
光绪四年十月	山东（大王庙）	星渎澄清	《清德宗实录》卷80
光绪五年二月	河南道口	泽流九有	《清德宗实录》卷88
光绪五年六月	山东张秋	沐浴福应	《清德宗实录》卷97
光绪五年十二月	山东洛口镇	神光佑助	《清德宗实录》卷102
光绪七年八月	山东陶城埠	金堤保障	《清德宗实录》卷134
光绪八年十一月	江苏两淮	万流仰镜	《清德宗实录》卷154

① 《世宗宪皇帝朱批谕旨》卷126《朱批齐苏勒奏折》，文津阁四库全书本，第143册，第40页。

② 《清高宗实录》卷648，“乾隆二十六年辛巳十一月己亥”条，中华书局1986年版，第251页。

③ 《清朝文献通考》卷106《群祀考上》，文津阁四库全书本，第210册，第715页。

续表

时间	庙址	匾额	资料出处
光绪十二年十一月	黄河上游工段	宣防顺轨	《清德宗实录》卷235
光绪十三年闰四月	河南禹州	安澜普佑	《清德宗实录》卷242
光绪十五年正月	河南武陟（大王庙）	安澜普佑	《清德宗实录》卷266
光绪二十一年九月	无考	德水澜平	《清德宗实录》卷376
光绪二十六年九月	山东（大王庙）	功昭顺轨	《清德宗实录》卷473
光绪三十一年十月	山东（大王庙）	安澜有庆	《清德宗实录》卷564

备注：清代河神大王众多，有一庙多祀的情况，故将大王庙一并列出，以备参考，详见上表括号中标注。

颁扁庙宇主要在山东、河南两省，此与河患的发生地点密切相关。咸丰年间，河决铜瓦厢夺大清河入海，河患陡增，而清末又面临内忧外患的局面，无暇顾及治河，只得求神襄助。此外，在官员的请封下，皇帝赐予金龙四大王封号以报神佑。据《金龙四大王祠墓录》载，从顺治二年加封神为“显佑通济”四字始，至光绪五年加封“溥佑”止，共加封18次，封号长达44字，仅同治一朝就加封9次之多，[①] 国家祈神庇佑社稷安定、运畅河安。

二　官方心理与金龙四大王信仰

金龙四大王河神形象的形成与河工险段密切相关。元代修通大运河，淮安至徐州段借黄河行运，吕梁洪、徐州洪为徐州附近的河漕险道。元诗《度吕梁洪》曰：“吕梁开险关，悬河倾奔号。”[②] 且洪中多狞石，“水涸则岩崿毕露”，舟楫“顷刻不谨，败露立见”。[③] 在险恶的环境下，阴佑“治河护运”的金龙神在此地产生。元人傅

① （清）仲学辂编：《金龙四大王祠墓录》卷4《鱼台县新建金龙四大王庙记》，第660页。

② （清）顾嗣立编：《元诗选初集》卷22《度吕梁洪》，文津阁四库全书本，第491册，第154页。

③ （元）袁桷：《清容居士集》卷25《徐州吕梁洪神庙碑》，中华书局1985年版，第440页。

汝砺撰《徐州洪神庙碑》云："灵源弘济，历代所宗，孰其司之，护国金龙。"① 元代封河渎为"灵源弘济王"，"金龙"是对河神的崇高称谓。无独有偶，袁桷《徐州吕梁神庙碑》也记载："徐州有庙曰浮济、曰显济，皆曰龙神……金龙蜿蜒，以肖起止，导其急流，如席如砥。"② "金龙"成为国家封号之外的又一形象称号。明洪武二十年（1387），唐之淳途经吕梁洪，作《金龙祠曲》曰："金龙祠前春草绿，金龙祠中人簇簇……龙君绣幡赤羽旗，龙女朱冠金凤衣。"③ 随后所作《竹枝词》亦云："金龙王庙在河干，刲羊烧酒土杯盘。"④ 这足以证明此地的金龙崇拜在明初仍很盛行。明永乐九年（1411），宋礼主持修浚河、运工成，是时"会通河已开，黄河与之会，漕道大通"⑤，遂罢海运，专事漕运。值得一提的是，在明洪武至永乐年间，并无有关金龙四大王显圣之事的流传，直至明万历以后史料中才大量出现，《涌幢小品》、万历《钱塘县志》等均有记载，传说明洪武时明军与元军大战吕梁洪，金龙四大王显圣助战，水为之逆流，明军大胜。这其中的附会成分自不待言。巧合的是，这次金龙四大王显圣与明中后期国家整顿礼制、重塑神灵有关。金龙大王演变为金龙四大王，或许其中还杂有杨泗将军崇拜的影响。⑥ 何以把金龙四大王显圣的地点定格在吕梁洪？这应与此地为河工险段有关，不仅如此，就是潘季驯治河时，史料中也有因金龙四大王庇佑而使河工告竣之事。《陔余丛考》载："隆庆间，大司空潘季驯督漕河，河塞不流，司空为文责神。河塞如故，会司空有书吏过洪吕梁洪，天将暮，遇鬼伯，擒以见神。神诘之曰'若官人何得无礼，河流塞亦天数也，为我传语司空，我已得请，河将以

---

① 嘉靖《徐州志》卷8《人事志三·祀典》，成文出版社1983年版，第568—569页。

② （元）袁桷：《清容居士集》卷25《徐州吕梁洪神庙碑》，第441页。

③ （明）唐之淳：《唐愚士诗》卷1《金龙祠曲》，文津阁四库全书本，第413册，第168页。

④ 同上书，第170页。

⑤ （清）张廷玉等：《明史》卷85《河渠志》，中华书局1974年版，第2015页。

⑥ 蔡泰彬：《明代漕河四险及其守护神——金龙四大王》，《明史研究专刊》1992年第10期，第129页。

某日通矣’。已而果验，于是季驯事之甚谨。”[①] 反映出治理河工险段时对神的依赖心理。国家祭祀金龙四大王旨在捍御河患、通济漕运。当官方的此种诉求得到满足时，便会祀神报功。雍正十三年(1735)，开封府祥符县堤坝溃裂，河南布政使刘章亲赴大王庙祈祷，随后堤坝稳固。刘章请求皇帝赐扁酬神，上奏曰：“彼时黄河冲激惴惴在心，所见所闻甚为明确，即豫城百姓亦众目昭昭，争传神异，其为河神显应默相安澜，而指示于御灾捍患者最灵最著。”[②] 漕船途中遇险阻滞，漕运官员亦会求神佑助。咸丰二年（1852），浙江漕船抵临清时已入冬季，卫河水少，难以济运，漕船因而阻滞，“经督运文武各员先后诣金龙四大王庙暨漳神庙虔诚叩祷，俾重运漕船得以全数出闸”[③]。皇帝出于治河和漕运的需要，对金龙四大王礼遇有加，甚至虔诚祭祷。乾隆五十九年（1794），河南商虞堤工被浪撞击，经三昼夜抢修各工才保稳固，乾隆帝“览奏欣慰，以手加额，此皆仰赖河神显佑，得以化险为平”[④]，又令“凡遇河神二字，俱应双抬书写，以昭敬慎”[⑤]。嘉庆九年（1804），回空漕船行至江南清口一带时阻滞两月之久，“朕（嘉庆帝）心时切焦廑，于宫中斋心望空叩祷，仰神祈佑”[⑥]，并亲颁大藏香令姜晟等虔祷，后神灵“显圣”，“清水高出五寸，旋即启放引河”。官员和皇帝的祀神心理同民间信众极为相似，信仰已深入其内心，并支配着祭祀行为。“官员们向神祇赐封，是基于与为神祇塑像建庙的信徒们同

---

① （清）赵翼：《陔余丛考》，中华书局1963年版，第761页。

② 《宫中档雍正朝奏折》，台北“国立”故宫博物院印行，1979年，第24辑，第894页。

③ 中国第一历史档案馆：《咸丰同治两朝上谕档》，广西师范大学出版社1998年版，第2册，第414页。

④ 中国第一历史档案馆：《乾隆朝上谕档》，中国档案出版社1998年版，第18册，第110页。

⑤ 《清高宗实录》卷1456，“乾隆五十九年甲寅秋七月上甲午”条，中华书局1986年版，第19册，第419页。

⑥ 《清仁宗实录》卷136，“嘉庆九年甲子十一月上甲午”条，中华书局1986年版，第3册，第859页。

样的假设，神祇需要人类的承认，以使能够继续显灵。"[①] 国家祭祀中存在神人互惠的观念。金龙四大王"显圣"多发生在堵决口时，"河工堵住决口，最难者合龙"[②]，治河官员表现出应激和紧张的心理特征。一般心理学认为，应激是一种内部的精神挣扎、紧张、焦虑，甚至涉及感知到危险或伤害时的惊恐。[③] 在这种心理的支配下，治河现场的官民便将蛇的出现喻为龙显，找到了紧张心理的缓冲物。实际上，蛇的形态与龙相似，民间多把蛇比作小龙，自然与治水相关，在宋代就已将蛇当作治河祥物，《宋孙洙澶州灵津庙碑略》载："俄有赤蛇避于埽下，吏置蛇于盆，祝而放之，蛇亡而河塞。"[④] 明清多把金色小蛇当成金龙四大王化身，《金壶七墨》载："（金龙四大王）化身常为金色小蛇，故曰金龙。"官员亦将金色小蛇的出现视为吉兆，《庸盦笔记》载："同治甲戌，河决贾庄，山东巡抚丁稚璜、宫保亲往堵塞……十七日，栗大王至。越日，党将军至。又明日，金龙四大王至。"[⑤] 蛇的出现对治河官民的心理缓冲作用是不言而喻的。河工告竣之后，官员便会奏报"显圣"事件，祈求皇帝敕命祭神。共同的心理诉求使治河现场成为国家与民间的互动场所，通过从民间到国家的反馈、从国家到民间的敕封，民间和国家相互塑造和影响，各自边界模糊而渐趋同一。当然，国家祭祀中也渗透了等级观念，皇帝掌握着祭祀的权柄，有权对官员奏报的"显圣"事件予以鉴别，以决定是否加封。康熙四十年（1701），河道总督张鹏翮奏报河伯（金龙四大王）效灵，康熙帝批曰：此实因黄河水小，清口之水幸而得出……览张鹏翮奏折昏聩已极[⑥]。而在官员看来，皇帝祭祀更能引起神灵的庇佑，雍正二年（1724），河南敕建金龙庙成，"是以今岁河

① 韩森：《变迁之神：南宋时期的民间信仰》，包伟民译，浙江人民出版社 1999 年版，第 101 页。

② （清）黄钧宰：《金壶七墨》，大达图书供应社 1936 年版，第 116 页。

③ ［美］Philip L. Rice：《健康心理学》，胡佩诚译，中国轻工业出版社 2000 年版，第 140 页。

④ 《畿辅安澜志》卷 8，《故宫珍本丛刊》，海南出版社 2001 年版，第 245 册，第 168 页。

⑤ （清）薛福成：《庸盦笔记》卷 4《述异》，江苏人民出版社 1983 年版，第 104 页。

⑥ 《清圣祖实录》卷 205，中华书局 1986 年版，第 87 页。

伯著灵，自夏徂秋水势安澜”①。皇帝利用至高无上的皇权，支配和掌握着国家祭祀神灵中的最高权力。

三　金龙四大王信仰的地域扩展

金龙四大王自景泰年间被纳入祀典后，神司“治河济运”，故官员多建庙祭祀。明嘉靖年间，工部主事路梦寒建庙于沛县东南上沽头。② 隆庆四年（1570），因“河水泛涨，运艘损多”，负责督漕的徐州道兵备副使冯敏功于淮安府治西北三里处建灵感通济庙，奉祀金龙四大王，工部尚书朱衡为庙题“灵感通济”匾额。③ 隆庆五年（1571），冯敏功与知县宋伯华在宿迁县治西南建庙，“以春秋二仲致祭”，万历间知县何凤东为庙加扁额曰“敕封黄河福主金龙四大王”④。清代，官建庙宇更多，沿河州县多将金龙四大王纳入地方祀典，以时致祭。嘉庆《孟津县志》载：“金龙四大王庙二所，有司以春秋二仲及九月十七日致祭。”⑤ 道光《重修宝应县志》云：“春秋及九月十七日圣诞共三祭。”⑥ 地方官奉祀典之例祀神，祈求一方吉安，也推动了信仰传播。国家祭祀中建庙行为促进了信仰的地域扩展，兹以文献资料为据，将明代大运河沿线府州金龙四大王庙作一统计，列为下表2：

表2　**明代大运河区域金龙四大王庙宇一览**

府	数量	州县	庙址	修建情况	资料出处
河间府	1	沧州	监场河岸	明代建	乾隆《沧州志》卷四

① 《世宗宪皇帝朱批谕旨》卷126《朱批田文镜奏折》，文津阁四库全书本，第144册，第403页。

② 民国《沛县志》卷6，成文出版社1975年版，第304页。

③ 万历《淮安府志》卷6《学校志·祠庙》，《天一阁藏明代方志选刊续编》，上海书店1990年版，第512页。

④ 康熙《宿迁县志》卷7《艺文》，《故宫珍本丛刊·江苏府州县志》，海南出版社2001年版，第3册，第278页。

⑤ 康熙《孟津县志》卷3，嘉庆二十一年刊本。

⑥ 民国《宝应县志》卷2，民国二十一年铅印本。

续表

府	数量	州县	庙址	修建情况	资料出处
东昌府	1	临清	窑口渡	万历三十二年建	乾隆《临清州志》卷一一
兖州府	4	东阿	沙湾	景泰七年都御史徐有贞建	《续文献通考》卷七九
		济宁	天井闸	正统间建	咸丰《济宁直隶州志》卷五
		济宁	张家桥	嘉靖三十六年官民合建	咸丰《济宁直隶州志》卷五
		鱼台	新河堤上	嘉靖间吏部左侍郎朱衡建	《金龙四大王祠墓录》卷四
徐州府	6		百步洪	无考	嘉靖《徐州志》卷八
		沛县	县南泗河北岸	万历间建	民国《沛县志》卷六
		沛县	小盘龙	嘉靖间建	民国《沛县志》卷六
		沛县	上沽头	嘉靖间工部主事路梦寒建	民国《沛县志》卷六
		萧县	县西四十里	无考	嘉靖《徐州志》卷九
		萧县	县东三里	万历间建	乾隆《徐州府志》卷八
淮安府	8		治西北三里	隆庆间兵备副使冯敏恭建	万历《淮安府志》卷六
			大关楼后	万历四十七年段起麟建	《续纂淮关统志》卷一二
			郡城外西南	明代建	天启《淮安府志》卷九
		宿迁	新治西南	隆庆间兵备副使冯敏恭建	万历《宿迁县志》卷二
		宿迁	直河口	万历间官员唐简等建	万历《宿迁县志》卷二
		清河	清口	天启六年	乾隆《清河县志》卷一三
		清河	洪泽镇	无考	嘉靖《清河县志》卷三

续表

府	数量	州县	庙址	修建情况	资料出处
扬州府	2	宝应	宏济河北闸东	万历二十一年建	嘉庆《扬州府志》卷二六
		宝应	南门外	万历三十一年建	民国《宝应县志》卷二
镇江府	2	丹徒	京口	万历末运军、商贾建	乾隆《江南通志》卷四〇
		丹徒	城西西津坊	万历末运军、商贾建	光绪《丹徒县志》卷五
松江府	1	上海	沪渎	隆庆间海瑞改建	嘉庆《松江府志》卷一七
杭州府	2	钱塘	孝女北管下壚	无考	万历《钱塘县志》“纪制条”
		新城	南门外一里	天启四年建	乾隆《杭州府志》卷九

据此表，明代大运河区域所建庙宇共27座，其中已知创建人身份的庙宇共11座，官员主持兴建庙宇7座，官方建庙居多。建于嘉靖以前的庙宇共9座（3座庙宇的时间难以考定，暂且存疑），均分布于鲁西南、苏北府州，其中兖州府4座，徐州府4座，淮安府1座。兖、徐二府地处黄河、运河交接地带，河患多发，运道艰阻难行，国家也最早在此地祭祀金龙四大王。此地域庙宇建造时间较早，庙宇相对密集，成为国家祭祀下的信仰传播中心。南方府州建庙时间普遍较晚，庙宇的时空分布呈现出由北向南扩散的趋势。国家祭祀的介入造成了信仰扩散的南北差异。随着运河交通往来的频繁，信仰在大运河区域传播开来。据相关运河沿线地方志统计，清代大运河区域庙宇达120多座，其中顺天府6座、天津府3座、河间府5座、兖州府4座、徐州府10余座、淮安府20余座、扬州府30余座、镇江府10余座、杭州府4座，其他府州亦有分布。官建庙宇仍占较大比重，商人建庙明显增多。扬州府因地近国家祭祀的集中区域，又处于漕运枢纽地段，信仰传播甚广，不仅府属宝应、高邮、甘泉等运河沿线城镇庙宇密集，而且东部运盐河一带亦有分布，东台县之海道口、盐义

仓、梁垛场、东水关、安丰场、小海、西团均有金龙四大王庙宇。[①]苏州、松江、嘉兴等长江以南府州庙宇数量有所增加。与杭州有运河相通的绍兴府亦建有庙宇，一在（府治）南门外，一在东府坊，[②] 一在山阴县蓬莱驿前。[③] 清代大运河区域信仰的地域差距逐渐缩小，鲁西南、苏北仍是国家祭祀的集中地，其在运河区域的影响不可低估。

值得注意的是，金龙四大王谢绪投河的杭州地处水乡，河网密布，且江南自古多巫觋，民间崇拜的水神众多，金龙四大王谢绪并不是著名水神，在杭州并无辉煌的庙宇。谢绪本籍庙宇在国家祭祀的介入下才维持久远。康熙年间，谢绪后裔谢崧高呈请修庙，文曰："先神功绩著于兴朝，护佑及于军国。今祠宇荆榛，邱垄倾颓，伤心惨目，仁孝同哀。"[④] 后在浙江官员的主持下重修，"设祭田以供春秋"。雍正五年（1727），总督河道齐苏勒奏请重修，"敕建庙宇，气象辉煌，永昭祀典"[⑤]，每岁春秋由钱塘学官主祭。光绪十四年（1888），朝廷责令地方官对庙宇严加保护，不准在庙内堆放柴草及旅宿，否则将"以凭究办，绝不姑宽"[⑥]。庙宇是祭祀的重要场所，在一定程度上能反映信仰的兴衰，而谢绪本籍庙宇在当地的影响有限，只得借助于国家的祭祀政策得以延续。鲁西南、苏北是国家祭祀金龙四大王的最早地域，此地为黄、运交接地带，信仰也因此沿黄河扩散。据笔者统计，明清两代河南沿河府州建庙 54 座，其中归德府 3 座、开封府 31 座、卫辉府 9 座、河南府 9 座、怀庆府 1 座、陕州 1 座，形成密集的祭祀带。开封府是黄河决口的多发地，国家多在此祀神，所建庙宇众多，已知创建人的庙宇共 7 座，其中 6 座为官员主持兴建。此后，或因河患的影响，或因商贸往来的带动，信仰向内地扩散。陈州府建

① 嘉庆《东台县志》卷 13，成文出版社 1970 年版。

② 乾隆《绍兴府志》卷 36，成文出版社 1975 年版。

③ 嘉庆《山阴县志》卷 21，成文出版社 1983 年版。

④ （清）仲学辂编：《金龙四大王祠墓录》卷 4《鱼台县新建金龙四大王庙记》，《丛书集成续编》，第 59 册，第 684 页。

⑤ 《世宗宪皇帝朱批谕旨》卷 126《朱批齐苏勒奏折》，文津阁四库全书本，第 143 册，第 44 页。

⑥ （清）仲学辂编：《金龙四大王祠墓录》卷 5《鱼台县新建金龙四大王庙记》，《丛书集成续编》，第 59 册，第 689 页。

庙10余座，此地河患较多，官民多建庙御灾，光绪《扶沟县志》载："乾隆二十二年大水，知县乘舟救民遇风，几至不测，抵迎春庙后而止，故建庙于此。"① 远离黄河的汝州、南阳、汝宁等府州亦有金龙四大王庙，民国《禹县志》引《道光志》云："禹本无河患，其河神庙者，以地为商贾凑集，往来必由河，故建庙以祈祷也。"② 金龙四大王作为黄河神的形象已深入人心。民国《信阳县志》载："大王庙在河南三里店西，乾隆十九年盐商方秉乾创立……五里店、闽家冈皆有之。"③ 来往于黄河的商人深受信仰的影响，并带动了信仰的传播。在国家祭祀的影响下，明清大运河沿线、黄河下游河段形成了庙宇密集的祭祀带，并向周围地区传播。山西太原、平阳、潞安、泽川等府均有金龙四大王庙宇。④ 陕西咸宁普济祠"内有金龙庙，万历间神于黄河显圣，渡者获安，里人程学曾等议建庙宇"⑤。安徽北部淮河及其支流地带庙宇较多，亳州、五河、泗州、盱眙等州县均有分布。南部沿江的安庆府、池州府亦有庙宇，一在安庆正观门外，一在池州府铜陵县大通镇。⑥ 金龙四大王信仰已遍及数省。

四　小结

明清国家在治河护运的需求下虔诚祀神，无论是金龙河神，还是后来由传说即民间而来的金龙四大王运河神，国家祭祀礼仪中都倍崇有加。国家祭祀中官方祀神求报、神人互惠的心理与民间无异。不同的是，国家祭祀中蕴含着等级关系，在传统的"天人感应"观念的影响下，皇帝拥有与神"沟通"的独特优势，而神灵的一再"显圣"也昭示皇帝的"天命"所在。国家以敕建庙宇、颁发匾额、赐予封号等祭祀方式祀神报功，祭祀也成为皇帝向民众施恩的工具。因河患

---

① 光绪《扶沟县志》卷4《坛庙》，成文出版社1976年版，第281页。
② 民国《禹县志》卷10，成文出版社1968年版，第936页。
③ 民国《重修信阳县志》卷5，成文出版社1968年版，第224页。
④ 文津阁四库全书本，第184册，第97、102、113页。
⑤ 文津阁四库全书本，第185册，第466页。
⑥ 《续修四库全书》，第651册，上海古籍出版社2002年版，第513页。

多发，国家祭祀不断强化金龙四大王的黄河神形象，黄河流域河神信仰的格局也发生变化，金龙四大王作为黄河神已深入人心。同样，明清对漕运重视，作为双重身份的金龙四大王也兼有通济保运的神职。在治河现场，官方与民间因共同的信仰而行为一致，国家和民间互相影响和塑造。正是国家祭祀使金龙四大王成为正祀之神，官方成为推动信仰传播的重要力量，信仰空间逐渐扩展，在明清数百年的时间，金龙四大王信仰遍及数省，传播甚广。

［与褚福楼合作，原载《暨南学报》（社会科学版）2009 年第 2 期］

论碧霞元君信仰扩展与道教、国家祭祀的关系

碧霞元君的身世说法不一，其封号出现的时间亦众说纷纭，莫衷一是。代表作有：容庚《碧霞元君庙考——碧霞元君之起源》（国立中山大学语言历史研究所民俗学会丛书《妙峰山》1928 年）、罗香林《碧霞元君》（《民俗》1929 年第 69、70 期合刊）、范恩君《论碧霞元君信仰》（《中国道教》1995 年第 2 期）、叶涛《论碧霞元君的起源》（《民俗研究》2007 年第 3 期）、闫化川《碧霞元君封号问题的新考辨》（《世界宗教研究》2007 年第 1 期）、周郢《碧霞元君封号问题的再考辨——与闫化川先生商榷》（《世界宗教研究》2008 年第 3 期）等。此外，赵世瑜《国家正祀与民间信仰之互动——以明清京师的“顶”与东岳庙为个案》（《狂欢与日常》生活·读书·新知三联书店 2002 年版）研究了国家与民间在泰山信仰方面的互动，认为碧霞元君信仰具有更多的民间性。以上诸文对碧霞元君发展演变的外在因素——国家祭祀政策鲜有涉及，对道教在其发展演变过程中所起的作用亦少有论述。本文将对这一问题进行探讨，恳请方家赐教。

一　宋代以前泰山玉女信仰的产生与民间性

虽然碧霞元君的身世说法不一、起源时间难以考订，但在汉代，碧霞元君的前身——泰山玉女这一形象已出现。至迟在宋初，泰山太平顶已有玉女泉。大中祥符元年（1008），“（宋真宗）车驾升泰山，

亲临观焉”，玉女泉“则其流寝广，清洌甘美”。[①] 时玉女泉侧已有玉女像，宋真宗令人“易以玉石”，赐泉于辅臣，泰山玉女信仰已经形成（详见下文）。此后，泰山玉女信仰渐至扩大，至明清时期其封号迭加，赐额屡有，祠庙已遍布海内外。追根溯源，有必要对泰山玉女信仰的产生作以考究。

东汉时，山川崇拜与神仙家、道家思想交错影响，尔后道家吸收山川信仰，认为名山必有仙人在焉。[②] 于是，泰山仙人玉女这一形象开始出现。汉代道教文献《茅君九锡玉册文》载“（茅盈）总括东岳，又加司命之主，以领录图籍。给玉童玉女，各四十人，以出入太微，受事太极也”[③]。初平三年（192）曹操出任兖州牧，他对泰山所在兖州的风俗文化认识深刻，其游仙诗《气出唱》对泰山仙人玉女描述曰：“行四海外，东到泰山。仙人玉女，下来邀游。骖驾六龙饮玉浆。河水尽，不东流。”此后，曹植的《远游篇》：“灵鳌戴方丈，神岳俨嵯峨。仙人翔其隅，玉女戏其阿。琼蕊可疗饥，仰首吸朝霞。”《驱车篇》：“驱车掸驽马，东到奉高城。神哉彼泰山，五岳专其名……上有涌醴泉，玉石扬华英。”及《仙人篇》：“仙人揽六著，对博泰山隅。湘娥拊琴瑟，秦女吹笙竽。玉樽盈桂酒，河伯献神鱼。”[④] 都有对泰山玉女的描绘，但这些虚无缥缈的仙人神境，怡然自得的仙人玉女，是人们假设泰山的圣境图画，尚无泰山玉女信奉之实。

六朝时道教文献《太上九赤班符五帝内真经》曰：“（东岳青帝）常以立春之日，乘碧霞九龙云舆，从青腰玉女十二人，手把青林之华九色杖幡，游行东岳泰山。”又曰：“（泰山府君）乘龙驾舆，飞行太空，回灵曲映，下降我房……六丁侍卫，玉女扶将。”又《洞真太上紫度炎光神元变经》之《西王母授经时作颂三篇》云：“东岳仙官乘

---

① （宋）王存等撰，王文楚、魏嵩山点校：《元丰九域志》附录《新定九域志（古迹）》卷1《兖州》，中华书局1984年版，第545页。

② 宗力、刘群：《中国民间诸神》，河北人民出版社1986年版，第325、326页。

③ （清）严可均校辑：《全上古三代秦汉三国六朝文》第1册，中华书局1958年版，第469页。

④ （三国）曹操、曹丕、曹植：《三曹集》，岳麓书社1992年版，第62、351—353页。

碧龙碧霞，手把五芝，从玉女十二人，飞青羽裙。”① 稍后的《元始五老赤书玉篇真文天书经》载：“（东岳仙官）天真下降，给青腰玉女九人，取东岳神仙芝草，不死之药。”② 直至唐李白《游泰山》还云：“玉女四五人，飘飖下九垓。含笑引素手，遗我流霞杯。稽首再拜之，自愧非仙才。”③ 可见，此时泰山玉女仍是诗人意境中流光溢彩的云霞里轻盈飘逸的仙女，是道教神仙中泰山神成群结队的侍从，还仅是一个群体性的概念描述，没有一个令人信奉的现实载体，并且其侍从身份，地位低下。

从曹操诗中的“玉浆”、曹植所描述的“醴泉”“桂酒”到李白诗中的“流霞杯”，都将泰山玉女与泰山山水之灵气结合在一起。泰山自古便是人们心目中的圣地，又是后代封禅祭祀之场所。因文求实，诗人在意境中对泰山玉女的描绘，对泰山泉水的讴歌，必定引起人们对泰山玉女的崇拜并从现实中寻找对其信奉的载体。而女属阴，水亦属阴，泰山中的圣水泉池正可谓玉女的代表，“玉女坤质，为水象，池固其所自来耳”④，故人们自然将玉女池看作玉女的化身。这样，位于岱顶的玉女池自然成为人们追逐和求证的理想场所。于是，宋真宗东巡封禅时，亲临玉女泉（即玉女池），易玉女石像。石像的出现，为泰山玉女信仰的进一步扩展奠定了基础。

二　宋元时期泰山玉女信仰的扩展与道教的吸纳

宋代统治者神道设教，利用宗教为其统治服务。宋太祖开宝四年（971）二月二十五日下诏：“前代祠宇各与崇修。”宋神宗熙宁七年（1074）十一月二十五日又下诏：“应天下祠庙，祈祷灵验未有爵号

① 《道藏》，文物出版社、上海书店、天津古籍出版社1988年版，第33册，第519、520、554页。

② 《道藏》第1册，第787页。

③ （唐）李白、（清）王琦注：《李太白全集·游泰山六首》，中华书局1977年版，第922页。

④ （明）袁秕著，夏忠梅校：《泰山搜玉集》，《泰山文献集成》第1卷，泰山出版社2005年版，第253页。

者，并以名闻，当议特加礼命。”[①] 故“宋朝崇信道教，当时宫观寺院，少有不赐名额，神鬼少有不封爵号者”[②]。这种对祠庙、神灵积极加封、赐额的祭祀政策，使泰山玉女获得了发展的契机。

宋真宗大中祥符元年（1008）封禅泰山，《续资治通鉴长编》记“玉女池”云：“泰山玉女池在太平顶，泉源素壅而浊。初营顿置山下，醴泉发，池水亦涨，及工役升山，其流自广，清泚可鉴，味甚甘美，众赖以济。王钦若请浚治之。池侧有石像，颇摧折，诏刘承珪易以玉石。既成，上与辅臣临观。辛酉，遣使砻石为龛，奉置旧所，令钦若致祭。”[③] 故至少在大中祥符元年前，泰山玉女“池侧有石像”。文中仅记“砻石为龛”，无玉女祠之载。虽然《新定九域志（古迹）》卷一《兖州》所载“大中祥符元年封祀，礼毕，车驾亲幸观览。在泰山顶上”，惜原文阙失三字，但从《续资治通鉴长编》《文献通考·郊社考》等记载不难看出，缺失三字为“玉女像”。宋真宗此次封禅，虽未建祠，但“石像”“易以玉石”“砻石为龛”、作“《玉女像记》”[④]、“令钦若致祭”等活动，表明玉女新玉石像已经出现，并得到真宗首肯，皇帝的扶持自然会推动这种偶像崇拜的形成与传播。

玉女有像有龛无祠，这是北宋初年事实，至迟在宋仁宗时，已经有祠见于记载。宋小说《盈盈传》，“乃作者自述所遇”[⑤]，文曰：“玉女命汝（盈盈）掌奏牍，及觉，泣以告母曰‘儿不复久居人间矣，异日当访我于东山’……嘉祐五年（1060），至于（泰山）绝顶，有

---

① （清）徐松辑：《宋会要辑稿》第19册《礼二十之一》，中华书局1957年版，第765页。

② （明）陆容：《菽园杂记》卷11，文津阁四库全书本，第346册，商务印书馆2005年版，第443页。

③ （宋）李焘：《续资治通鉴长编》卷70“大中祥符元年九月庚申条”，中华书局1992年版，第1561页。

④ （宋）王应麟辑：《玉海》卷31《圣文·祥符泰山铭赞》、卷32《圣文·祥符泰山铭记》作“《玉女像记》”，广陵书社2003年版，第602、616页；同见《文献通考》卷90《郊社考·杂祠淫祠》“上为作《记》”，商务印书馆1936年版，第823页。

⑤ 《四库全书》研究所整理：《钦定四库全书总目》卷144《子部·小说家类存目二》，中华书局1997年版，第1909页。

玉女池在焉……州人重之，每岁无贵贱皆往祠谒。”[①] 作者亲临玉女池和玉女祠，当非虚语。时人晁补之《诣岱祠即事》云：“初疑无字碑，莹洁谁敢文。又怪玉女井，高绝何由窬。”晁说之《望（泰）山作》诗亦云：“安得玉女水，为我洗尘埃。”[②] 可见，此时玉女池已被推崇到至高无上的地位。祠庙的出现，使原来仅以石像、石龛为载体的玉女崇拜更进一步，得到当地“无贵贱”官民的认可。元祐丁卯（1087）孟春三日，“兖海守刘衮奉诏祈雪，次谒玉女祠，率巡山刘孟、邑令林会登二绝顶，临四观，遍览胜概”。金章宗明昌元年（1190）三月十二日，“皇姑濮国大长公主奉命同驸马濬州防御蒲察敬诣岱岳，焚香致礼毕。明日，遂登绝顶，拜于玉仙祠下”[③]。可见，宋真宗封禅之后，泰山玉女作为独立的神灵其信仰在民间和上层社会都得到较大发展，但仍不属于国家中祀的五岳祭祀系列，其地位仍在泰山神即东岳神（民间化后称作东岳大帝）之下。如上文所载，他们分别是在完成“祈雪”和“焚香礼毕”后，去拜谒玉女祠的。

1220年，蒙古占领泰安，仍置泰安州，隶东平路。其初入中原时烧杀抢掠，泰山建筑惨遭破坏，“其宫卫，其辇辂，其祠宇，自经劫火之后，百不一存”[④]。元太宗二年（1230）左右，东平行台严实委托道士张志纯修复泰山宗教建筑，但所修庙宇应符合国家礼制，“既申省部，始许修理”[⑤]。中统元年（1260）四月，忽必烈下诏：“五岳四渎、名山大川、历代圣帝明王、忠臣烈士，载在祀典者，所在官司，岁时致祭。”[⑥] 至元十六年（1279）八月，又诏曰：“汉儿田

---

① （宋）李献民：《云斋广录》卷9《盈盈传》，《四库全书存目丛书》，子部，第246册，齐鲁书社1995年版，第161页。

② 北京大学古文献研究所编：《全宋诗》，北京大学出版社1995年版，第12771、13673页。

③ （清）毕沅、阮元撰：《山左金石志》卷17《宋石》，《续修四库全书》，第910册，第5、14页。

④ （元）杜仁杰：《泰安阜上张氏先茔记》，《道藏》第19册，第790页。

⑤ （元）徐世隆：《重修东岳蒿里山神祠碑》，陈垣编纂《道家金石略》，文物出版社1988年版，第647页。

⑥ 《大元圣政国朝典》典章3《圣政·崇祭祀》，中国广播电视出版社1998年版，第98页。

地里祈仙、祷圣、赛神、赛社，都交罢了者。”[①] 至元二十八年（1291）东平人赵天麟上策元廷：“东岳者，太平天子告成之地，东方藩侯当祀之山。今乃有倡优戏谑之流，货殖屠沽之子，每年春季，四方云聚，有不远千里而来者，有提挈全家而至者，干越邦典，渫渎神明，停废产业，糜损食货亦已甚矣。”[②] 蒙元之际，载在祀典之神可岁时致祭，而民间的祈神赛社被看作“干越邦典、渫渎神明”之行为，令“民间一切赛祈，并宜禁绝”[③]。此种背景下，始终没有载入国家祀典，性质实属民祀的泰山玉女，其岌岌可危的命运可想而知。

无论是道教大师邱处机西觐成吉思汗，还是元世祖忽必烈至元六年（1269）正月诏封全真道五祖为“真君”，册封王重阳的七大弟子为“真人”[④]，这些都表明元代统治者对道教的重视。在元代，道士还获得了代替朝廷祭祀岳渎的权利。冯志亨《重阳成道宫记》云：“蒙哥皇帝即位之元年（1251），诏征掌教大宗师真常李真人，上亲授金盒香、白金五千量，佩金虎符，代礼巡祀岳渎，凡在祀典者靡所不举。”王鹗《玄门掌教大宗师真常真人道行碑铭》亦云：“岁辛亥（1251），先帝（元宪宗蒙哥）即位之始年也，欲遵祀典，遍祀岳渎。冬十月，遣中使诏公（李志常）至阙下……自恒而岱。”[⑤] 道士取得代朝廷出祭岳渎之特权，俨然国家正使。《元史》载：“岳镇海渎代祀自中统二年（1261）始，凡十有九处，分五道……道遣使二人……中统初，遣道士，或副以汉官。至元二十八年（1291）正月帝谓五岳四渎祠事……宜遣重臣代朕祠之，汉人选名儒及道士。”[⑥] 祭祀岳

---

① （元）拜柱等纂修：《通制条格》卷28，《续修四库全书》，第787册，第840页。

② （元）赵天麟：《太平金镜策》卷4《停淫祀》，《续修四库全书》，第475册，第219页。

③ 《大元圣政国朝典》典章57《刑部·禁投醮舍身烧死赛愿》，中国广播电视出版社1998年版，第2113页。

④ 《元世祖皇帝褒封制词》，《道藏》第3册，第366页。

⑤ （明）汪子卿撰，周郢校证：《泰山志校证》卷之一《望祝》，黄山书社2006年版，第127页。

⑥ （明）宋濂等撰：《元史》卷76《祭祀志五·岳镇海渎》，中华书局1976年版，第1900页。

镇海渎使用道士，遂成元朝定制。祠庙在泰山的玉女神，也正是在元代经过道教徒的塑造而纳入道教体系。

首先，道教徒给泰山玉女塑造了一个高贵的出身，他们借助泰山神的正统地位，将其附会为泰山神之女。此说最早见于《新编连相搜神广记》，“（东岳）帝一女：玉女大仙，即岱岳太平顶玉仙娘娘是也”①，后载入道藏本《搜神记》中。对此，顾炎武指出：“泰山顶碧霞元君，宋真宗所封，世人多以为泰山之女。后之文人知其说之不经，而撰为黄帝遣玉女之事以附会之。不知当日所以褒封，固真以为泰山之女也。”② 但据晋时张华《博物志》、干宝《搜神记》记载泰山神之女已嫁为西海妇，不可能成为后来的泰山玉女神，此说仅为道教徒附会之言。

其次，元太宗二年（1230）左右，道士张志纯重修泰山祠宇，“自绝顶大新玉女祠，倍于故殿三之二；取东海白玉石，为像如人然，一称殿之广袤”③，重修后的玉女祠改称昭真观。昭真之“真”乃道家专用术语，其含义首指老子的道，在昭真观命名那一时期，“真”又指全真道，是全真道的最高宗旨，并且改玉女祠为昭真观之人很可能就是全真高道张志纯。④ 玉女祠的这次重修与改名均由道士主持，其祠宇必定归道门管理，其神泰山玉女为道教神仙亦顺理成章之事。这次重修与改名以独特的方式保护了泰山玉女，一方面道教的吸纳，使其拥有了道教女仙的光环而获得朝廷的认可，避免了因民祠而惨遭取缔的命运，同时也改变了玉女祠民间小庙的规制，大大提高了泰山玉女在民间的地位。自此，泰山进香活动日盛，泰山玉女信仰传播日广。

再次，道教经卷《元始天尊说东岳化身济生度死拔罪解冤保命玄范浩咒妙经》对泰山玉女进行了塑造，其载：“泰山顶上东岳内宫，

---

① （元）秦子晋：《新编连相搜神广记》，《绘图三教源流搜神大全（外两种）》，上海古籍出版社 1990 年版，第 484 页。

② （清）顾炎武著，陈垣校注：《日知录校注》，安徽大学出版社 2007 年版，第 1404 页。

③ （元）杜仁杰：《泰安阜上张氏先茔记》，《道藏》，第 19 册，第 790 页。

④ 邓东：《泰山玉女祠改名昭真观的缘由考辨》，《山东科技大学学报》（社会科学版）2008 年第 4 期。

曩时现玉女之身，根本即帝真之相，应九炁而垂慈士相，冠百灵而智慧圆融。行满十方，恩周亿劫。位正天仙之号，册显碧霞之封。”[①]据《旧唐书·礼仪志》《宋史·礼志》《元史·祭祀志》《明史·礼志》等记载：唐代封东岳神“天齐王”，宋代封“天齐仁圣帝”，元至元二十八年（1291）封“天齐大生仁圣帝”。明洪武三年（1370）统一去诸神封号，泰山神称“东岳泰山之神”。而该经中泰山神称“东岳大生天齐仁圣帝”，可见，此经成书于元末明初之际。此经的出现更加明确了泰山玉女的道教属性，这为玉女信仰在明清时期的兴盛奠定了基础。

三　明清时期泰山玉女信仰的兴盛与“准正祀”性

明太祖朱元璋登基初，便从儒家原理主义观念出发，实施大规模的礼制改革。洪武元年（1368）“命中书省令郡县访求应祀神祇：名山、大川、圣帝、明王、忠臣、烈士，凡有功于国家及惠爱在民者具实以闻，著于祀典，令有司岁时致祭”[②]。洪武初，“天下郡县皆祭三皇，后罢。止令有司各立坛庙，祭社稷、风云雷雨、山川、城隍、孔子、旗纛及厉。庶人祭里社、乡厉及祖父母父母，并得祀灶，余俱禁止”[③]。洪武三年（1370）又颁布了充满儒家原理主义色彩的“神号改正诏”和“禁淫祠制”，但明初的原理主义祭祀政策纯粹是儒者制定的，朱元璋本人则是倾向于民间信仰的。[④]至明中期儒家原理主义政策复活，出现了一些极端的原理主义者复兴正统意识形态的活动。成化元年（1465）二月，巡抚湖广右佥都御使王俭上奏：“请求禁革淫祀。乞敕翰林儒臣博采三礼及诸经传自天子至于庶人当祀之神，纂集成书，刊示四方。凡天下鬼神不系礼典及当代祀典者，并撤其庙

① 《道藏》，第34册，第731页。

② （明）徐溥：《明会典》卷86《礼部四十五》，文津阁四库全书本，第205册，第296页。

③ （明）俞汝楫编：《礼部志稿》卷25《祭祀通例》，文津阁四库全书本，第198册，第151页。

④ ［日］滨岛敦俊：《明清江南农村社会与民间信仰》，朱海滨译，厦门大学出版社2008年版，第113页。

宇，毁其像设，仍乞禁革。塑绘人匠违者，付法司论罪，则礼制明而民志定矣。礼臣议如所言，从之。"[①] 自此至万历中期的一百多年间，受儒教原理主义观念的影响，全国范围内打击淫祠的活动趋向活跃。万历中期以后儒教原理主义祭祀政策走到尽头，民间信仰活动再次活跃起来，有清一代基本延续万历以来的政策。[②] 而有明一代，尤其是在万历中期以前儒教原理主义祭祀政策背景下，泰山玉女只有使其淫祀身份合法化，才能避免如正德时工科给事中石天柱等人所谓"祀典惟东岳泰山之神，无所谓碧霞元君者，淫祀非礼，可更崇重之乎"的诘责。[③] 另外，泰山玉女要有显赫的身世或者"有功于国家及惠爱在民"的德行，才能符合儒家主义祭祀政策而获得生存发展的空间。此种背景下，道教对泰山玉女进行了再次塑造。

首先，道教文献将泰山玉女打造成碧霞元君。上文所提及元末明初的《元始天尊说东岳化身济生度死拔罪解冤保命玄范诰咒妙经》是关于碧霞元君的较早记载，其曰："泰山玉女位正天仙之号，册显碧霞之封。掌岳府之神兵，管人间之善恶。寻声赴感，拥国安民。大圣大慈至仁至孝天仙玉女广灵慈惠恭顺普济保生真人护国庇民宏德碧霞元君。"明人彭大翼《山堂肆考》云："男之高仙曰真人，女曰元君。"碧霞元君封号的出现，明确了其神的道教归属，绝无歧义。且道教神仙由于修行方式和功德不同，所得位阶也不同，元君是道教对女仙中仙位较高者的尊称，其位列第九级，而金童、玉女则仅随从于神仙左右，专事接待、传讯等职务，位列最低级别即第十六级。[④] 这样碧霞元君在道教神仙体系中的地位得到较大提高，已有"掌岳府之神兵，管人间之善恶"之职权。稍后的《碧霞元君护国庇民普济保生妙经》正式册封"碧霞元君，亦主泰山，证位缘何"[⑤]，她依附于东岳大帝之下的状况亦得以改变，并且"至仁至孝、慈惠恭顺、普济

① 《续文献通考》卷79《群祀考·杂祠淫祠》，商务印书馆1956年版，第3498页。

② 朱海滨：《祭祀政策与民间信仰变迁——近世浙江民间信仰研究》，复旦大学出版社2008年版，第7—9页。

③ 《明武宗实录》，正德十一年七月甲申条，"中研院"历史语言研究所1962年校印本，第2733页。

④ 范恩君：《道教神仙》，宗教文化出版社2007年版，第54—57页。

⑤ 《道藏》，第34册，第744页。

保生、护国庇民”之德行再次得以彰显。

其次，道教将泰山碧霞元君与海神天妃结合起来，使两者相互利用，共同发展。天妃亦称作灵惠夫人、圣妃、妈祖等。她是北宋初福建路兴化军莆田县湄洲岛人，死后逐渐成为航海保护神，受到历代统治者的封赐。但在明代儒教原理主义祭祀政策背景下，朝廷对天妃的信仰较为冷落。据统计宋元赐封天妃22次，清代赐封55次，而明代仅赐封2次，[①]同时天妃还饱受封建士大夫的抨击与贬斥。明初唐肃称："妃配也，天之主宰曰帝，天妃者岂帝之配也？处女死为神称夫人，谬矣！而又谓之天妃，可乎？历代祀典掌之宗伯，议之朝廷，凡非礼若此者，孰能革而正之哉！"[②]朱澍《天妃辩》载："世衰道微，鬼怪百出，俗所敬信而承奉之者，莫如天妃，而莫知其所自始……其惑世诬民，比之佛、老二氏，其祸为尤烈也。"[③]在有些地方，天妃庙亦被列入"应毁者"之列。[④]相似的命运使泰山碧霞元君与天妃联系在一起。

嘉靖十一年（1532）进士钱薇所作《天妃歌》，咏浙江海盐上元节赛天妃风俗，其曰："峨峨庙貌天妃祠，问祠所自人罕知……东岳行祠乃其故，不识何代称天妃？"马一龙于嘉靖二十八年（1549）途径淮安天妃庙，其所作《入天妃庙侯升舟上洪呈同行诸君（二首）》亦云："泰山曾入天妃庙，今日洪头又一过。喜得南风送北客，惊闻楚地能吴歌。"[⑤]在碧霞元君起源地山东，亦有两者相结合乃至混淆的情况。王权于嘉靖三十四年（1555）所作《天妃庙碑记》载："德州旧无天妃庙……吾境内多泰山元君祠，谒天妃庙者恒以元君视之。"[⑥]道光《重修蓬莱县志》载："泰山行宫有五，祀天妃玉女碧霞

① 徐晓望：《妈祖信仰史研究》，海风出版社2007年版，第315—319页。

② （明）唐肃：《丹崖集》卷6《上虞孝女朱娥诗序》，《续修四库全书》，第1326册，第192页。

③ 蒋维锬、郑丽航辑纂：《妈祖文献史料汇编·散文卷》，中国档案出版社2007年版，第33页。

④ 嘉靖《延平府志》卷13《祠祀志》，《天一阁明代方志选刊》，第29册，上海古籍出版社1961年版，第10页。

⑤ 蒋维锬、刘福铸辑纂：《妈祖文献史料汇编·诗词卷》，第48、50页。

⑥ 蒋维锬、郑丽航辑纂：《妈祖文献史料汇编·碑记卷》，第62页。

元君。"[①] 吕常所作《游泰山次侍郎郑东园韵》亦云："人在山腰若蚁微，白云常傍短筇飞。庙多祈报香烟合，春阻高寒草色稀。地主只谈三岛事，天妃端拱五铢衣。"[②] 可见，在明代碧霞元君与天妃相混淆的情况已较为普遍。至明末又有崇祯封天妃"天仙圣母碧霞元君"，宋真宗封泰山玉女"天仙玉女碧霞元君"的讹传，[③] 但核之相关正史，两者均无记载，其始作俑者很可能为道士。明艾南英曾抨击道："至如道家之妄于山川后土之神，一切冠以'天妃圣母'、'碧霞元君'之像而后已，呜呼！何其鄙诞而不经欤！"[④] 今人车锡伦先生、郑丽航女士也认为此两封号为道教附会所为。[⑤] 道士附会造成两者的混淆，使天妃之事迹、褒封移嫁于碧霞元君身上，如康熙《重修西顶广仁宫碑文》曰："京城西直门外，有西顶。旧建碧霞元君宫……元君初号天妃，宋宣和间始著灵异，厥后御灾捍患，奇迹屡彰，下迄元明，代加封号，成弘而后祠观尤盛郛郭之间。"[⑥] 这样碧霞元君又拥有了"御灾捍患"的义行和"代加封号"的故实，并得到皇帝认可。分别源于南方福建天妃与北方山东碧霞元君两相结合，进一步促进了两者信仰在南北方的传播。

众多研究表明，英宗以后的明中后期各皇帝（除明穆宗外）都热衷于道教，重用道士。因此，道士将泰山玉女打造成碧霞元君的做法得到皇族的认同，朝廷对其庙宇多次敕修。除《明一统志》卷22《山东布政司》载"昭真观，在泰山顶，元因旧址建，本朝洪武初重修"外，明英宗正统十年（1445）山东济南府泰安州道正司奏："东岳泰山上有昭真等宫观，俱系历代古迹，神祠年久损坏，乞赐修葺。

---

① 道光《重修蓬莱县志》卷2《地理志·祠庙》，《山东府县志辑》，第50册，第28页。

② 蒋维锬、刘福铸辑纂：《妈祖文献史料汇编·诗词卷》，第46页。

③ （清）王楫：《使琉球杂录》卷5《神异》；（清）张尔岐：《蒿庵闲话》卷1，丛书集成本，第17页。

④ （明）艾南英：《论宋天地合祭》，文津阁四库全书本，第46册，商务印书馆2005年版，第111页。

⑤ 车锡伦：《泰山女神的神话、信仰与宗教》，《岱宗学刊》2001年第1期；郑丽航：《天妃附会碧霞元君封号考》，《莆田学院学报》2005年第6期。

⑥ 《圣祖仁皇帝御制文三集》卷24，文津阁四库全书本，第434册，第7页。

从之。"[1] 此后，天顺五年（1461）、成化四年（1468）、成化十六年（1480）都对昭真观进行了修葺。成化十九年（1483）昭真观重修后，赐额"碧霞灵应宫"[2]。此后，碧霞元君得到皇室贵族的认可与朝谒。万历十七年（1589），明廷"国本"之争渐起，郑贵妃先后四次遣中官致祭元君，建醮三阳庵，以求元君保佑。[3] 万历二十一年（1593）《碧霞宫祝釐碑》碑阴亦有太后、妃主、皇子、侍臣等题名。[4] 至清代，皇室致祭、赐额元君庙的例子亦屡见不鲜。康熙曾多次登泰山，上谒东岳庙，躬祀泰山之神，令从每岁香税钱粮内量给数百金，修葺上下岳庙与元君诸祠。[5] 乾隆前后十次巡幸泰安，六次登岱顶，至碧霞宫拈香。[6] 并且"自乾隆二十四年以来，每遇四月十八日，遣内大臣赍香帛进谒以为常。御赐彝器炉鼎瓶盏，多晶玉金磁之宝"[7]，祭祀碧霞元君成为定制。后因"（进香）人员由内廷派出，或不免有骚扰驿站之事……将应用香供赍至山东省城，交与巡抚接领，于抚藩二人内酌量一人，亲诣泰山，于四月十八日致祭。该司员交明香供后，即行回京，嗣后泰山进香，俱照此例办理"[8]。此外，清初还对碧霞祠多次赐额，康熙二十三年（1684）赐"坤元叶德"、雍正九年（1731）赐"福绥海宇"、乾隆十三年（1748）赐"赞化东皇"[9]。总之，碧霞元君虽始终未列入国家正祀，但由于历代皇帝在

---

① 《明英宗实录》正统十年九月乙亥条，"中研院"历史语言研究所1962年校印本，第2643页。

② （明）胡瑄撰，李锦纂：弘治《泰安州志》卷1《祠庙》。

③ 袁明英主编：《泰山石刻》，中华书局2007年版，第226页。

④ （清）唐仲冕辑，刘慧等点校：《岱览》卷9《分览一·岱顶中》，《泰山文献集成》第3卷，泰山出版社2005年版，第211页。

⑤ 参见《清圣祖实录》康熙二十三年十月癸卯条、二十八年正月乙酉条、四十二年正月壬申条。

⑥ 参见《乾隆起居注》乾隆十三年二月甲申条、二十二年四月壬申条、二十七年四月癸未条；《清高宗实录》乾隆三十六年二月丁酉条、四十一年三月丁亥条、五十五年三月乙酉条。

⑦ （清）唐仲冕辑，刘慧等点校：《岱览》卷9《分览一·岱顶中》，第208页。

⑧ 《清仁宗实录》卷96，嘉庆七年三月乙未条，《清实录》，第29册，中华书局1986年版，第283页。

⑨ 乾隆《大清一统志》卷143《泰安府》，文津阁四库全书本，第163册，商务印书馆2005年版，第141页。

不同程度上对其祭祀持赞同或支持态度，实际上可视为一种“准正祀”，是一种官方肯定的民间信仰。①

碧霞元君经过道教经典的包装，不仅为道家、皇室所推崇，其本身不断显灵，灭蝗去灾，阴佑地方民众，亦为士大夫所认同。成化十五年（1479）《尹龙记略》云：“尝观《州志》，昔有猛虎为害，祷之（碧霞元君）而去；飞蝗为灾，祷之而死；以至于民之旱涝，祈之历有其验。故远近众庶，拜瞻之顷，灵风飒然。”现存最早的《泰安州志》为弘治元年（1488）刊本，而上记作于1479年，其所云《州志》当早于弘治本，明初《永乐大典》也有对《泰安志》的征引，此志当为元代所纂。② 可见，在元代碧霞元君庇国保民的德行已得到士大夫阶层的认可，并载入所纂《州志》之中。景泰五年（1454）进士徐溥称碧霞元君“国家秩祀之所载”，成化二十年（1484）进士崔文奎称其“有宝香异品之颁，有华冠锦袍之锡，岁时遣官致祭”③。隆庆五年（1571）刑部郎中翟涛、陕西按察使萧大亨亦称：“其中元君，东瘢疹，西子孙，庙貌威然，诚皆祀典所载，有功于斯民者也。”④ 都将碧霞元君看作“载在祀典”的国家之神。

道士对泰山玉女的打造亦得到民众的认可。“若在三、四月，五方士女，登祠元君，以数十万，夜望山上篝灯，如聚萤万斛，左右上下蚁旋鱼贯，叫呼殷震鼎沸雷鸣，弥山振谷，仅得容足之地以上”⑤，其在民间的地位已赫然凌驾于泰山神东岳大帝之上。明谢肇淛称：“古之祠泰山者为岳也，而今之祠泰山者为元君也。岳不能自有其尊，而令它姓女主偃然据其上，而奔走四方之人，其倒置亦甚矣。”⑥ 与

---

① 赵世瑜：《国家正祀与民间信仰之互动》，《狂欢与日常》，生活·读书·新知三联书店2002年版，第365页。

② （明）汪子卿撰，周郢校证：《泰山志校证》卷之二《灵宇》，黄山书社2006年版，第237、377页。

③ 《徐溥记略》《崔文奎记略》，马铭初、严澄非《岱史校注》卷18《登览志》，青岛海洋大学出版社1992年版，第151、152页。

④ （明）宋士龙：《重建元君行宫碑记》，刘秀池主编《泰山大全》，山东友谊出版社1995年版，第912页。

⑤ （明）于慎行：《登泰山记》，第387页。

⑥ （明）谢肇淛：《五杂组》卷4《地部二》，上海书店出版社2009年版，第66页。

从前先拜东岳大帝而后祠元君截然相反，民间已首祭碧霞元君。《泰山道里记》载："四方男女不远数千里进香报赛，皆先有事于元君而后及他庙也。"[①]《泰山纪胜》亦云："今海内所奔走而祷祀者，类先碧霞而后岳神。"[②] 总之，道教的这次重塑，得到了社会各阶层的认可，使碧霞元君成为民间、道教、官方共同信奉的神灵。

四　碧霞元君信仰扩展的原因分析

纵观泰山玉女发展历程，其经历了"塑像""建祠""赐额"三个阶段，完成了从民间俗神到道教神仙，再到国家神灵的转变，最终得到国家认可。其信仰从泰山一隅扩展到全国各地，其祠宇也从泰山极顶扩展至海内外，究其原因主要有以下几点：

首先，国家祭祀政策的外在刺激与道教关键时期的塑造。在礼乐制度起重要作用的传统中国，一种民间信仰只有符合国家祭祀政策才能获得生存发展的空间，才能逃脱被划入淫祀而惨遭取缔的命运。碧霞元君从未正式纳入国家祀典之中，严格意义上讲其杂祀甚至淫祀的性质不容置疑。为了迎合国家祭祀政策而免遭打击，道教对其进行了包装，在"立像""建祠""赐额"每个阶段都可看到道教的影响。神像的设立，使民众对其崇拜有了现实的载体，祠宇的建立使其信仰进一步发展。玉女祠建立后，道士对其进行管理与维护。面对元代祭祀政策的压制，道教徒将泰山玉女纳入道教体系，道士张志纯对其祠宇进行重修与改名，这使泰山玉女因道教神仙的光环而避免了国家打击。明初，在国家儒家原理主义祭祀政策的背景下，泰山碧霞元君再次成为一些儒士抨击的对象。此时，道教徒通过《经卷》及碧霞元君与天妃的附会，将其打造成一个惠爱在民、恩泽四海的形象，使其具有儒家原理所倡导的义行，最终获得"碧霞灵应宫"的赐额，得到皇帝的认可。总之，在国家祭祀政策的频频压制与道教反复包装的

---

① （清）聂剑光：《泰山道里记》，《故宫珍本丛刊》，第250册，海南出版社2001年版，第396页。

② （清）孔贞瑄编，封建华点校：《泰山纪胜》，《泰山文献集成》第9卷，泰山出版社2005年版，第13页。

循环过程中，碧霞元君获得了发展空间。

其次，“岳镇海渎”之祭与国家认同的推动作用。泰山是封建帝王、平民百姓心目中的圣地。“环区中而山者万，不啻也岳为最；环区中而岳者五，不啻也岱为最；故曰岱宗”①，于是秦皇汉武先后封禅泰山。唐朝礼乐制度趋于完备，岳镇海渎之祭处于吉礼中祀之位，泰山庙正式纳入国家祭祀体系。与岳镇海渎相较，祭祀五岳、五镇的官员官阶较高，祭祀四海、四渎官员的官阶较低。② 可见，岳镇海渎首推五岳，而五岳又首举泰山，泰山的独尊地位使碧霞元君与它密切联系在一起。正由于泰山的独尊地位，才有宋真宗的东巡封禅，才有立像、建龛、致祭、作记等一系列活动，泰山玉女才得到世人的普遍关注和皇帝的首肯；正是由于身处泰山之上，金元之际才得到公主的拜谒与士大夫对其庙宇的重建。而鉴于泰山的独特地位，唐时东岳行祠已经出现，“泰山府君祠，在（鱼台）县西十二里”③。历宋元至明，各府州县已普遍建起东岳庙，并与社稷坛、风云雷雨山川坛、城隍庙等合成一整套地方上的官方祠祀系统。由于碧霞元君是泰山神之女，且两神同驻一山，民间出现了两者同驻一庙，甚至将其混淆的情况，因此东岳庙在全国各州县的分布与传播，无形中扩大了碧霞元君的影响。随着碧霞元君势力在民间的扩大，皇族也开始接受碧霞元君信仰，明清帝王对其多次赐额、致祭。乾隆所作《重修碧霞元君庙碑记》称：“国家秩祀泰山之神与亿兆人奔走奉事碧霞元君之神，其为翼綷元化，二乎一乎。”④ 认为两者是二而一，在本质上是一回事，对碧霞元君表示了完全认同。此后，碧霞元君信仰在全国各地得到迅速传播。

再次，碧霞元君神职广大，法力无边，屡有灵异，使其信徒不断增加。对泰山神灵的崇拜可追溯至远古时代，帝王的青睐和悠久的信

---

① （明）谭耀：《岱史旧序》，第6页。

② 王元林：《国家祭祀与海上丝路遗迹——广州南海神庙研究》，中华书局2006年版，第61页。

③ （唐）李吉甫撰，贺次君点校：《元和郡县图志》卷10《河南道·兖州》，中华书局1983年版，第266页。

④ 江丰荣：《泰山历代石刻选注》，青岛海洋大学出版社1993年版，第426、427页。

仰历史，使泰山成为帝王嗣承正统后致祭天帝和祈求国泰民安的场所，而民间则流传着泰山治鬼及掌管阴间地府诸事。与泰山神相比，碧霞元君特有送生保育的神职，“泰山位东土，秉木德，而玉女坤质，为水象，池固其所自来耳。其依神于此，以扬灵异之休，而助生成之德于无穷，殆若天命之者”[①]。嘉靖十一年（1532），皇太后遣太子太保玉田伯蒋荣，致祭天仙玉女碧霞元君曰：“皇帝临御海宇，十有二载，皇储未建，国本尚虚，百臣万民，无不仰望。兹特遣官敬诣祠下，祗陈醮礼，洁修禋祀，仰祈神贶，默运化机，俾子孙发育，早锡元良，实宗社无疆之庆，无任恳悃之至。谨告。”[②] 此外，碧霞元君还有祛病防疾等神职。正德二年（1507）皇帝《御制告文》曰：“兹因眇躬，偶爽调摄，敬祈圣力，永佑康宁。特以香帛，用伸告祭，益彰灵应，福佑家邦。谨告。”[③] 万历九年（1581）张居正病危，亦遣子祭泰安仙妃。[④] 皇室贵族的拜谒与提倡又推动了碧霞元君信仰在民间的传播。

在“不孝有三，无后为大”的传统中国，以神职送生保育、祛病防疾著称的碧霞元君亦得到庶民的普遍接受。“南赡部州大清国京都顺天府南路厅文安县信士弟子……献蜡进香于泰山圣母位前。而斗母宫更为灵应，求子得子，求孙得孙，凡会中善人之资其福者甚众，故特建碑以颂功德于不朽。”[⑤] 民间对碧霞元君的信奉甚至到了一种痴迷的程度，“小民为疾苦者，奉香一尺，宵行衢中，诵元君号，自述香愿，其声乌乌恻恻，曰号佛。行过井，过寺庙，则跪且拜而诵，香尽尺乃归”[⑥]。更有甚者，竟以命还愿，“日照民江伯儿，母疾，割肋

---

① （明）袁袠著，夏忠梅校：《泰山搜玉集》，《泰山文献集成》第1卷，泰山出版社2005年版，第253页。

② 马铭初、严澄非：《岱史校注》卷18《登览志》，青岛海洋大学出版社1992年版，第149页。

③ 碑文见朱宏伟《一则珍贵的碧霞元君信仰史料》，《民俗研究》2004年第3期。

④ （明）张居正撰：《张太岳集》卷33《寄山东巡抚杨本庵言祀事乃告终之事》，上海古籍出版社1984年版，第426页。

⑤ 《高恩等进香碑》，刘秀池主编《泰山大全》，山东友谊出版社1995年版，第932页。

⑥ （明）刘侗、于奕正著，孙小力点校：《帝京景物略》，上海古籍出版社2001年版，第105页。

肉以疗，不愈。祷岱岳神，母疾瘳，愿杀子以祀。已，果瘳，竟杀其三岁儿”[①]。总之，碧霞元君较由东岳神而民间化的东岳大帝体现了更多的人文关怀，获得上至贵族下至黎民的普遍信奉。后来“元君能为众生造福，如其愿。贫者愿富，疾者愿安，耕者愿岁，贾者愿息，祈生者愿年，未子者愿嗣。子为亲愿，弟为兄愿，亲戚交厚靡不交相愿，而神亦靡诚弗应”[②]，成为无所不能之神，这使她适应了广大民众的心理而获得更为广阔的发展空间。此后，在道教、国家、民间宗教家及移民等众多因素的影响下，碧霞元君信仰开始向全国扩展，形成了京师、太原、西安、辽阳等几大信仰中心，成为北方信仰地域分布广泛的神灵之一。

（与孟昭锋合作，原载《世界宗教研究》2010年第1期）

① 《明史》卷296《列传第184》，中华书局1974年版，第7593页。
② 民国《重修泰安县志》卷14《艺文志·金石》。

神灵的庇佑：郑和下西洋中的祭祀神灵研究

郑和下西洋是明代官方的行为，其间相关官员祭祀的神灵应得到国家认可，或者至少没有与国家祭祀制度冲突。国家通过封号、修建庙宇、赐额等方式，来表彰其在郑和下西洋过程中的阴佑作用。以往从宗教角度去研究郑和下西洋祭祀的神灵属性，把天妃、南海神纳入道教、佛教有失片面。而在国家礼制层面上，仍然把他们纳入国家祭祀神灵，而非道佛神灵。静海寺等属于国家层面上祭祀的佛教神灵场所，都公庙则是供奉保佑海上航行的地方性神灵场所，船员祭祀，官方认可。后来的三宝庙、太保宫、碧峰寺等与下西洋有关的场所，均是因官方与民间行为的催生而出现。而宗三庙、白鳝庙等庙宇与下西洋无关。本文力图勾画明代郑和下西洋中官方祭祀神灵的过程与事实，阐述这些与郑和下西洋有关的神灵显圣，人们祈佑、报答神灵遗留的遗迹与碑刻所蕴含的实质内容，揭示佛、道对相关灵显的利用，并对郑和下西洋后民间祭祀中的所谓“郑和神灵”作以剖析，指出官方与民间的作用使一些地方出现了相关庙宇，而这些庙宇确实与郑和下西洋无关。

一　郑和下西洋相关庙宇的修建与神灵祭祀

有关郑和下西洋中的诸神封号有：明永乐七年（1409）元月乙酉，“封天妃为护国庇民妙灵昭应弘仁普济天妃，赐庙额‘弘仁普济天妃之宫'，岁以正月十五日及三月二十三日遣官致祭为令"[①]。同年二月甲戌，"封南海神为宁海伯，时遣使往诸番国，神屡著灵应，故封之"[②]。两次封号出现的时间正值郑和第二次下西洋期间，其必定与郑和等出使海外有关。天妃、南海神有功于海外航行而受封。

相关庙宇的修建与神灵祭祀：1. 天妃神与庙宇。（1）都城龙江天妃庙：正是"永乐初遣使诸蕃及馈运粮饷，褒祭"，才复有敕封。[③]永乐五年（1407）九月，新建南京龙江天妃庙（即今下关天妃宫），建庙原因"时太监郑和使古里、满剌加诸番国，还，言神多感应，故有是命"，遣太常寺卿朱焯祭告。[④]此次建宫于都城龙江之上，"纪德太常，永传祀典"[⑤]。天妃仍是郑和下西洋众多官员、船员信仰的主要神灵。天妃庙近在龙江船厂旁，《郑和航海图》"自宝船厂开船从龙江关出水直抵外国诸番图"明显标绘天妃庙于龙江船厂近旁，便于宝船下水祭祀之便。今存于静海寺的明成祖《御制弘仁普济天妃宫之碑》，作于永乐十四年（1416）四月初六日，述及永乐时"恒遣使敷宣教化于海外诸番国，导以礼义，变其夷习"。而"天妃神显灵，应默加佑相"。永乐十七年（1419）九月，重建仪凤门外天妃宫。[⑥]仪凤门为南京城北绕过狮子山的西门，即今兴中门，距江边十分近便。此重建的天妃宫距永乐五年所建的天妃宫仅十二年，而且是在永乐十七年七月郑和出使返回南京后，其间天妃宫的重建与天妃庇佑海上交通相关。

（2）沿海港口与所过沿海的天妃庙宇。郑和下西洋放洋地点的太仓、福建亦多有天妃庙。明"永乐间屡以天兵震迭东南诸蕃，更通西洋，则此州实咽喉之地"[⑦]。正如"通蕃事迹碑"所载，郑和七次下西洋，"每次统领官兵数万人，海船百余艘，自太仓开洋，由占城国、

---

① 《明太宗实录》卷87"永乐七年正月乙酉"条。

② 《明太宗实录》卷88"永乐七年二月甲戌"条。

③ 嘉靖《太仓州志》卷10《寺观》。

④ 《明太宗实录》卷71"永乐五年九月戊午"条。

⑤ 长乐《天妃之神灵应记》，郑鹤生、郑以钧《郑和下西洋资料汇编》上册，齐鲁书社1980年版，第42—44页。

⑥ 《明太宗实录》卷216"永乐十七年九月甲寅"。

⑦ （明）周凤岐：《新修太仓州志序》，嘉靖《太仓州志》卷首。

暹罗国、爪哇国、柯枝国、古国国抵于西域忽鲁谟斯等三十余国。"[①] 而永乐七年（1409），郑和、王景弘等统领官兵二万七千多人，驾海船二十八艘"赍奉诏旨，往赏东南濒海诸番，以通西洋。是岁九月，自太仓刘家港开船，回日仍于此处住泊"[②]。其后，海船放洋地点仍以太仓刘家港等处为主。永乐二十二年（1424）八月，因仁宗即位，下诏"下西洋番国宝船，悉皆停止，如已在福建、太仓等处安泊者，俱回南京，将带去货物仍于内府该库交收"[③]。故太仓刘家港应是历次放洋的重要港口。

太仓天妃庙有二，一在周泾桥，即《元史·祭祀志》所载周泾天妃祠。此为元漕运祈答天妃所建，"神之宠灵益大，众之凭藉益深"，"门庑殿寝，秩秩有严"[④]。周泾桥号称"海门第一桥"，天妃祠位于太仓城东南隅，[⑤] 城东半泾横"水面弘广，帆樯云集"，"鱼船商舶喜通津，锤鼓椎牛祀海神"[⑥]，天妃庙附近即为太仓南关，号称"六国码头"，"外通琉球、日本等国"[⑦]，"粮艘海舶蛮商夷贾，辐凑而云集"[⑧]。除元时"马头通六国，曾泊岛夷船"[⑨]，明永乐初于城南海运仓（南仓）输浙江等处秋粮数百万石至北京，[⑩] 其间海上交通十分重要，天妃庙应香火鼎盛，"有宝幡谕祭"[⑪]。另一天妃庙在刘家港。刘家港即娄江尾也，在州东一百里（嘉靖志作七十里），据明《昆山续志》云："自娄门历昆山县以东直达于海者，皆为娄江，俗呼为刘家港云。"[⑫] 而弘治《太仓州志》又引宋邱与权《至和塘》，以为"自

① 嘉靖《太仓州志》卷10《杂志》。

② 弘治《太仓州志》卷9《杂志》。

③《明仁宗实录》卷1上"永乐二十二年八月丁巳"条，同见弘治《太仓州志》卷9《杂志》。

④ 弘治《太仓州志》卷10下引（元）舍里性古《灵慈宫原庙记》。

⑤ 弘治《太仓州志》卷1《山川》。

⑥ 嘉靖《太仓州志》卷1《疆域》引（明）马廖《半泾潮生》。

⑦ 嘉靖《太仓州志》卷1《疆域》。

⑧ 弘治《太仓州志》卷1《沿革》。

⑨ 弘治《太仓州志》卷10上引（明）桑琳《重过太仓》。

⑩ 弘治《太仓州志》卷10上引（明）高宗本《太仓十景》。

⑪ 嘉靖《太仓州志》卷10《寺观》。

⑫ 弘治《太仓州志》卷1《山川》。

苏之娄门七十里至昆山者名昆山塘，”即至和塘。而由昆山县至太仓为太仓塘。“以二塘俱在旧娄县之境，故又总谓之娄江。”① 嘉靖《太仓州志》引元周文英《三吴水利》、永乐间夏元吉奏疏、邱浚《海运考》，“皆谓刘家港，昆山、太仓诸志考并同，疑为‘娄’，盖乡音‘娄’与‘刘’互呼，今郙鄙间呼‘娄塘’为‘刘塘’可证”②。则以为刘家港乃娄家港。娄江刘家港北漕漕口有天妃行宫，元至元二十六年（1289）建于崇明西沙，后毁于海潮；至正三年（1343）移建于此，十五年（1355）毁于兵灾，后又重建。明洪武时“每岁总兵官海运粮储往回致祭，永乐初遣使诸蕃及馈运粮饷，褒祭，复敕封护国庇民妙灵昭应弘仁普济天妃”③。从通番事迹碑刻在刘家港天妃宫壁间不难看出，这里是郑和船队泊船与祭祀的场所。“今永乐承平之岁，薄海内外靡敢不服，九夷百番进贡方物，道途相属，方舟大船次第来泊”④，应与元时不相上下。

郑和下西洋宝船也多在福建沿海港口停泊。福州长乐太平港是其停泊之地。太平港外即是五虎门。永乐三年（1405），郑和首航西洋，“自苏州刘家河泛海至福建五虎门扬帆，首达占城，以次遍历诸番国”⑤。永乐七年（1409）九月，郑和、王景弘等率四十八艘海舶“自太仓刘家港开船，十月至福建长乐太平港停泊，十二月于五虎门开洋，张十二帆，顺风十昼夜至占城国”⑥。永乐十年（1412）“自福建福州长乐县五虎门开船”⑦。太平港旧名马江，“郑和使西洋，海舟皆泊此，因故改今名。港东有十里洋街，古谚云：‘十洋成市状元来’”⑧。“三宝太监驻军十洋街，人物辏集如市。”⑨ 从以上三次下西

① 弘治《太仓州志》卷1《山川》。

② 嘉靖《太仓州志》卷1《疆域》。

③ 嘉靖《太仓州志》卷10《寺观》。

④ 嘉靖《太仓州志》卷首《旧志序》。

⑤ 《明史》卷304《郑和传》。

⑥ （明）费信：《星槎胜览》前集《占城国》。

⑦ （明）马欢：《瀛涯胜览·占城国》。（明）徐三重《采芹录》卷4将从长乐五虎门放洋的时间定为永乐七年元月。

⑧ 《明一统志》卷74《福建》。

⑨ （清）郑方绅：《全闽诗话》卷6《马铎》引《稗史汇编》（续修四库全书本），上海古籍出版社2002年版。

洋停驻太平港来看，永乐二十二年（1424）这次召回出使西洋的宝船，福建停泊海船仍在长乐太平港。太平港的天妃宫，应是每次扬帆远航的祭祀场所。“长乐南山之行宫，余由舟师累驻于斯，伺风开洋。乃于永乐十年奏建以为官军祈报之所，既严且整。”后来宣德六年春，“仍往诸番，蚁舟兹港，复修佛宇神宫，益加华美”，又建三清宝殿于天妃宫东，并“雕妆圣像璨然一新，钟鼓支供仪，靡不具备”。此次驻泊太平港，“等候朔风开洋”，修整船队，翻修南山塔寺、天妃宫，新建三清宝殿，“神安人悦”。之所以虔诚事天妃，“惟恐弗逮，敢不竭忠以国事，尽诚于神明乎?”而“师旅之安宁，往回之康济者”，“是用著神之德”①，其义自明。

太仓、长乐天妃庙皆是郑和下西洋扬帆之地的祭祀场所。其他江、浙、闽、广之地，也多天妃庙宇。湄洲天妃初祠也因“永乐初中官郑和使西洋观光怪，成祖命有司新其庙，遣官致祭”②，受到一定的礼遇。泉州天妃宫“其来已久”，郑和下西洋上奏朝廷，“令福建守镇官重新拓之而宫宇益崇”③。另一说是“成祖文皇帝时尝遣内臣赍大赉译赐岛外诸蛮”，“神最有光性灵变，使者奉之谨。故泉州之宫，内使张谦修理也”。④ 张谦于永乐十五年（1417）使西洋还，⑤ 出使目的“赍敕抚谕”古麻剌朗国。⑥ 不管怎样，泉州重修天妃庙，应与郑和等出使西洋有关。

出使西洋使节除江南、福建外，也在广东沿海多祀天妃。戴璟嘉靖《广东通志初稿》卷32《神祠》载，洪武时，广州立天妃庙，“敕加赐额，有司春秋致祭”。东莞赤湾，扼珠江口，“地滨大海，永乐八年差中贵张源使暹罗，始立庙；又行人某使外国还，捐金令父老吴松山等买田供祀，前后朝绅、奉使每出钱佐之”⑦。而“海南天妃庙

---

① 长乐《天妃之神灵应记》，郑鹤生、郑以钧《郑和下西洋资料汇编》上册，齐鲁书社1980年版，第42—44页。

② （清）杜臻：《粤闽巡视纪略》卷5。

③ 万历《泉州府志》卷24《寺庙・天妃宫》。

④ （明）王慎中：《遵岩先生文集》卷23《修天妃宫记》。

⑤ 《明史》卷7《成祖纪》。

⑥ 《明史》卷323《外国传・古麻剌朗》。

⑦ （明）吴国光：《重修赤湾天妃庙碑记》，雍正《广东通志》卷60《艺文志》。

灵应，使者过必祭焉”①。广东沿海为下西洋必经之地，亦是诸如张源等出使西洋的出发地，故天妃庙建立或重建，亦多与天妃灵应有关。

天妃“故宫于吴越、闽、广之间尤多”，郑和等出使西洋，使东南沿海各省天妃庙新建和重新又掀高潮。天妃崇拜除见于修建庙宇外，造海船与下洋前亦多祭神前。“今天后祈求必应，凡下东西二洋造舶，别为一舶如其制而小置神前，凡覆溺倾欹，兆必先见。在洋中或渡琼海，每遇颠危，虔诚拜祷，即有神火集中桅上，或有江鸥一双入仓集神前，舟楫即时镇定，至今神之。”② “奉使外夷者必载其主舟，风涛有祷则应，或蝶、或雀、或灯光，舟人见之……而利涉矣。”③ 天妃庇佑海船作用可见一斑。正如《万历野获编》云：“本朝永乐六年正月初六日，太宗又加封为护国庇民妙灵昭应宏仁普济天妃，庙号宏济天妃之宫，岁以正月十五日、三月廿三日，遣官致祭。盖其时将遣郑和等浮海使外国，故祈神威灵以助天声。”④

2. 南海神与庙宇。南海神是国家祭祀岳镇海渎的重要神灵之一，历来都给予其应有的地位。从隋开皇十四年（594）南海祠设于南海县南海镇开始，历代基本上都重视这一庙宇的修建和祭祀。由于岳镇海渎为国家礼制的中祀，国之大事需要祭祀等。永乐四年（1406）遣道士孙敏、监生王平祭告南海神，此次祭告为伐安南而撰。⑤《祝文》先颂扬岳镇海渎庇佑成祖靖难之役的胜利，后诉黎季犛父子的罪行，祈神灵保佑，使招讨安南之师早日凯旋。可见，南海神司职的南海地域与国之大事关系密切。可惜此后未见永乐七年封南海神后的祭告文，但不影响国家祭祀南海神与郑和下西洋之间存在联系的这一事实。《大明会典》卷九四《群祀·有司祀典》载其岳镇海渎帝王陵庙祭祀礼仪，规定每年二月、八月上旬择日致祭，并规定了相关礼仪、祝文。《明太宗实录》《明仁宗实录》《明宣宗实录》中也记载1405

---

① 《明一统志》卷53《福建·建昌府》。

② 雍正《广东通志》卷60《杂事志·天后》引明《旧志》。

③ 万历《福州府志》卷9《祀典》，明万历（1573—1620）刻本。

④ 《万历野获编》卷14《礼部·女神名号》

⑤ 嘉靖《广州志》卷35《礼乐》。此次祭告嘉靖志载为成祖即位祭告，误。

年到1433年之间，多次派遣太子或官员郊祀“祭太岁风云雷雨岳镇海渎山川等神”，而地方上的岳镇海渎等庙宇，虽在地方，但祝文、香、中央派遣官员等，按照相关国家礼制来祭祀。[①]

3. 佛教相关庙宇。郑和下西洋的官员和大量船员，航海以前的平常生活多多少少都与佛教有关。佛教信仰在人们日常生活的信仰中必不可少。就连信仰伊斯兰教的郑和，也施财刊印的佛经，分送各大禅寺，并自称信佛，还有法名。向达先生早在1964年《关于三宝太监下西洋的几件事》一文中，以郑和刊印的《佛说摩利支天菩萨经》和《优婆塞戒经》为例，即永乐元年（1403）《佛说摩利支天菩萨经》中姚广孝题记云“今菩萨戒弟子郑和，法名福善，施财命工，刊印流通，其所得胜报，非言可能尽矣”；明初刻本的《优婆塞戒经》卷七郑和题记“大明国奉佛信官内官监太监郑和，法名速南吒释，即福吉祥”，“今开陆续成造《大藏尊经》，计十一藏”，说明郑和曾“崇佛”。林松《论郑和的伊斯兰教信仰——兼评郑氏“崇佛”、“崇道”》（《郑和研究百年论文选》，北京大学出版社2004年版）也云“从郑和身份地位看，他跟佛、道的联系是合乎情理的，也是跟他的处境相协调的”，“郑和称弟子，署法名，也仅限于印造佛经。可见他为迎合应酬而自称沙门弟子，却未必真正信佛。这样做，与其说是宗教原因，还不如说主要是政治的原因”。郑和不信佛，但有关出使官员和船员，应信佛。

上述福建长乐《天妃之神灵应记》，永乐十年（1412）奏建的太平港天妃宫，宣德六年（1431）新建三清宝殿于近旁，另翻修佛教南山塔寺。碑云“右有南山塔寺，历岁久深，荒凉颓圮，每就修葺，数载之间，殿堂禅室，弘胜旧规。今年春仍往诸番，蚁舟兹港，复修佛宇神宫，益加华美。而又发心施财，鼎建三清宝殿一所于宫之左，雕妆圣像，粲然一新，钟鼓供仪，靡不俱备”。长乐南山塔寺与天妃宫、三清殿一起，成为长乐港口重要的官军祭祀与祈报场所。

除长乐南山塔寺外，静海寺也与郑和下西洋有关。“寺在府北二

① 参见王元林《国家祭祀与海上丝路遗迹——广州南海神庙研究》，中华书局2006年版，第261—265页。

十里，洪熙元年（1425）赐额。”[①] 静海寺在南京西北仪凤门外卢龙山之麓，“明永乐间内监郑和使西洋归，因建寺赐额”[②]。“静海寺有水陆罗汉像，乃西域所画，太监郑和等携至。每夏间张挂，都人士女竞往观之。”[③] “金陵静海寺藏有佛宝，来自西方，每岁时出献佛堂上，祝云亦郑和所取。”[④] 到明万历时，罗懋登的《三宝太监西洋记》第一百回“奉圣旨颁赏各官，奉圣旨建立祠庙”记载“静海寺有篇《重修碑》可证”。从静海寺罗汉像等内容不难看出，此寺院为佛寺无疑。

南京聚宝门外的碧峰寺也与郑和下西洋有关。据佚名《碧峰寺起止记略》云，碧峰寺于洪武五年“敕工部黄侍郎（立恭）督工重建”，原因是“圣祖召问（碧峰禅师）佛法、鬼神及修炼语甚合，出使西洋所经诸国，奇功甚多，授爵固辞”。修庙与碧峰禅师有关。碧峰寺所统非幻庵。据《非幻庵香火圣像记》所云：“城南之梵刹，同（在）碧峰寺麓之岩，庵曰非幻。”“至宣德改元，师主牛头。时灵监公深契往谒，览兜率崖，辟支佛洞，愕然有感，乃伐木鸠材，复崇栋宇、像设，起人之瞻敬。尝谓师曰：‘吾因经西洋番邦诸国，其往返叨安，感戴皇上佛天之河护，已出缗，命工铸金铜像一十二躯，雕妆罗汉一十八位，并古铜炉瓶及钟磬乐师灯具等，今安于宅，尚虑后之乏人崇诗，逮吾西洋回还，俱送小碧峰退居供奉，以为永远香火，旦夕焚修……’不期宣德庚戌，上命前往西洋，至癸丑岁，卒于古里国。……宣德乙……众同商议，不违先太监公生前之愿。”[⑤] 文中提到的太监公为郑和无疑。此庙为佛教庙宇，与郑和下西洋有关。罗懋登的《三宝太监西洋记》第一百回“奉圣旨颁赏各官，奉圣旨建立祠庙”记载“碧峰寺有篇《非幻庵香火记》可证”。当是天顺元年《非幻庵香火圣像记》再一次被引用的证明。

锡兰国（今斯里兰卡）佛寺也有郑和因佛“慈佑”而布施大量

---

① 《明一统志》卷6《南京》。
② 乾隆《江南通志》卷43《舆地志·寺观》。
③ （明）顾起元：《客座赘语》卷9《诸寺奇物》。
④ 《御定渊鉴类函》卷234《边塞部五·锡兰山》引《增续文献通考》。
⑤ 潘群：《〈非幻庵香火圣像记〉试析》，《郑和研究》2007年第3期。

供品的碑刻。“永乐十年（1412）遣中官郑和奉勅，赍金银供器及彩妆、织金宝幡施于寺，及建石碑，赏赐国王等。”① 当年锡兰所立的一块碑，至今尚保存于斯里兰卡科伦坡博物馆里。碑用汉文、塔米尔文和波斯文凡三种文字，碑立于永乐七年（1409）二月甲戌，“大明皇帝遣太监郑和、王贵通等昭告于佛世尊曰：……比者遣使诏谕诸番，海道之开，深赖慈佑，人舟安利，来往无虞，永惟大德，礼用报施。谨以金银织金纻丝宝旛、香炉、花瓶、纻丝表里、灯烛等物，布施佛寺，以充供养。惟世尊鉴之。总计布施锡兰山立佛等寺供养”②。

4. 道教相关庙宇。与佛教一样，道教也与出使官员、船员密切相关。福建长乐《天妃之神灵应记》，后有“正一住持杨一初稽首请立石”。当是“三清宝殿”道教主持。值得注意的是，上述太平港永乐十年奏建的天妃宫，应是每次扬帆远航的祭祀场所；宣德六年（1431）新建三清宝殿于近旁，俨然把天妃宫与三清殿浑然一体，看作道观。新近发现郑和这次新修的三清殿，殿前有“太监郑和、王景弘等同官军人等，发心铸造铜钟一口”③，可以认为郑和等官军与道教有关。

5. 回教寺庙。永乐三年（1405），王景弘在第一次随郑和下西洋之前，就曾经前往素以“遣舶祈风”而闻名于世的九日山“祈风”祭海：“王景弘……至泉州寄泊，上九日岩祈风，至清真寺祈祷。”《泉州灵山回教先贤墓行香碑》所载永乐十五年郑和等于此行香，“望神灵庇佑”。郑和行香属于个人行为还是带有官方性质，应该看作是两者兼有之。

6. 其他神灵与庙宇。晏公神。晏公兴起于元代，到明正统时，已经成为扬子江和附近海域的重要水神。“因记向年朝廷有事西洋日，中贵人经刘家港谒神行宫，见其对土木像若君父然。有彭指挥者稍弗谨。棰之几死，闻其群从言，神于江海无乎不在，呼之则火至，火至

① 《御定渊鉴类函》卷234《边塞部五·锡兰山》引《增续文献通考》。

② 向达：《西洋番国志校注》附录二《郑和在锡兰国所立碑》，中华书局2000年版，第50页。

③ 张善贵辑：《长乐金石志》，香港文学报社出版公司2005年版，第160页。

则无虞。"[①] 晏公崇拜在扬子江一带还是比较盛行的。而刘家港等为对外港口，明初郑和下西洋，刘家港的晏公神灵也应是官员和水手必须祭祀的神灵。

广东广海湾外上川岛东南的乌猪洲，"上有都公庙，舶过海中，具仪遥拜，请其神祀之，回用彩船送神"。而"都公者，相传为华人，从郑中贵抵海外归，卒于南亭门，后为水神，庙食其地。舶过南亭必遥请其神，祀之舟中，至舶归，遥送之去"[②]。南亭门即今珠江口外的万山群岛，与乌猪洲之间为乌猪洋，这里是遥祭都公庙而已。都公庙或与郑和下西洋有关，其后建庙当在郑和下西洋期间甚或以后。这里的"都公"是指"都指挥"的地方军事官员，还是地方府一级管理僧的"都纲"、道的"都纪"，还是另有所指，值得思考。从《长乐南山寺天妃之神灵应记》载立石官员有"都指挥朱真、王衡等立"，或许与这些都指挥有关。至于福建漳州渐红村的"太保公"庙、长乐漳港大王宫等都是民间庙宇，与官方祭祀无关。

至于明罗懋登的《三宝太监下西洋》一百回"奉圣旨颁赏各官奉圣旨建立祠庙"所云："后来静海禅寺建于仪凤门外，天妃宫、宗三庙、白鳝庙，俱建于龙江之上。"宗三庙、白鳝庙在扬子江一带，宗三舍人是民众信仰的神灵。罗懋登于万历二十一年（1593）为《新刻出像增补搜神记大全》作序，其卷三有"宗三舍人"条，有像无文字，当后来毁掉。《道藏》收录的《搜神记》，也仅有词条存目，而无内容。而明黄景昉《国史唯疑》卷一《洪武、建文》云："彭蠡湖每风雨波涛若有物蜿蜒其中，舟多覆。传为缆精，过客辄祀之。偶旱枯验乃巨木，岁久为藻所络若鳞介然。"后都昌令焚烧之，"怪遂绝"。"一说国初破伪汉，湖中浮尸蠢蠢，太祖命以棕缆投之三，复之，魄凭为厉，因神其缆曰'宗三舍人'。"据《古今图书集成》载：江宁府宗三庙，"一在县西十里，明正德五年建，今改额为永胜庵；一在县东南十五里，明隆庆间建"[③]，皆为宣德以后所建。与郑和下

① （明）郑文康：《平桥稿》卷6《晏公灵异记》。

② （明）张燮：《东西洋考》卷9《舟师考》。

③ 《古今图书集成·职方典》卷660《江宁府部丛考》。

西洋关系不大。崇祯十七年宗三有封号（详下），也多是后来阴佑皇太后而封。

而白鳝庙中所祀白鳝，即鳗鲡，是一种降河性回游鱼类，原产于海中，溯河到淡水内长大，后回到海中产卵。每年春季，大批幼鳗（也称白仔、鳗线）成群自大海进入江河口。雄鳗通常就在江河口成长；而雌鳗则逆水上溯进入江河的干、支流和与江河相通的湖泊。雌鳗秋季又大批从江河的干、支流至江河口与雄鳗会合后，继续游至海洋中进行繁殖。白鳝分布于中国长江以南至广东、海南岛各江河水系。宋陆佃《埤雅》卷二《释鱼》云："鳗，无鳞甲，白腹，似鳝而大，青色，焚其烟气辟蠹。有雄无雌，以影漫鳢而生子。"明南京古迹有"白鳝洞，坐落驰字铺"①。崇祯十七年（1644），因皇太后张氏从河南水路来到南京，南明弘光王朝认为从"中州至南京，一路大小河神"保佑，封这些河神各种称号，其中"原敕封宗三靖江王，今加封惠祐宗三靖江王""原敕封护国开河显应有感白鳝大王，今加封护国开河显应有感灵昭白鳝大王"②。白鳝大王也在《三宝太监下西洋》多次提到，原来白鳝大王"护国开河显应有感"的封号，以及后来在南京龙江上的白鳝庙，疑与郑和下西洋关系不大。

二　官方祭祀神灵的原因与道教、佛教再吸收

以上官方通过赐号、修建庙宇和派遣相关官员的祭祀，反映了在郑和下西洋中，国家对包括回教、佛教、道教在内的神灵认可，但对于国家礼制层面的神灵和其庙宇，从国家祭祀的角度上考量，仅有天妃和南海神。

明代永乐到宣德间，天妃封号、祭祀活动以及相关离宫庙宇的修建，与郑和下西洋有关。官方祭祀神灵的目的就是祈祷天妃阴佑海上航行安危，保证郑和等出使顺利。而郑和下西洋，海上航行必经南海，南海神司辖南海这一地域，海上安全是南海神的神职功能之一，

① 《南京都察院志》卷22《职掌》。

② （明）管绍宁：《赐诚堂文集》卷5《奏疏·加封水神疏》。

因此封号自然在情理之中。除此之外，南海神更多神职在阴佑一方平安，象征着国家权力在地方上的统治，其功能更多表现在社稷和岭南地方的安定。其祭祀也多在国家礼制层面。有明一代，中央除了例行的中祀包括南海神在内的岳镇海渎活动外，并没有显现出南海神在中央地位的提高。相反，与前代相较，还有下降之势。明太祖重视国家礼乐，虽然取掉诸神的封号，但重视国家祭祀，这是不争的事实。郑和下西洋、成祖平定安南等，南海加“宁海伯”，其在中央还处于比较高的地位，但“伯”爵位，实际上已经远不能与唐、宋、元代的“王”，南汉的“帝”等相较。就是爵位，也不如公、侯等。仅从封号中就可以发现其远不如以前各代。相反，天妃的封号一直在增加，“妃”的地位不管怎样，都是要高于“伯”的，更何况天妃的前面还有“护国庇民妙灵昭应弘仁普济”等难以比肩的封号，这是南海神灵无论如何也不可能比及的。[①] 如果撇开封号不谈，只从南海神在国家阴佑层面的作用来看，明前期的地位虽然不能与前代比较，但还是较明中后期的地位要高。

由于宋代道教已经渗透到妈祖信仰，元代道士一度取得了祭祀天妃的权利。而道教祭祀神灵的场所一般称作“宫观”，元代天妃宫的称呼在江南地区流行。天妃宫一名的出现，反映了道教影响的扩张。元代太仓周泾天妃宫主持杨炼师就是道士。道教利用天妃，将天妃作为道教的神灵，并影响到明清，地域扩展到福建等其他地区。[②] 一般认为天妃为道教神灵，但从国家礼制来看，无疑是道教利用天妃神灵来扩展自己的香火。上述南京龙江天妃庙，除国家祭祀派太常寺官员祭祀外，“永乐十五年，钦差内官王贵通、莫信、周福率领千户彭佑、百户韩翊并道士诣庙，修设开洋清醮”[③]。国家祭祀为首位，道教的醮仪应被使用，而出使官员代表的身份更应该与国家祭祀相关，道教只是起到辅助作用，帮助完成这一国家祭祀活动的过程。

明代国家礼制层面，仍然没有承认天妃为道教神灵，而是视其为

---

① 王元林：《郑和下西洋与天妃、南海神的崇拜》，《暨南学报》（哲学社会科学版）2005 年第 6 期。

② 徐晓望：《妈祖信仰史研究》，海风出版社 2007 年版，第 126—133 页。

③ 照乘：《天妃显圣录》，台湾文献丛刊本，第 77 种，第 8 页。

有功于国家出访的神灵来祭祀。虽然管理庙宇和祭祀的礼仪不免有道教的因素，但这正是道教利用国家礼制以外的合理空间，来渗透和利用天妃这一神灵开展自己的活动。虽然永乐《天妃之神灵应记》中也有道教正一住持杨一初"稽首请立石"，但在国家礼制层面，仍然把天妃纳入国家礼制。《明史·礼志》明确记载："天妃，永乐七年封为天妃为护国庇民妙灵昭应弘仁普济天妃，以正月十五日、三月二十三日，南京太常寺官祭。太仓神庙，以仲春、秋望日，南京户部官祭。"中央官员祭祀天妃无疑是国家权力在礼制上的最好体现。

明初道教的有关经卷也可证明其间对天妃的利用。《太上老君说天妃救苦灵验经》（《道藏》第11册）记载有永乐七年给天妃封号"护国庇民妙灵昭应弘仁普济天妃"，说明此经成于永乐七年以后。既然收入到正统十年（1445）《道藏》中，应在正统十年以前。而天津天后宫原藏有一部《太上老君说天妃救苦灵验经》（现收藏于北京白云观道教总会），初刊于永乐十四年（1416），后收入明正统《道藏·洞神部》。经文说明天妃下凡是太上老君指派，"于是天尊乃命妙行玉女，降生人间，救世主民疾苦。乃于甲申之岁，三月二十三日辰时，降生世间"。经文拟定天妃誓文曰："一者誓救舟船，达到彼岸；二者誓护客商，咸令安乐；三者祛逐邪祟，永得消除；四者荡灭灾屯，家门清静；五者搜捕奸盗，屏迹潜形；六者收斩恶人，诛锄强梗；七者救民护国，民称太平；八者释罪解愆，离诸报对；九者扶持产难，母子安全；十者庇护良民，免遭横逆；十一者卫护法办，风雨顺时；十二者凡有归向，保佑安宁；十三者修学至人，功行果满；十四者求官进职，爵禄享通；十五者过去超生，九幽息对。是时老君闻天妃誓言，乃敕玄妙玉女，锡以无极辅斗助政普济天妃之号。"这里的天妃乃妙行玉女降生人间，誓扬正化，广济众生，普令安乐。民众信奉，"但能起恭敬心，称吾名者。我即应时孚感。令得所愿遂心，所谋如意"。如此，道教经典通过一系列的包装，把天妃变成太上老君的使臣，并有相关的阴佑功能，"前后导从，部卫精严，黄蜂兵帅，白马将军，丁壬倒霉，树香大圣，晏公大神。有千里眼之察奸，顺风耳之报事。青衣童年子，水部判官，佐助威灵，显扬正化。世间若有男女，恭敬信礼称其名号，或修斋设醮，建置道场，或清静家庭，或江海水小，转诵是经一遍，乃至百遍千遍。即袪除灾难，殄灭邪魔；疾病自痊，官灾永息；行兵临陈，凶恶自离；困狱之中，自然清泰；贼寇不侵，恶言无害；田蚕百信，牛畜孳生；财禄盈余，经营获利；行商坐贾，采宝求珍；海途平善，无诸惊恐；求官做事，遂意称心”。配备一系列的陪神，俨然为道教一方诸侯。念诵灵经，会免灾接福。就是元代兴起的水神晏公，也被上述的道教经书编入天妃的陪神。

佛教也是如此。《太上说天妃救苦灵验经》一卷，刻于永乐十八年（1420），是跟随郑和下西洋的僧人胜慧在临终前，命弟子用其所遗留的资财，发愿所刻。经金秋鹏先生考察，国家图书馆善本部收藏有《太上说天妃救苦灵验经》一册，与《中国美术全集·绘画编·版画卷》（上海人民出版社 1988 年版）所录图一致，为国家图书馆收藏本。[①]《太上说天妃救苦灵验经》卷末有跋文一篇，云：“□□□达胜慧所伸意者永乐十四年差往西洋公干，要保人船无事，发心告许天妃灵验妙经一藏，用作匡扶，祈求平善。不期胜慧年命已终，愿心尤在，堇（谨）将遗下资财，命工印造。原（愿）许经文散施四方，流通读诵，所集工（功）德上报。…… 永乐十八年四月初八日拜题。”《太上说天妃救苦灵验经》并不是道教的《太上老君说天妃救苦灵验经》的简写。中国国家图书馆馆藏的卷首的插图除画有天妃宫的图像外，图的后部上方画有观音菩萨的画像。前半部分残，从“敕封辅斗显迹威灵飞符走印统领天丁”以后才有，个别字句与道教《太上老君说天妃救苦灵验经》不同，但大体意思一致。值得注意的是，下文有“齐天圣后，观音化身”“善男信女能经敬奉经咒，不计日辰，或敬心讽诵，或僧道转诵行持法事，或转一遍，人钦仰心内慈悲佛显明我奉上天来助”“玉帝有封咒”等，而“僧道转诵行持法事”，可见两者对天妃的利用。特别是卷末“皇后天妃宝号：志心皈命礼浦沱兴化湄洲灵应威德飞雄神通广大救厄而闻大慈大悲救苦救难敕封护国庇民妙灵昭应弘仁普济天妃菩萨摩诃萨”。从胜慧发愿刊经，以及经文不难看出，《太上说天妃救苦灵验经》为佛教

① 金秋鹏：《迄今发现最早的郑和下西洋船队图像资料——〈天妃经〉卷首插图》，《中国科技史料》2000 年第 1 期。

经卷无疑。

《太上说天妃救苦灵验经》与《三教源流搜神大全》（元刻，明初补入）相较，前者为专门的佛教经卷，而后者为儒释道三教神灵的汇集。《三教源流搜神大全·天妃娘娘》云："母陈氏尝梦南海观音与优钵花，吞之，已而孕……甫周岁，在襁褓中见诸神像，叉手作欲拜状。五岁能诵观音经。"也可看作是佛教利用天妃，把天妃看作与自己相关的神灵。而《太上说天妃救苦灵验经》也比佛教后来的《观音大士说天妃娘娘经》更早，只是前者流传不广，与道教的《太上老君说天妃救苦灵验经》相似，而被人们逐渐淡忘。

明末清初编成的《天妃显圣录》中，就收录了不少天妃与佛教相联系的传说。同时，天妃"窥井得符""挂席乘搓""灵符回生""湄洲飞升"等具有强烈道教色彩的情节事迹更成熟。从中不难看出，佛道对天妃的利用。

总之，现看到的道教《太上老君说天妃救苦灵验经》初刊于永乐十四年，《太上说天妃救苦灵验经》初刊于稍晚的永乐十八年，道佛两者明显利用天妃来宣传各自的宗教，两者在郑和下西洋中都被赋予了神灵的法力，这已为不争的事实。

（原载《暨南史学》第7辑，暨南大学出版社2012年版）

水神萧公信仰的形成与地域扩展

目前学术界对妈祖、南海神等水神的研究已很深入，而对遍祀于江河湖泊的水神萧公，则没有给予足够的重视，相关研究成果更是少见。[①] 现存的《大洋洲萧侯庙志》是一本对萧公神记载的专志，[②] 书中收录的材料对我们揭示萧公成神及演变的过程作用重大。本文首次对萧公信仰进行系统研究，拟从萧公信仰的形成、地域扩展入手，展示地方神灵如何演变成国家正统神灵的过程以及神灵塑造与地域扩展的原因，敬请方家赐教。

一 萧公信仰的形成与祖先崇拜

萧公信仰肇迹于元代江西临江路新淦州，其祖庙在新淦大洋洲（今江西新干县大洋洲镇），其神祇包括萧氏祖孙三代——伯轩、祥叔、天任。萧公信仰的产生与其宗族势力密切相关。现依《大洋洲萧侯庙志》所载的萧侯世系，将萧公神三世谱系梳理如下：[③]

萧伯轩，生于宋咸淳八年（1272）十月初三日，娶吉安永新坪上刘氏，死于元大德十年（1306），葬新淦社山。其先祖本为开封祥符

---

① 潘铭燊：《郑和的保护神：萧侯——美国国会图书馆藏孤本〈大洋萧侯庙志〉中的一条稀见资料》，《南山论学集——钱存训先生九五生日纪念》，北京图书馆出版社 2006 年版，第 48—51 页；唐庆红：《〈大洋洲萧侯庙志〉及其史料价值》，《中国社会经济史研究》2011 年第 1 期。

② 《大洋洲萧侯庙志》有四种版本：天启、道光、宣统、民国，也称《太洋洲萧侯庙志》，简称《萧侯庙志》。后三种版本增加了清人对萧公的相关记述，本文以清宣统三年刻本为依据。

③ 《大洋洲萧侯庙志》卷 1《萧氏世系图》，清宣统三年刻本，第 3—4 页。

人，其父萧兰芳官至吉安路刺史，后卒于吉，萧伯轩遂留寓吉。后伯轩从吉安永丰迁徙至临江新淦大洋洲定居，生二子一女，二子为祥叔、瑞叔。

萧祥叔，伯轩长子，生于至元二十三年（1286）四月初二日，亦娶吉安永新坪上刘氏，卒于元至正九年（1349），葬于新淦社山。其子二：天佐、天任。

萧天佐，祥叔长子，生于元至大四年[①]五月初五日，配吉安永丰水南江氏，殁于吴元年（1367），葬于新淦社山。天佐有二子：聿修、敬修。

萧天任，祥叔次子，生于元泰定元年（1324），亦配吉安永丰水南江氏，卒于永乐三年（1405），葬于新淦社山。天任无子，由天佐次子敬修过继，有三女，莲湖李伯良入赘其长女。

萧公神包括萧氏三代，最早在洪武年间就有萧氏成神的记载，翰林院编修张美和《修德堂记》云萧伯轩、萧祥叔、萧天佐三世已“有声江湖间”，殁后“人皆像而祀之”。[②] 如果这样的记载可靠的话，说明至少在洪武年间萧公神已有一定的影响力，而这里提到的萧氏三世中并没有孙辈萧天任，而是萧天佐。这篇记文是由萧天佐的儿子萧聿修请张美和写的，由于张氏与聿修先祖是莫逆之交，张氏无法推辞才撰此记文。而张美和死后，萧天任“为之助襄事”[③]，可见两家关系密切。至明宣德十年（1435）广东按察司佥事曾鼎撰《新淦萧侯庙碑记》载萧伯轩“不事家人生业，惟以济人利物为务，晚有神识，事皆前知”，死后立庙于家，被乡人祀为水神。其子祥叔增修父道，更复神异，“往往能拥护舟楫于江湖风浪之间”，死后合祀于伯轩庙。其孙天任“生有灵异，人有所叩，无不前知”，于永乐三年（1405）坐化，亦合祀于伯轩庙。[④] 其后相关碑记对萧公神三世的记载亦与此相类似，只不过附会的成分越来越多。看来萧公庙本为宗室庙宇，是萧氏子孙祭祀先祖的地方，此后萧天任取代了萧天佐，同其祖伯轩、

① 元代无至泰年号，从时间上考证应是至大四年（1311）。
② （明）张美和：《修德堂记》，《大洋洲萧侯庙志》卷4，第15页。
③ （明）张克文：《萧侯灵异集前序》，《大洋洲萧侯庙志》卷4，第12页。
④ （明）曾鼎：《新淦萧侯庙碑记》，《大洋洲萧侯庙志》卷4，第1—2页。

父祥叔合祀一庙中。而萧天任如何顺利取代萧天佐，这背后可能有深层原因，因史料有限，在此不作妄测。

萧公庙既为萧氏宗庙，萧公神又如何成为当地民众崇拜的神灵呢？这应与新淦自然环境相关。新淦“据豫章上游，当处虔广之冲，为江省要邑”①。赣江自古就是南北交通的水陆要道，“大洋洲当赣江千里中流，萦回襟带，独据形胜”②。新淦“本闽粤噤喉，自吉赣以下，素称险地，民驾缘舟子渔利，遂多不测”③。新淦水道多险，不利于船只的航行。正是这样的水患环境，为历代萧公死后成为水神提供了有利条件，在萧公显灵的事迹中就出现了许多“救江湖舟楫之险”的故事。这样一方面可以迎合民众寄托于神灵来保佑航行安全的心理，另一方面也可满足民众祈求神灵平息当地水害的心理需要。由于萧氏祖孙宗庙“当横流之中”，地处赣江要道，④ 利航运平水患等神异事件不断发生，人们自然将其认为是萧氏祖孙阴佑所致。而宗族势力的介入也对其信仰的形成与扩展帮助甚大。萧氏“世居淦之大洋洲，为洲之右族”⑤，明人金幼孜曾言：“吾新淦自宋元以来多大家硕族，而白马萧氏其一也。”⑥ 白马与大洋洲隔江相望，且入赘于萧氏的莲湖李伯良也是白马人。虽然不能确定大洋洲萧氏与白马萧氏有何关联，但萧氏作为地方大族，是主导地方的势力之一，为地方社会接受一位萧氏神灵奠定了一定的基础。

有关萧公祖孙三神在元代以及明初的情况，后世的记载颇多，但附会成分也不少。在各碑记中都记载了萧伯轩在元代至大二年（1309）获得“五湖显应真人”的封号和萧祥叔在至顺五年（1334）获得“永灵神化普济显德舍人”的封号，但并没有提到加封的具体

---

① （明）朱琏：《城隍庙记》，同治《新淦县志》卷1《地理志》，第480页。

② （明）张克文：《萧侯灵异集前序》，《大洋洲萧侯庙志》卷4，第12页。

③ （清）戴衢亨：《杨潢捐资义渡记》，同治《新淦县志》卷1《地理志》，第519页。

④ （清）刘珙徵：《募修大洋洲萧公英佑侯王石岸疏》，《大洋洲萧侯庙志》卷7，第8页。

⑤ （明）卢闳侃：《蜀涪州萧公庙碑记》，《大洋洲萧侯庙志》卷4，第9页。

⑥ （明）金善：《金文靖公集》卷7《萧氏行乐图诗序》，文海出版社1970年版，第555页。

事迹。[①] 同时代的史料都未见类似的记载。明《垄起余闻》记载了元至正二十三年（1363）萧公神在鄱阳湖大战中帮助朱元璋打败了陈友谅，朱元璋登基后命“沿江州县各立庙祀之”[②]。明万历时小说《三宝太监西洋记通俗演义》则叙述了萧公祖孙三代生前正直死后成神的事迹，其中萧祥叔任灵阳主簿时因防盗贼不屈而死，萧天任为白沟河巡检司巡检时死于王事。[③] 这样的神迹显然是根据一些史实附会而来。万历四十六年（1618）明兵部尚书郭子章《三萧侯传》中增加了萧伯轩访道临江谢真人一事和萧祥叔洞庭湖显灵护舟与助伯颜南征的事迹，并美化了萧氏成神的过程，使萧氏成神开始与道教的洞天福地阁皂山和玉笥山产生了联系，借道教来渲染萧公成神的神秘化。[④] 由于其间时间相隔较长，可信度不高。而值得注意的是，各碑记中都提到了萧祥叔在明初朱元璋营建宫室过程中显灵护运的神迹，并受到了朱元璋遣官谕祭的礼遇。而明官方志书中亦有“国朝洪武初，尝遣官谕祭”[⑤] 的记载。结合张氏记文，可以认为萧公神初次引起明朝统治者注意后，萧聿修请张氏作记文来进一步确立和抬高萧公神的地位。由于记文中没提到萧公祖孙三神在元代的相关事迹以及所获的封号，这与萧公庙本为家庙，当时还未成神格相关。至明初时，萧公神因不断灵异而引起朝廷重视。故萧公前二世伯轩、祥叔在元代的事迹多不可信，萧公神真正发迹是从明永乐时萧天任开始的。

二　明代萧公神获得两次国家赐封与地方社会

萧公信仰要想获得更大的发展，须从地方神灵升格为国家正统神灵。永乐时，萧公信仰的发展迎来了重大转机。成化二年（1466）临江府新淦县官员为祀萧公神之事的《勘合》中提道：“永乐十七年

---

① （明）金辅伯：《新淦萧侯庙碑记》，《大洋洲萧侯庙志》卷4，第4页。

② 乾隆《枝江县志》建置志第2《寺庙庵观》，乾隆五年刻本，第28页。

③ （明）罗懋登撰，陆树仑、竺少华点校：《三宝太监西洋记通俗演义》卷20《水族各神圣来参　宗家三兄弟发圣》，上海古籍出版社1985年版，第1285页。

④ （明）郭子章：《大洋洲三萧侯传》，《大洋洲萧侯庙志》卷2，第1—6页。

⑤ （明）《寰宇通志》卷37《临江府·祠庙》，玄览堂丛书续集本，第10页。

(1419)，朝廷曾差内臣往西洋等处公干，节被风波险难。萧公之神，即于海上云中现影，救护海舟，得脱险难。内臣使还具奏，文皇帝敕封英佑侯。"[①]《明英宗实录》亦载："神自永乐中已封为英佑侯。"[②]上述曾鼎碑记中亦有"神游海上锡侯封"之句。而此处萧公神指的是萧天任，说明了萧天任在海上显灵，并在内臣的请求下，明成祖加封萧天任为英佑侯。相关史料都言及萧天任此次受封与郑和下西洋的史实有关，但其受封的具体事迹并不是很清晰。另据乾隆《腾越州志》载："时有内臣事海外招诸夷，临江水工多调发，过风水则拜呼萧公，则验。太监郑和归，入奏，遂加封修庙。"[③]这些水工信仰的水神在海上显灵庇佑航行，得到朝廷封号自然顺理成章，这与天妃在宋宣和年间显圣获封的事迹相似。

景泰四年（1453）萧天任再次得到加封赐号。《敕谕水府萧公英佑侯》中提到萧天任"西洋济险，先朝已锡于荣封，兹特加封神为水府灵通广济显应英佑侯"[④]。此次加封的缘由是"景泰三年，（武冈州、靖州）苗复为叛，英佑侯萧公之孙萧鸣、祀神之人王灏告称，因神附体降鸾，报云：'已遣神兵助行招抚'。……神祝王灏将神香钱二百两买米及盐运赴军前接济官军。军纳交后，苗各闻知神明运助粮储，互相诱化，不复为恶。……都御史李（实）备由具奏"[⑤]。此次萧天任显灵护运漕粮有功而受封。同样，《明英宗实录》载："加水神萧公封号为水府灵通广济显应英佑侯。……至是，巡抚湖广都御史李实言：'近岁，神降于其乡人王灏，附鸾箕以言祸福，有验，乞加崇奖。'于是，降敕加封号，而赐灏冠带终其身。"[⑥]而在《勘合》中把萧天任受封的整个过程记述得更为详细，"有验"当是李实奏称

---

① 《大洋洲萧侯庙志》卷3《勘合》，第2—3页。另见康熙《新淦县志》卷15《杂志》，第1015—1022页。

② 《明英宗实录》"景泰四年九月己卯"条，"中研院"历史语言研究所1962年校印本，第5098页。

③ 乾隆《腾越州志》卷4《坛庙》，光绪二十三年重刊本，第17页。

④ （明）陈循：《芳洲文集续编》卷1《代言》，《续修四库全书》，第1328册，上海古籍出版社2002年版，第32页。

⑤ 《大洋洲萧侯庙志》卷3《勘合》，第2页。

⑥ 《明英宗实录》"景泰四年九月己卯"条，第5098页。

“访得萧侯之神于川广之间，果有灵验，无妄言”。而且李实还将王灏用神香钱买米粮接济官军以及备木造桥等事迹上报，翰林院据此定拟“褒嘉神号”，再由礼部核准颁布。[①] 而需要注意的是，“水府”一般是水神的通称，不应是封号，且从敕谕中称萧公神为“水府萧公英佑侯”来看，此次加封增加的是“灵通广济显应”六字。萧鸣和庙祝王灏用萧公庙的香火钱买粮造桥来支持官军运粮，并假称是受了萧公神的指示。显然萧公神此次获得国家加封既体现了萧氏宗族势力的作用，又折射了地方神祇通过在地方叛乱中的作用而成为国家正统神灵的过程。

随着萧公神地位的提高，景泰七年（1456），因大洋洲的萧公庙宇“不足以展祀事”，于是萧氏子孙捐赀买巨木，并在旧祠前择地创庙宇，规模壮观，“以安侯三世之神”。成化二年（1466），太常寺卿邓常恩奏称：“萧公英佑侯之神，屡著灵显。”[②] 邓常恩是临江府籍道士，深受皇帝宠幸，故户、礼二部命“淦邑支官钱”修萧公庙，“春秋随宜备物，遣官致祭，岁以为常”[③]，所花的费用是“银四两六分二厘”[④]，并拨中户人二名来维持萧公庙的日常运转以及负责打扫庙宇。而政府也免萧氏子孙杂差，“粮与轻赍”[⑤]。国家赋予萧公神后代特权，刺激地方宗族势力参与到萧公信仰中来。

更为重要的是，萧公庙的香火很旺盛，从“每年恒有数百金寄回，家赖以给”来看，[⑥] 萧公庙所得香火钱是十分可观的，那么取得萧公庙宇的管理权就显得尤为重要。萧公庙中“所入香楮金钱，则萧、李两姓资焉”[⑦]，可见萧公庙宇的管理权由萧、李两姓负责，李氏则是萧天任长女赘莲湖李伯良的一支。而其内部又有细分，萧氏从

---

① 《大洋洲萧侯庙志》卷3《勘合》，第3页；另见乾隆《武进县志》卷2《桥梁》，乾隆三十年刊本，第19—20页。

② 《大洋洲萧侯庙志》卷3《勘合》，第6页。

③ （明）甘应蚪：《萧侯神迹纪》，《大洋洲萧侯庙志》卷2，第11页。

④ 《隆庆临江府志》卷7《赋役》，《天一阁藏明代方志选刊》，第35册，第19页。

⑤ 《大洋洲萧侯庙志》卷3《勘合》，第4页。

⑥ （明）王圻：《稗史汇编》卷133《祠祭门》，《四库全书存目丛书》，子部，第142册，齐鲁书社1997年版，第91页。

⑦ （明）邱士毅：《金川英佑侯萧公庙堤记》，《大洋洲萧侯庙志》卷4，第6—7页。

“祥叔、瑞叔两公派分三房，上房、中房出祥叔，下房出瑞叔，李氏一房。每月每房输六日值侯祠，香火香钱所入，除修葺祠宇外，余以资六房”[①]。萧、李两姓除参与萧公庙管理外，也用庙中香火钱来参与地方建设。萧公庙“当大江之冲”，其庙基关系到乡人免受水患的威胁。明万历三十八年（1610），“两姓中有识者谓，祠岸倾危，几及堂寝”，并请里中长者张君、邑侯朱公、邑缙绅侍御史朱谨吾倡修庙堤，捐赀助修，萧、李两姓子孙也出钱出力。越一年庙堤成，“砌岸高三丈有奇，延袤几百丈有奇”，所费四千余金，其中萧公庙的香火钱就占很大一部分。[②] 此次萧公庙堤修成后，成为当地不受水害的保障，乡人也认为是得到萧公神保佑，直至清代才加以重修。

三　萧公信仰日隆与地域扩展

从萧天任在永乐十七年封为英佑侯，到景泰四年再次加封为灵通广济显应英佑侯，萧公神得到国家承认，这对其信仰的传播起了关键作用。萧天任也由人物升格为有功于国家与民众的神灵，登上了国家正祀的舞台，故明代几次全国性的大规模毁淫祠活动中并没有发现打击萧公神的案例。伴随着萧公神地位的提高，有关萧公的神职愈趋多样，萧公信仰也日益兴盛，并迅速扩展到全国其他地区。

宣德十年曾鼎的碑记记载了萧公神三世的身世、神力及其获封的情况，并提到了萧公神的神职是护佑乡人商游和江湖行舟者，“水旱疾疫，有求则应”，尤其是在川蜀、江淮间。[③] 景泰七年金辅伯的碑记则赋予了萧天任“广颡修髯，聪明正直”、对经史过目不忘的形象，显灵的地点扩大至“川蜀、湖湘、江淮、吴越”，其神职除保舟楫、水旱之外，还有“保军民运输”[④]，开始与漕运联系起来。成化年间，人们又增加了正统十四年明英宗被俘之后萧公神显灵安定民心的神迹，萧公神职从护佑四川、两广、两浙、两淮、黄河地区的官

① （明）甘应蚪：《萧侯神迹纪》，《大洋洲萧侯庙志》卷2，第11页。
② （明）邱士毅：《金川英佑侯萧公庙堤记》，《大洋洲萧侯庙志》卷4，第7页。
③ （明）曾鼎：《新淦萧侯庙碑记》，《大洋洲萧侯庙志》卷4，第2页。
④ （明）金辅伯：《新淦萧侯庙碑记》，《大洋洲萧侯庙志》卷4，第4页。

船、军船、客商等船只的航行安全，扩展到保佑国家社稷安定。[①] 弘治年间，李东阳作诗云“南舩北舩满洞庭，萧公祠前牲酒馨”[②]，可见萧公神已成为洞庭湖的保护神。正德年间，御史高公韶巡抚江右时刻印了《萧侯灵异集》。万历年间，大夫、南北商旅、长年舟师、妇人女子、缙绅学士、文人骚客都会“肃衣冠”拜谒萧公庙。[③] 而且“舟行湖湘、川蜀、江淮、吴越诸水乡，必载神像虔奉之”[④]。谢肇淛《北河纪》载萧公神已成为黄河下游官方祭祀的水神之一。[⑤] 万历四十六年（1618），明兵部尚书郭子章为报答萧公神阴佑至高官，亲自辑录了《大洋洲萧侯庙志》一书，还为萧公三世作了传，传中新增了万历二十七年夏萧天任显灵治病且所活者甚众一事。虽然海内江浒都奉祀萧公神，但此时形成了新淦大洋洲、涪陵李渡、京师萧公塘三个祭祀中心，[⑥] 而这些地方都处于水运显要地段。

郭子章辑的《大洋洲萧侯庙志》内容丰富，书中收录的记文都为当时社会的重要官员或学者所作，足见萧公信仰在当时的影响力。该庙志对提高萧公神的知名度有很大作用，也有助于萧公信仰向更广范围传播。但明代除庙志外，众多文人笔记中也有萧公神显灵的事迹。如明朱孟震《浣水续谈》载：江西太和人袁茂文坐船回家为父亲祝寿，在江中遇盗匪跟随，后在萧公神的帮助下制服了盗匪。[⑦] 施显卿引《戴冠笔记》云：洪武初昆山人归叔度因避事携家人赴四川，在萧公神的指引下度过各种艰险而顺利抵达成都。[⑧] 王圻《稗史汇编》

① 《大洋洲萧侯庙志》卷3《勘合》，第3页。

② （明）李东阳：《怀麓堂集》卷91《长沙竹枝歌十首》，上海古籍出版社1991年版，第971页。

③ （明）张克文：《萧侯灵异集前序》，《大洋洲萧侯庙志》卷4，第13页。

④ （明）邱士毅：《金川英佑侯萧公庙堤记》，《大洋洲萧侯庙志》卷4，第6页。

⑤ （明）谢肇淛：《北河纪》卷8《河灵纪》，文津阁四库全书本，第192册，商务印书馆2005年版，第63—64页。

⑥ （明）郭子章：《大洋洲三萧侯传》，《大洋洲萧侯庙志》卷2，第5页。

⑦ （明）朱孟震：《浣水续谈》，《四库全书存目丛书》，子部，第104册，第718—719页。

⑧ （明）施显卿：《奇闻类纪》卷4《神鬼纪》，《明代笔记小说》，第14册，河北教育出版社1995年版，第547—550页。而现存明人戴冠著的《濯缨亭笔记》十卷中并无记载此内容。

载："凡年长黄帽事之最谨，而兵卫将士及漕运官军尤极诚笃，闽外夷之人亦奉祀之。"① 可见在萧公信仰的崇拜者中还有道士和军人群体。另外，在明朱孟震《河上楮谈》还载有"萧公铁锚记""张克文起死回生"等萧公神迹。② 总之，明代萧公神显灵事迹层出不穷，奉祀萧公神的群体也涉及各种社会群体，而萧公的神职都与护国佑民联系紧密，如上司国命、护漕运、保安宁，下佑民生、护商旅、保舟楫。萧公信仰影响范围也越来越大，从最初的赣江流域扩展至长江流域，再扩展到黄河流域，正如谢肇淛言："江河之神多祀萧公。"③

此外，萧公神不仅成为临江的地方保护神，也成为江西的区域保护神。明代江右商帮迅速崛起，江西商人在外建立的江西会馆除祀许真君外，一般也会奉祀萧公神。顺天府萧公堂为江西公所，明万历间建，"祀鄱阳湖神萧公"④。特别是临江商人更视萧公神为自己的保护神，在外建立的会馆一般都称为"萧公庙""萧君祠""仁寿宫"等，而且江西会馆又有称"水府庙""水府祠"，并奉祀水神萧公。⑤ 正如林俊言："水江之舟多祀焉。昕夕撞鼓磬为乐，发必告，止必报。"⑥ 王士性也曾说："江湖社伯到处有祀萧公。"⑦ 说明萧公信仰的影响力在明代已扩展到江西以外地区。

清代，国家未对萧公神再加封赐号。虽然在曹启华撰《吴西众商建修万寿宫暨水府殿记》中提及"乾隆二年（1737）勅封仁寿萧公"一事，⑧ 但此说并不可信，查《大清会典》等相关史籍并无萧公神受封的记载。而地方势力谋求突显萧公神影响力的努力并没有中断，萧

---

① （明）王圻：《稗史汇编》卷133《祠祭门》，《四库全书存目丛书》，子部，第142册，第91页。

② 《朱秉器全集六种》，《北京图书馆古籍珍本丛刊》，子部，第79册，书目文献出版社1998年版，第271—282页。

③ （明）谢肇淛：《五杂俎》卷15《事部三》，上海书店出版社2001年版，第304页。

④ 《光绪顺天府志》卷14《坊巷下》，第2册，北京古籍出版社2001年版，第399页。

⑤ 蓝勇：《西南历史文化地理》，西南师范大学出版社1997年版，第517页。

⑥ （明）林俊：《见素集》卷28《舟神纪》，上海古籍出版社1991年版，第314页。

⑦ （明）王士性：《广志绎》卷4《江南诸省·江西》，中华书局1981年版，第86页。

⑧ （清）曹启华：《吴西众商建修万寿宫暨水府殿记》，乾隆《湘潭县志》卷24《艺文志》，乾隆二十一年刻本，第43页。

公神新的显灵事迹就是明证。清顺治十八年（1661），差官王基标、刘神武奉令前往临江府采伐樟树，欲砍伐萧公庙前的三十余株，萧公神托梦于差官和新淦县官言“庙系江中砥柱，树乃护庙根基，不可砍伐”，事后这些官员同在萧公神像前三次占卜祷告，皆被告知不可，朝廷只好“另行采买补数”①。康熙六年（1667）分守湖西道官员施闰章携家北行，为避免受秋冬鄱阳湖盛行北风的影响而耽误行程，施闰章亲自到大洋洲的萧公庙中祷于神，“乞风以济”，并答应愿为萧公神作庙铭。后果灵念，施闰章也在康熙八年（1669）作了《大洋洲萧公英佑侯庙碑文》以示酬谢。从碑文中看，萧公神已成为鄱阳湖的湖神。“事官临江者，始至谒晏，去则祠萧。……凡郡吏、民有事于江淮、河北、四方之役者，必先齐戒趋大洋洲，卜吉以往。”② 许缵曾亦言：“今楚中、江右舟行者崇祀萧、晏，如黄河之祀金龙四大王。”③ 张寿南也说：“以公车之役曾泛彭蠡、渡黄河，经分水渚，凡掀胜勃怒危险万状之处水神庙中，罔不祀侯焉。”④ 可见在清初，萧公信仰仍然较广。至清中后期后，本为三世并祀的萧公庙，转变为专祀萧天任。饶学澍言：“三世俱为水神，而侯之功德尤甚，其专祀也。”⑤ 这样的原因亦如他所言：“侯之功德最高，神迹更著。”⑥ 同时，各处在萧公诞辰的农历四月初一日⑦也形成了萧公庙会。杨世锐言：“予家距侯故居洋洲仅二里许，每孟夏诞辰未尝不具牲礼申祷祀焉。”⑧ 涪州“每年四月初一日阁会，演戏恭祝神诞”⑨。而清初新淦

① （清）张为：《显应灵梦》，《大洋洲萧侯庙志》卷7，第17页。

② （清）施闰章：《学余堂文集》卷20，文津阁四库全书本，第438册，第508—509页。

③ （清）许缵曾：《东还纪程·续抄》，《丛书集成初编》，商务印书馆1939年版，第13页。

④ （清）张寿南：《萧公英佑侯庙堤疏》，《大洋洲萧侯庙志》卷7，第7页。

⑤ （清）饶学澍：《重刊萧侯庙志跋》，《大洋洲萧侯庙志》卷8《跋》，第2页。

⑥ （清）饶学澍：《河口新建仁寿宫落成碑记》，《大洋洲萧侯庙志》卷8《补刊》，第1页。

⑦ 《增补选择通书广玉匣记》卷1《三元五腊圣诞日期》，第13页。

⑧ （清）杨世锐：《萧公英佑侯传》，《大洋洲萧侯庙志》卷8《补遗》，第1页。

⑨ 乾隆《涪州志》，《四川府州县志》，第12册，海南出版社2001年版，第230页。

地方官每年祭祀大洋洲萧公庙的费用是“银二两六分二厘”[1]，清中后期对萧公神的祭祀年费用与祭祀练公祠、黄勉斋祠合计“五两三钱三分八厘”[2]。

四 萧公信仰地域扩展的原因

萧公信仰的地域扩展，是诸多原因导致的结果。

交通环境对萧公信仰的扩展有一定的影响。前文已述及萧公信仰起源地具有优越的自然环境，从交通环境看，元傅若金言：“新淦据江右上游，凡仕于南及四方游士、商贾之过焉者，舟车日不绝。”[3]明邓元锡亦言：“地当舟车四会之衢，山峻水清，逐末者多。”[4] 正是处水陆交通要道，人口往来频繁。大洋洲萧公庙又为“车马之所往来，行旅之所鳞集”之地，[5] “宦游旅泊，道出神祠，靡不齐心祈祀”[6]。这些条件为扩大萧公信仰的知名度起到了十分重要的作用。

移民对萧公信仰的扩展也有一定影响。明代江西地区出现了大规模的人口外迁现象，这样的现象一直持续到清代，自有“江西填湖广”一说。但明代江西移民并不只是迁到湖广地区，在贵州、四川、广西、云南地区都有大量的江西移民。这些移民迁居到新环境中，往往也会带去家乡的文化，包括家乡的神灵。如云南通海县[7]、蒙化[8]、镇南州[9]等地的萧公庙都是明清时期江西移民所建立。这些修建庙宇

---

① 康熙《新淦县志》卷6《赋役志》，第277页。

② 同治《新淦县志》卷3《食货志》，第950页。

③ （元）傅若金：《傅与砺文集》卷3《高远堂记》，《北京图书馆古籍珍本丛刊》，集部，第92册，第697页。

④ （明）邓元锡：《函史》（下编）卷2《方域志》，《四库全书存目丛书》，子部，第27册，第586页。

⑤ （清）张寿南：《萧公英佑侯庙堤疏》，《大洋洲萧侯庙志》卷7，第6页。

⑥ （明）邱士毅：《金川英佑侯萧公庙堤记》，《大洋洲萧侯庙志》卷7，第6页。

⑦ （清）陈梦雷编：《古今图书集成·职方典》卷1475《临安府部·汇考五》，中华书局1934年影印本，第43页。

⑧ （清）陈梦雷编：《古今图书集成·职方典》卷1058《蒙化府部·汇考二》，第16页。

⑨ 光绪《镇南州志略》卷5《寺观》，《西南稀见方志文献》第28册，兰州大学出版社2003年版，第245页。

的地方也反映出江西客民移居此地区的人数是比较密集的。

商人对萧公信仰扩展的影响。上文已提到江西商人在外建立的会馆也会奉祀萧公神，显然萧公神已成为江西人在外联系乡人的纽带。明代江西商人的势力相当庞大，江西商人的足迹更是遍及全国。王士性言：“江、浙、闽三处，人稠地狭……故身不有技则口不糊，足不出外则技不售，惟江右尤甚。”① 这些商人在外行商时，一方面会利用家乡神灵来联系乡情，另一方面也会借家乡神灵来慰藉对前途未卜的担忧。此时期萧公庙宇在外地的兴建就与江西商人有很大关系。铅山河口仁寿宫专祀英佑侯，修建的资金除由该地临江药商和茶商敛赀集修外，还从往来玉山的货物中抽取厘金。又如湖南武陵②、四川峡江③等地萧公庙的建立都与商人密切相关。

政府官员对萧公信仰扩展的影响。地方官员在各地方任官时，时常会在任职地修建庙宇。这样做的目的既体现了这些官员想利用神灵来推行教化以便于对当地社会管理的心境，又与其个人的经历有关。如正统初知府陈本深在吉安建立了萧公庙，④ 而这与此前陈本深任职新淦有很大关系。安徽泾县萧公庙的建立缘于“明万历间沈容贤之官江西，舟被风，捞得一篋为萧公像，祈祷获安，神之归祀于邑”⑤。这均说明了地方官员自身的经历与传播萧公信仰有密切联系。此外，地方官员在各地修建萧公庙的例子还有很多。如嘉靖间参政刘翾在四川内江县重修萧公庙，万历末同知梁宏化再修；⑥ 河南卫辉府萧公庙

---

① （明）王士性：《广志绎》卷4《江南诸省·江西》，中华书局1981年版，第80页。

② （清）陈梦雷编：《古今图书集成·职方典》卷1259《常德府部·汇考五》，第3页。

③ （清）陈梦雷编：《古今图书集成·职方典》卷629《嘉定州部·汇考三》，第35页。

④ 嘉靖《吉安府志》卷6《舆地志》，《北京图书馆古籍珍本丛刊》，史部，第31册，第566页。

⑤ 嘉庆《泾县志》卷9《壇庙》，第853页。

⑥ 嘉庆《内江县志》，《复旦大学图书馆藏稀见方志丛刊》，第50册，国家图书馆出版社2010年版，第187页。

由嘉靖中知府陈庆重修。[①] 以上说明政府官员在萧公信仰的传播过程中起到了不可低估的作用。此外，因为这些官员任职有很强的流动性，更为萧公信仰向更广泛的区域传播提供了可能性。

另外，萧公神作为水神，其职责是庇佑水上航运安全，水上从业者与萧公信仰自然关系密切。如湖南新化[②]、江西高安[③]等地的萧公庙宇都是由船户修建的。

总之，萧公信仰在地域扩展的过程中，与社会各群体关系密切。从明清方志记载的大量萧公庙宇来看，移民、商人和官员在萧公信仰的传播过程中发挥了重要作用。而值得注意的是，国家在推动萧公信仰传播方面的重要性也不可忽视。明统治者对萧公神的屡屡加封，既体现了国家对地方神灵的重视，又提高了萧公神的地位，还扩大了萧公神的影响力。明成祖迁都北京，在顺天府修建了萧公庙宇。[④] 正是在以上这些因素的作用下，萧公庙宇遍及广大区域，萧公信仰的影响也曾盛极一时，出现了“凡通都巨镇、省会京师、仕宦商贾舟车往来之区，莫不立庙以专祀侯”的现象。[⑤]

五 小结

萧公信仰肇迹于宋末元初的江西新淦，所祀神祇包括萧氏祖孙三代——伯轩、祥叔、天任。早期萧公庙只是以家族宗庙的形式存在，入明后萧公信仰开始日益显著，萧公神获得了明统治者的两次赐封，萧公信仰也开始广泛传播至全国各地并产生了一定的社会影响。清代

---

① 郝瑞平主编：《顺治卫辉府志》，《孤本旧方志选编》，第10册，线装书局2004年版，第370页。

② （清）陈梦雷编：《古今图书集成·职方典》卷1134《宝庆府部·汇考八》，第8页。

③ 康熙《高安县志》卷3《祀典》，《稀见中国地方志汇刊》，第27册，中国书店1992年版，第85页。

④ （明）王圻：《续文献通考》卷110《杂祠》，《续修四库全书》，第764册，第129页。

⑤ （清）饶学澍：《河口新建仁寿宫落成碑记》，《大洋洲萧侯庙志》卷8《补刊》，第1页。

萧公信仰的一个显著变化是由清初为三代合祀，转变为清中后期专祀萧天任。

萧公信仰在发展的过程中，与地方势力密切相关。萧公信仰从祖先崇拜到地方信仰，再到区域信仰，这一过程的转变与地方宗族势力的介入深有关联。与萧公神密切的萧、李两姓都是地方大族，在争取萧公神获封、修庙等有利于萧公信仰发展的事迹中都可看到他们的积极参与。诸多文人所作萧公神的诗文中则展示了萧公神神迹的演变，从这些神迹中不仅可见萧公神职愈趋全面，同时也反映了萧公信仰地域扩展的过程。而这些地方势力的介入，显然与他们追逐的利益是相关的。

萧公信仰在对外传播的过程中，与明清时期的社会背景及其社会各群体有很大的联系。如萧公信仰的起源地江西新淦具有优越的地理环境优势，明清时期江西地区出现了大规模的人口外迁现象，明代江西商人的势力迅速壮大，地方官员利用萧公神推行教化，政府对萧公神的屡次加封以及赐建新庙等因素都对萧公信仰的广泛传播有很大帮助。总之，随着萧公信仰传播范围的渐广，越来越多的社会群体与萧公信仰发生了密切的关系，上至朝廷大臣，下至平民百姓，可见萧公信仰的影响力已渗透到社会的各个阶层中。

（与郭学飞合作，原载《世界宗教研究》2012 年第 2 期）

明清时期宗三信仰的起源与流变

民间信仰中水神信仰日益受到研究者的青睐，尤其是天妃、龙王等神灵广受关注，而对明清时期盛行于长江中下游地区的宗三神，其研究成果少见。明《新刻出像增补搜神记大全》中仅有一幅宗三神的画像，文字部分缺失；①《续道藏》中《搜神记》卷三目录为“晏公，宗三舍人，杨四将军，水府”，正文“晏公”后却是“洋子江三水府”②，宗三与杨四将军均未提及。现今较为全面收录民间神灵的《中国民间诸神》③ 也无相关资料。有关方志的记载也是寥寥数语，大多仅言及庙宇地点。目前，仅余少平《宗三考》④ 一文对之进行了相关考证。该文从《双槐岁钞》开始追溯宗三的源起，认为宗三由邪神逐渐向正神转变，分析了宗三与晏公被混淆并进入到妈祖体系中；并展开对汉口和上犹两地宗三庙的个案研究。受资料所限，余文研究有待深入与厘清。本文爬梳大量史料，对宗三神的起源与流变进行系统梳理，并对宗三庙的地域分布加以勾画，试析其分布特点及原因，抛砖引玉，还请方家正之。

一　宗三信仰的起源

宗三原型为行船的缆绳，该神发轫于元至正二十三年（1363）朱

---

① 《新刻出像增补搜神记大全》卷 3《宗三舍人》，《中国民间信仰资料汇编》第 1 辑，第 4 册，台湾学生书局 1989 年版，第 188—189 页。

② 《道藏》，第 36 册，第 268、273 页。

③ 宗力、刘群：《中国民间诸神》，河北人民出版社 1986 年版。

④ 余少平：《宗三考》，《第二届中国俗文化国际学术研讨会论文集》，成都，2007 年，第 498—513 页。

元璋同陈友谅的鄱阳湖大战。就笔者所见史料，宗三最早见于明永乐时户部尚书夏原吉的《一统肇基录》：

> 癸卯秋八月，遇友谅于彭蠡湖之康郎山，友谅以巨舰连锁为阵……郭威襄英请以火攻，上命常开平遇春与郭宣武子兴帅众，以轻舠载火纵焚伪平章舟，溺，敌将张定边中流矢，走。……旬有五日，友谅食乏，出江求战，遇春复用前法，烧之。敌兵奔溃，追北数十里，与酣战，自辰至未不解。上所乘舟胶于沙，不动。上拔剑斩鬃索，仰天言曰："如我有天下，分舟当得脱。"索忽如龙形，扶舟而出，及陈氏平。上立庙致祭，封为鬃三爷爷斩为三段，故云。至今过彭蠡湖者，立鬃三爷爷则风浪无阻。①

由此可知，鬃三得名于鬃索被斩为三段。鬃为马、猪等畜类颈上的长毛，因舟索多以棕毛捆扎而成，鬃、棕在制绳时互用，故"鬃三"后多写作"棕三"，因指代鬼神，作为姓氏，又作"宗三"②。这里的鄱阳湖之战是朱元璋统一全国的关键之战，"陈友谅围南昌八十余日，上命诸将解庐州之围，亲督舟师二十余万往援之，进次湖口。……丁亥，遇于康郎山。……友谅骁将张定边奋前，欲犯上舟，舟适胶沙。常遇春从旁射中定边，定边舟始退。俞通海来援，舟骤进水涌，上舟遂脱"③。该战十分激烈，加上朱元璋困于湖中，因此夏原吉所载是在一定史实基础上附会而成。其实，了解原吉的身世就可以明晰他的用意。其"以乡荐入太学，选入禁中书制诰。诸生或喧笑，原吉危坐俨然。太祖诇而异之。擢户部主事"④。他还曾上《进太祖高皇帝实录表》⑤ 以歌颂太祖一统江山之功绩。故夏原吉载此故

---

① （明）夏原吉：《一统肇基录》，《中国野史集成续编》，第16册，巴蜀书社2000年版，第32页。

② 为方便叙述，除引用原文外，其他皆作"宗三"。

③ （明）陈建：《皇明通纪》卷2《癸卯元至正二十三年 宋龙凤九年》，中华书局2008年版，第69页。

④ 《明史》卷149《夏原吉传》，中华书局1974年版，第4150页。

⑤ （明）夏原吉：《夏忠靖公集》卷1《进太祖高皇帝实录表》，《北京图书馆古籍珍本丛刊》，第100册，书目文献出版社1998年版，第653页。

事的政治意图昭然若揭，一方面宣示太祖是真龙天子，另一方面则是希望通过与皇帝联系表明宗三身份的正统性。但官方记载难觅踪影，仅限于像原吉这样的士大夫的笔记小说中。总之，宗三较早是以相助太祖的正面形象出现，为保“风浪无阻”的水神。

宗三神迹缘起与其神功卓著有关。万历时期小说《三宝太监下西洋记》第98回讲述了宗三的身世：“‘原日委是一条棕缆，在天师船上出身，自从天师下海去后，小神兄弟三人在这洋子江上福国泽民，有大功于世，故此上帝命我等为神。’天师道：‘你只是一条棕缆，怎么又是兄弟三人？’三个齐齐地说道：‘原本是一胞胎生下来，却是三兄弟，合之为一，分之则为三。’……‘因是棕缆，得姓为宗。因是兄弟三人，顺序儿排着去，故此就叫做宗一、宗二、宗三。’”① 第100回曰：“‘去时有个天妃娘娘天灯领路，来时有宗家三兄弟顺风相送，俱乞圣恩裁答。’……二位元帅上言，请敕建天妃宫、宗家三兄弟庙、白鳝王庙以昭灵贶。奉圣旨：是。后来静海禅寺建于仪凤门外，天妃宫、宗三庙、白鳝庙，俱建于龙江之上”②。小说中，宗三为兄弟三人，源于郑和船上掉落的棕缆，因在长江上福国泽民被封为神，还助郑和行船。奉旨建庙说明宗三地位较高，与官方相联系，同夏原吉所载有共通之处，但时间、地点、人物等具体情节皆发生了变化。万历时的小说在一定程度上反映了早期建庙与宗三神灵异相助国家大事的主题相关，这也是早期民众纷纷建庙的原因。

早期宗三庇佑水上交通的正面形象在地方上有所反映。弘治四年（1491）南京高淳县在西北十七里建立了宗三庙，③ 是较早记载宗三神建庙的县，这与当地石臼湖的环境有关。石臼湖物产丰富，但水面广阔，易成洪流，加之夏秋季节风大浪高，常易覆船。“行船跑马三分命”，当地忌讳“沉”“翻”等行船不利字词，这反映了石臼湖行

① （明）罗懋登：《三宝太监下西洋记》第98回《水族各神圣来参 宗家三兄弟发圣》，三秦出版社1996年版，第1099—1100页。

② （明）罗懋登：《三宝太监下西洋记》第100回《奉圣旨颁赏各官 奉圣旨建立祠庙》，第1114—1116页。

③ 民国《高淳县志》卷14《寺观志》。但康熙《高淳县志》卷5《建置志》（《稀见中国地方志汇刊》，第12册，中国书店1992年版，第33页）载正德五年在县西十里建有宗三庙，是否为一庙，有待考证。

船条件较为凶险。而"洪武初年（胭脂）冈为河，导湖水会秦淮河入丁江，以便苏、常、松、浙粮运赴南京"，水上交通地位十分重要，但"今淤浅，夏秋水盛，可通小舟"①，且"（高）淳地纳诸郡之流"②，水沙变幻对交通不利。这种环境使得当地居民迫切需要寻求心理的慰藉，拜祭宗三神便成为当地重要的习俗。随着时间流逝，在宗三信仰基础上，当地出现了水神"宗八公"。宗八公，名魏铨，也称"魏宗八"，生活于弘治、正德年间，"（魏铨）临池见水中有人以手招之，后经石臼湖溺死，求其尸不得，母孔氏叩之巫，巫降曰：'吾宗三神也，留而子为八弟耳，尸当自出。'……（铨）季弟铣有女，铨卒时尚未诞，后见铨，谓曰：'何不祀我?'……家人遂绘像祀之"③。因宗三神收魏铨为八弟，当地称之为宗八公。乾隆和民国年间县志对此均有记载。④ 因与当地魏姓家族结合，宗八公神迹被不断放大。当地传说，弘治十六年（1503），宗八公担任解粮官，在由长江运粮至应天府途中遭遇巨大风浪，在其祷告后即风平浪静，后宗八公在求神处投水自尽，尸体被两白鱼运至石臼湖，人们便立像祭祀他。由宗八公形象可窥探早期宗三庙建立缘由。因石臼湖特殊的自然环境，当地民众一直较为崇敬水神，以作心灵寄托。宗三神与宗八公皆是在当地民众期冀航行平安的心理下出现并传播的。

望江县的宗三神也是安定江水之神。早在嘉靖三十九年（1560）至隆庆五年（1571），该县急水镇就建有靖江王祠。⑤ 靖江王为宗三封号，康熙《望江县志》载"宗三庙，一曰靖江水神"⑥，庙依神号命名，靖江王祠即宗三庙。另外，明管绍宁《赐诚堂文集》载崇祯十七年南明弘光政权因张太后从河南平安到达南京，加封宗三等沿路

① 嘉靖《高淳县志》卷1《山川》，《天一阁藏明代方志选刊》，第14册。

② 乾隆《高淳县志》卷24《艺文志》，《故宫珍本丛刊》，第89册，海南出版社2001年版，第247页。

③ 康熙《高淳县志》卷25《杂志》，第246页。

④ 乾隆《高淳县志》卷25《摭轶》，第256页；民国《高淳县志》卷28《摭轶》。

⑤ （明）谢元：《靖江祠记》，康熙《望江县志》卷12《艺文志》，《稀见中国地方志汇刊》，第20册，第994页。

⑥ 康熙《望江县志》卷7《祠祀》，第915页。

水神："原敕封宗三静江王今加封惠祐宗三静江王。"① 此前宗三封号静（靖）江王确有其事。弘光政权短命而亡，此次加封几无影响。从今仅有望江县保留靖江王祠来看，望江县靖江王祠名贯一方，靖江王宗三神位较高，是明中后期宗三神有功于地方、少有的以正面形象出现的地方之一。

二 宗三形象的异化与基本定型

明初宗三助战明太祖，保佑人们水上交通安全，这种形象在明后期相关地方都有所表现。然而随着时间推移，宗三形象逐渐发生变化。明黄瑜在《双槐岁钞》中云："天顺初元（1457 年），予计偕北上，经彭蠡湖，舟人言宗三秀才灵异，当具牲醴求神福者。问之，扣齿摇首不敢言。既望奠后，乃言曰：'昔圣主之鏖战伪汉也，有棕毛巨缆，分判为三，岁久化为蛟龙，宗一、宗二飞腾而去，独其季弟淹留在此，每蜿蜒波涛中，舟人稍欠修敬，遇之辄有祸败。或化为丈夫，题诗作谶，后无不验。'予大不然之。后告往南监，再经其地，则妖已熄矣。时都昌知县韶文镛者……乃往验之……一巨木岁久为水草交络，真若鳞鬣然，笑曰：'宗三秀才乃汝耶！'命左右秉炬焚之，了无他异。"② 宗三来源的背景没有改变，形象却发生较大异化。首先，"三"的含义由原斩为三段变成三者中最小的"季弟"。其次，最大的变化在于棕缆并未襄助太祖，且从"神"转变成"妖"，"舟人稍欠修敬，遇之辄有祸败"，可知宗三在民间的形象同明初已大不相同。

16 世纪初叶成书的《庚巳编》中宗三又有所异化。"棕三舍人者，棕缆也。太祖御舟师败陈友谅于鄱阳湖，死者数十万。返还，委棕缆于湖，冤魂凭之，遂能为妖。舟人必祭，否则有覆溺之患。"③ 首先，并未提及"三"的含义，但名为"棕三舍人"，反映影响力有所提升，而且这一称号基本被后世所沿袭。另外，不像《双槐岁钞》

① （明）管绍宁：《赐诚堂文集》卷 5《奏疏》，《四库未收书辑刊》，第 6 辑，第 26 册，北京出版社 2000 年版，第 192—193 页。

② （明）黄瑜：《双槐岁钞》卷 7《彭蠡缆精》，中华书局 1999 年版，第 137—138 页。

③ （明）陆粲：《庚巳编》卷 10《棕三舍人》，中华书局 1985 年版，第 234 页。

中“岁久化为蛟龙”的棕缆，宗三变成冤魂附集之物，“遂能为妖”，变成厉鬼，形象进一步恶化，同最初所载相差更远。同时代郎瑛所著《续巳编》中的宗三与《庚巳编》所述几乎一致。[①]

16世纪后半期的谢肇淛曰：“江河之神多祀萧公、晏公，此皆著威灵，应受朝廷敕封者。……金陵有宗舍人，相传太祖战鄱阳时，一棕缆也，鬼凭之耳。”[②] 此时“宗舍人”的形象同《更巳编》《续巳编》所载基本相同，这一时期宗三应是以厉鬼形象出现并传播的。至隆庆、万历时，望江、当涂和江宁等县已建有宗三庙，高淳又新建一庙，可见宗三影响范围有所扩展。

成书于17世纪初的《露书》云：“太祖往在蠡湖，风作缆缺，令兵士各捐少发集成三缆，后弃于湖，久乃作怪，今江船所祀鬃三秀才是也。”[③] 此处宗三的来源与上述不同，是士兵头发所制之缆，虽未言及冤魂附集，但仍为恶神，形象没有较大变化。成书于天启之前的《名山藏》对“棕三舍人”的介绍稍有不一，“过（鄱阳）湖，浮尸蠢蠢，(吴）公（即朱元璋）叹曰：‘噫，士为我死。’复之以棕缆三投之湖，魂之凭者能为厉，神其缆曰棕三舍人，舟行祷焉”[④]。但此处宗三显然为无名厉鬼，与前述相差无几。另外，道光《遵义府志》记载了万历时期方伎鲁一冲收服缆妖的故事，“渝州江中有棕缆成妖，时掀波翻浪为患，一冲以法收贮长安寺中”[⑤]，棕缆成妖应是万历时民众熟知的故事。崇祯年间吕毖所载的“棕三舍人”仍为不祭则有覆溺之患的厉鬼。[⑥] 由此可见明后期棕缆成妖一说已在长江一带盛行。

明清之际是宗三神迅速发展的重要时期，在安徽东流、繁昌、婺源（今属江西管辖）和无为等县都已建有宗三庙，其影响区域大大扩展，而且宗三形象基本定型。从宗三庙分布表可知，方志中相关记

---

① （明）郎瑛：《续巳编》，《中国野史集成续编》，第26册，第447—448页。

② （明）谢肇淛：《五杂俎》卷15《事部三》，中华书局1959年版，第435页。

③ （明）姚旅：《露书》卷14《异篇中》，《续修四库全书》，第1132册，上海古籍出版社2002年版，第761页。

④ （明）何乔远：《名山藏》卷44《天驱记》，《续修四库全书》，第426册，第359页。

⑤ 道光《遵义府志》卷38《列传六·方伎》，成文出版社1968年版，第842页。

⑥ （明）吕毖：《明朝小史》卷2《洪武纪》，《玄览堂丛书》初辑，第19册，台湾“国立中央”图书馆1981年版，第129页。

载较少且多为妖。明末黄景昉《国史唯疑》曰：“彭蠡湖每风雨波涛，若有物蜿蜒其中，舟多覆，传为缆精，过客辄祀之。偶旱涸，验乃巨木，岁久为荇藻所络，若鳞介然。于是都昌令孔镛举焚之，怪遂绝。一说国初破伪汉，湖中浮尸蠢蠢，太祖命以棕缆投之，三复之，魄凭为厉，因神其缆曰宗三舍人。”① 黄氏可能受《双槐岁钞》和《名山藏》的影响，两种说法并存。但这里无疑揭示出鄱阳湖因诸江交汇，发洪水时有大量漂浮物汇聚，后枯为朽木、杂物，这为宗三信仰形成提供了前提。而同时期张岱《石匮书》所载“棕三舍人”与《名山藏》一致，仍为厉鬼。② 明清之际查继佐《罪惟录》曰：“癸卯太祖战鄱阳，敌众见我阵上空中数万兵衣绛衣助战，有帜书‘萧王’二字。又棕缆沉河者三，久为厉，后封为棕三舍人。”③ 前述灭妖有功的都昌县令孔镛“有异政，县濒彭蠡湖，相传湖有神物棕三舍者，太祖时战舰征友谅时棕缆也，蜿蜒如虬龙，能起风涛覆人舟，舟人望见辄祀之”④。这里宗三形象仍无多大变化。与之前多数记载中棕缆为朱元璋方所投不同，方以智《物理小识》认为众魂所凭的缆绳宗三是陈友谅败将所掷。⑤ 稍晚的褚人获在《坚瓠集》中引《双槐岁钞》载有宗三秀才，形象仍为“缆精”⑥。康熙末年的姚之骃在《元明事类钞》中引《续巳编》，宗三仍为“能溺人舟”⑦ 的妖怪，可见南明弘光政权加封宗三影响不大。

---

① （明）黄景昉：《国史唯疑》卷1《洪武 建文》，《续修四库全书》，第432册，第15页。

② （明）张岱：《石匮书》卷216《群雄列传》，上海古籍出版社2008年版，第287页。

③ （明）查继佐：《罪惟录》卷3《五行志》，《续修四库全书》，第321册，第322页。《罪惟录》作“肃王”，应为“萧王”，即水神萧公，参见（明）吕毖《明朝小史》卷1《洪武纪》，第17页。

④ （明）查继佐：《罪惟录》列传卷10《理学诸臣传》，《续修四库全书》，第322册，第407页。

⑤ （明）方以智：《物理小识》卷12《神鬼方术类》，文津阁四库全书本，第287册，商务印书馆2005年版，第505页。

⑥ （清）褚人获：《坚瓠集》广集卷6《宗三秀才》，全国图书馆文献缩微复制中心2002年版，第1066页。

⑦ （清）姚之骃：《元明事类钞》卷20《神鬼门》，文津阁四库全书本，第293册，第111页。

清中期赵翼《棕三舍人歌》曰："鄱湖有神曰棕三舍人，相传明太祖大战鄱阳时，败舰有棕缆落水，为战血所凝，遂著灵异。过者必祀焉，否则有风浪之骇。事见《庚巳编》，余过湖口，询之榜人，言颇合。"[①] 可见此时宗三为"妖"的传说仍占主流，最初的形象早已不见，只是棕缆为哪方所弃，记载有所不同。《棕三舍人歌》云："生自栟榈死左蠡，传是鄱阳大战时，断舰飘来没于此。……毅魄能兼万鬼雄，长身讵许群龙食。噫嘻乎！舍人既不能……克敌归来蒙奖敕。又不能入康郎庙中享牢醴……徒然抱忠沦九渊，固宜冤愤气填臆。……毋怪灵旗飒沓日，来往常作掀天怒涛黑。"[②] 宗三"不能入康郎庙中享牢醴"，应未获官方认可，且常常兴风作浪。另外，袁枚道："鄱阳湖客舟遇风，常有黑缆如龙，扑舟而来，舟必损伤，号'缆将军'。年年致祭。雍正十年大旱，湖水干处，有朽缆横卧沙上。农人斫而烧之，涎尽血出。从此，'缆将军'不复作祟，而舵工亦不复致祭矣。"[③] 这与《双槐岁钞》的记载相似，"缆将军"当为"宗三"。缆精被灭，民众不复祭拜，显然民众视宗三为祸害。可见，清中后期相关记载中宗三形象基本为负面。但需要注意的是，《瞥记》[④]与《铸鼎余闻》[⑤] 两书对宗三的介绍都提及了《一统肇基录》。最初的记载到清中后期始被提及，这可能同书籍的流传有关，此说在宗三体系中不占主流。

从以上分析可知，明中后期宗三逐渐发生变异，从"岁久化为蛟龙"的棕缆进一步恶化为冤魂所附的厉鬼，明末清初时后者基本占据主流。而且除《铸鼎余闻》《瞥记》外，清朝相关记载中，宗三基本为成妖的缆索。因此，宗三形象流传到清朝已基本定型为"妖"。

综上所述，宗三信仰肇迹于鄱阳湖，源于朱元璋同陈友谅的鄱阳

---

① （清）赵翼：《瓯北集》卷20《棕三舍人歌》，上海古籍出版社1997年版，第420—421页。

② 同上。

③ （清）袁枚：《子不语》卷18《缆将军失势》，岳麓书社1985年版，第408页。

④ （清）梁玉绳：《瞥记》卷3《瞥记三：史》，《续修四库全书》，第1157册，第31页。

⑤ （清）姚福均：《铸鼎余闻》卷4，《中国民间信仰资料汇编》初辑，第20册，第410页。

湖大战。"宗三"最初得名于鬃索斩为三段，但代表整体还是第三，记载各有不同。称号由最初的"鬃三爷爷"到"宗三秀才"，后"宗（棕）三舍人"较普遍。随着时间推移，在流传过程中故事逐渐异化，由化身龙形助战太祖、保佑航行的水神演变为冤魂凭附之物、不祭则有"覆溺之患"的厉鬼。虽最初的正神形象在相关地区有所反映，政府也曾封赐为"静江王"，但厉鬼形象更为人们熟知。从文献记载来看，宗三信仰形成于明初，明中后期异化，明清之际其形象基本定型。

三　宗三庙宇的地域分布及其特点

祠庙是神明信仰开展的空间，这里既有有形的建筑空间，也存在一个由信仰活动而形成的无形的社会空间。[①] 庙宇是民众祭拜场所，是信仰的载体，也是一种信仰影响力的基本地域标志。故宗三庙宇的分布（见表1）在一定程度上反映了该信仰的地域空间，并以此进一步探析其分布特点及形成原因。

表1　　　　宗三庙分布一览

<table>
<tr><th>省</th><th>府</th><th>县</th><th>地点　时间</th><th>内容</th><th>资料来源</th></tr>
<tr><td rowspan="4">江苏省</td><td rowspan="4">江宁府</td><td rowspan="3">高淳县</td><td>县西十里，正德五年（1510）</td><td>今改名永胜庵</td><td rowspan="2">康熙《高淳县志》卷五《建置志》，第33页</td></tr>
<tr><td>县东南十五里，隆庆年间</td><td></td></tr>
<tr><td>县西北十七里，弘治四年（1491）</td><td>嘉庆年间杨鼎梓倡修</td><td>民国《高淳县志》卷一四《寺观志》</td></tr>
<tr><td>江宁县</td><td>三山</td><td></td><td>万历《江宁县志》卷四《祠宇志·祠庙》</td></tr>
</table>

① 王见川、皮庆生：《中国近世民间信仰：宋元明清》，上海人民出版社2010年版，第1页。

续表

省	府	县	地点　时间	内容	资料来源
安徽省	安庆府	望江县	急水镇（后改名吉水）	宗三庙又名靖江王祠，嘉靖三十九年至隆庆五年间建（见康熙《望江县志》卷十二《艺文志》）	万历《望江县志》卷二《宫室志·坛庙》，第111页
	太平府	当涂县	采石镇翠螺山，隆庆二年（1568）	宗三殿	《古今图书集成·职方典》卷八一四《太平府部·汇考四》
		繁昌县	荻港、三山二司接界处	按陆粲《庚巳编》云：棕三舍人者，棕缆也。明初，鄱阳之战死者数十万……舟人必祭，否则有覆溺之患	康熙《繁昌县志》卷九《祠祀》，第424页
		芜湖县	县东北永镇圩	相传系水神，每年正月十五日打桩验水	民国《芜湖县志》卷四〇《庙祀志·庙坛》，第527页
	池州府	东流县	西城外，并拱北山，康熙初	宗公庙：按《望江县志》宗三庙，一曰靖江水神，士民相传神为明太祖从子朱文正之子，名铁柱，太祖更名守谦，封靖江王	嘉庆《东流县志》卷一七《古迹志》，第904页
	庐州府	无为州	一在泥汊镇，一在青山圩埂，崇祯时已建	棕三庙，相传国初鄱湖之战阵亡之魂凭棕缆以为神，舟人必祭，否则有覆溺之患	嘉庆《庐州府志》卷一八《坛庙志》，第1165页
			周兴乡，康熙时已建		
		婺源县	沱川	宗三舍人庙	康熙《婺源县志》卷五《建置志》，第487页
	徽州府	泾县	县北二十里泉北都	宗三殿：祀宗三舍人。明太祖战鄱湖时，有棕毛巨缆分判为三，化为蛟龙，二飞去，独其季留湖，舟人称为宗三秀才	嘉庆《泾县志》卷九《坛庙》，第857—858页
	宁国府	南陵县	江西浮梁县知县奚寿三墓前		民国《南陵县志》卷七《舆地志·茔墓》，第99页

续表

省	府	县	地点　时间	内容	资料来源
湖北省	荆州府	石首县	三十里杨林市北		光绪《荆州府志》卷二七《祠祀志》，第282页
	汉阳府	汉阳县	汉口居仁坊		《古今图书集成·职方典》卷一一三〇《汉阳府部·汇考四》
江西省	赣州府	信丰县	桃江附近		乾隆《信丰县志》卷一六《外志·杂祀》，第922—923页
	南安府	上犹县	县治东北五十里	相传水府洞庭得道，唐时显圣，屡著灵异，咸丰六年寇乱，附近神庙俱遭焚毁，此庙独存。每遇水旱诸灾，祷无不验，其灵应如此	光绪《上犹县志》卷四《祠祀志》，第275—276页

注：1. 除康熙《高淳县志》外，标有页码方志均为台湾成文出版社影印本。

2. 本表行政区划以嘉庆二十五年（1820）为准。

由上表可知，宗三庙基本分布于长江中下游地区，集中于安徽沿江府县。一种信仰的形成与传播同区域的自然以及人文环境密切相关。某地方供祀某种神最多，可以研究各地方的心理，[①] 民众某种心理的形成肯定与当地环境有关。宗三信仰起源于鄱阳湖有着深厚的地理基础。鄱阳湖位于皖赣鄂三省交界处，襟江带湖，为交通枢纽，地理位置十分重要。然而因自然原因，湖区成为大风较为集中的区域，[②] 另外老爷庙附近水域有“中国百慕大”之称。风大浪高，翻船事故较多。赵翼亦曰“我过湖口归江东，正值高浪摩青穹”[③]，所以“至今过彭蠡湖者，立鬃三爷爷”。该地水神信仰众多，与当地自然环境不无关系。

---

① 梁启超：《中国历史研究法补编》，中华书局2010年版，第174页。

② 参考朱海虹、张本等《鄱阳湖——水文·生物·沉积·湿地·开发整治》，中国科技大学出版社1997年版，第51—59页。

③ （清）赵翼：《瓯北集》卷20《棕三舍人歌》，第421页。

沿长江及支流传播是宗三神扩展的基本特征。建有庙宇的武汉、安庆、芜湖等地都是沿江重要城市，为交通要道。“汉口自明以来，久为巨镇”[①]，万历时汉正街渐成贸易中心，且“汉口渡六，一设宗三庙”[②]，显然该庙的建立与水上交通及贸易有关。芜湖“扼中江之冲，南通宣歙，北达安庐，估客往来，帆樯栉比，皖江巨镇莫大乎此”[③]；“风帆贾泊往来吴楚者，道所必经（东流），虽弹丸末邑，实南北之襟喉，江汉之门户也”[④]。且这些地区“其俗信鬼神，好淫祀”[⑤]。自然环境方面，长江下游有些河段航行较为不便。长江鄱阳湖口至镇扬段，属分叉型河型，河滩众多，一些河段江面相当狭窄，[⑥]舟覆事件不断。从各地建庙地点来看，基本处于险滩与水势变化较大的地段。望江吉水镇，因其所濒河段狭窄，水流湍急，吉水古称“急水”，东流、繁昌等县宗三庙所建之地莫不如此。这种交通要道与水运条件不利的矛盾为宗三神的传播提供了现实基础。

另外，宗三信仰的盛行同明代粮长制度有一定的关联。南宋时经济重心已南移至长江中下游地区，“苏湖熟，天下足”，到明清时期江南和两湖地区成为全国粮食的重要输出地。古代“四大米市”也基本位于此地区。据梁方仲先生研究，从现存史料看来，在南北两直隶、浙江、湖广、江西、福建等省是实行过粮长制度的。[⑦]粮长制度在明朝并不系统，或设或罢，实行最为严格、时间最长的是江南地区。这些地区押送粮食到京城，长江是重要的交通运输线。因送粮民夫众多，长江中下游航行安全又时常得不到保障，宗三神便成为民众寻求平安的心灵寄托。上述高淳县宗八公押运粮食的传说应该与粮长制度有一定联系。

当然，该信仰也传播到周边地区。溯赣江而上沿桃江至信丰县，

---

① 道光《汉口丛谈》卷2，成文出版社1975年版，第65页。

② 《古今图书集成·职方典》卷1128《汉阳府部·汇考二》。

③ 民国《芜湖县志·序》，成文出版社1970年版，第7页。

④ 乾隆《东流县志·序》，成文出版社1985年版，第4—5页。

⑤ 《隋书》卷31《地理志下》，中华书局1973年版，第886页。

⑥ 参考张修桂《中国历史地貌与古地图研究》，社会科学文献出版社2006年版，第90—111页。

⑦ 梁方仲：《明代粮长制度》，中华书局2008年版，第61页。

宗三庙在当地的建立极有可能是船户、商人等沿赣江将宗三神带到该地区。婺源县居鄱阳湖水系乐安江畔，宗三庙的建立应同商人及水上交通密切相关。“婺居徽、饶间，山多田少……走（上饶）则水路险峻……走休（宁）则陆路崎岖”①，人多地少使得大量民众外出经商，山地地形又使得交通极为不便，安全得不到保障。这种自然、人文环境极大便利了宗三神的传播与发展。

宗三神在相关地区神职范围有所扩大。芜湖县宗三庙位于扁担河口，今庙已毁。如前所述，芜湖为“皖江巨镇”，是江南商贸的重要中转地，水运交通发达，宗三在当地的传播有着深厚的基础。随着时间推移，原有祭祀目的逐渐淡化，但宗三司职水上安全的神职仍有保留。随着造船、航行技术的进步，民众对于宗三的信奉逐渐削弱。宗三的神职逐渐发生改变，“正月十五日打桩验水”，同春耕紧密联系。农业是我国传统社会的根本，将水神宗三与民众的生产生活联系起来，这无疑大大有助于该信仰的传播。

宗三神传播地域较远的江西上犹县，康熙、乾隆、道光三朝县志均未记载宗三庙，当地建庙时间应较晚，以致好事者将宗三神与洞庭湖水府相混淆。社溪镇宗三庙位于赣江支流童子江与龙江（今寺下河与紫阳河）交汇处，建庙与水运密切相关。《重修宗三庙记》② 记载宗三多次灵异，非常受民众敬重。后宗三的神职不断扩大，成为地方保护神。现每年正月庙会民众仍前往拜祭祈福，祭祀活动已融入人们日常生活之中，成为当地重要民俗。

四　余论

余少平《宗三考》文提到道教正一派《请水科仪》中的宗三。如前所述，道教虽初将之纳入其神统，但后来因宗三为厉鬼而删，宗氏三兄弟应是后世道家根据相关记载增加附会而成。该文还谈到赵翼《檐曝杂记》的记载，认为民间传说将宗三与晏公混淆。其实，朱元

① 康熙《婺源县志》卷2《疆域・风俗》，成文出版社1985年版，第225—226页。
② 光绪《上犹县志》卷16《艺文志》，成文出版社1975年版，第1321—1325页。

璋时期进行了造神运动，水神萧公、晏公便是在这一时期得到敕封并广泛传播的，鄱阳湖水神众多，由棕绳无法判断该神与宗三有关联；且赵翼《棕三舍人歌》明确指出宗三的来源，同晏公有明显区别，两者被混淆的可能性不大。另外，文中由妈祖收服晏公的法器是“纤绳”，进一步推测出宗三纳入妈祖传说中。凭“绳”推断宗三进入到妈祖信仰体系中，这一说法有待进一步考证。

宗三信仰影响范围多限于起源地周围，没有在较大范围内扩展，溯其原因，首先，没有人格化或人格化不成功是其难以扩展的重要原因。相关记载宗三多集中于物，很少与人联系起来，缺乏亲和力。虽然望江县将之附会成明靖江王，高淳县出现“宗八公”，但两者影响都较有限，这极大限制了其传播。其次，宗三神虽有“静江王”合法身份，但史料少见，其封号在地方也难寻踪迹，仅在望江县等有所孑遗。弘光政权虽加封宗三，但值明清更替，影响甚微。反而“缆精”厉鬼形象大行其道，正统性身份荡然无存，得不到地方的支持而发展受限。再次，宗三的厉鬼形象不利于它的传播。虽然最初人们祭拜宗三为保“风浪无阻”，但后走向了反面，乡民迫于无奈只好献祭于它，无功德于民，香火自然不旺。后世记载中也多以厉鬼形象出现，民众对此等恶神必定是唯恐避之不及。最后，宗三信仰毕竟仅限于心理层面，受自然环境所限，覆舟事件时有发生，宗三神不太昭显灵异，舟民对之信奉的程度随之降低。因此宗三信仰影响范围有限，没有广泛传播至更广大的地域。

（与汪欢合作，原载《安徽史学》2013 年第 5 期）

名同实异：道教、民间信仰中的谭公考辨

谭公是今广东东江流域较为流行的民间神灵。其神职广泛，不仅消灾祈福，保佑水上交通安全，而且还成为粤剧奉祀的戏神。至今广东惠东、海丰及河源地区仍存多座谭公庙。关于谭公的身份与起源问题，较为模糊，存在多种说法。一般认为，谭公名谭峭，又称紫霄真人，为南唐国子司业谭洙之子，有《化书》行于世。而谭峭与同时代泉州道士谭紫霄历来混淆不清。也有认为东江信奉谭公为谭公道（或作谭道），为惠州归善人。黄兆汉、郑炜明在《世界宗教研究》1992 年第 3 期发表《澳门的道教》一文，认为澳门的谭公庙供奉的是惠州地区的谭公道，而香港八和会馆的戏神谭公非宋帝昺。[①] 李计筹也探讨了粤剧戏神谭公的由来、功能以及谭公成为粤剧戏神的原因，认为惠州谭公与谭峭关系不大。[②] 林胜利考证紫霄真人谭峭与谭紫霄实为一人，紫霄乃谭峭之号，[③] 而王竹波则持相反观点。[④] 李天锡对紫霄真人谭峭成神的原因进行了探讨，并对谭公（谭峭）在马来西亚的传播作了阐述。[⑤] 以上研究，不仅在谭峭与谭紫霄是否为一人上认识不一致，而且对东江流域谭公信仰起源也研究不够。笔者梳理相关史料，正本清源，作以探讨，望方家正之。

---

① 黄兆汉：《香港八和会馆的戏神谭公是谁》，《中国神仙研究》，台湾学生书局 2001 年版，第 89—96 页。

② 李计筹：《粤剧戏神谭公考》，《中国戏曲学院学报》2009 年第 4 期。

③ 林胜利：《紫霄真人谭峭考略》，《中国道教》1989 年第 3 期。

④ 王竹波：《谭峭及其〈化书〉初探》，《理论界》2008 年第 2 期。

⑤ 李天锡：《紫霄真人成神与谭公信仰在马来西亚的传播》，《华侨大学学报》（哲学社会科学版）2007 年第 1 期。

一 《化书》作者谭峭与道教天心法始祖谭紫霄

谭峭为道教人物，道教史籍多载，其较早记载见于五代沈汾《续仙传》：

> 谭峭，字景升，国子司业洙之子。幼而聪明，及长，颇涉经史，强记问无不知，属文清丽。洙训以进士业，而峭不然，向好黄老诸子及周穆、汉武、茅君列仙，内传靡不精究。一旦告父出游终南山，父以终南山近京都，许之。自终南游太白、太行、王屋、嵩、华、泰岳，迤逦游历名山，不复归宁。……峭师于嵩山道士十余年，得辟谷养气之术，唯以酒为乐，常醉腾腾，周游无所不之。……父常念之，每遣家童寻访，春冬必寄之以衣及钱帛。……以父所寄衣出街路，见贫寒者与之，及寄于酒家，一无所留。人或问之："何为如此?"曰："何能看得？盗之所窃，必累于人，不衣不食，固无忧矣。"常欣欣如也，或谓风狂行吟，曰："线作长江扇作天，靸鞋抛向海东边。蓬莱信道无多地，只在谭生拄杖前。"尔后居南岳，炼丹成，服之，入水不濡，入火不灼，亦能隐形变化。复入青城山而不出矣。①

从上可知，谭峭，字景升，为南唐谭洙之子，出身官宦之家，却潜心向道，熟谙诸仙事迹，游历名山，"得辟谷养气之术"，乐善好施。后在南岳炼丹，得道成仙，入青城山而不出。由此可见，谭峭为一典型道者形象，好黄老，游历名山大川、炼丹修道。沈汾与谭峭所生活的年代极为相近，记载时间较早，虽此书内容为荒诞不经之说，然而所载之事迹较确切、清晰。

稍晚的宋陈葆光延袭《续仙传》云："谭峭，字景升，博文强记，游历名山，辟谷养气，以酒为乐。后入南岳炼丹，得成，入水不

① 《道藏》，第5册，文物出版社、上海书店出版社、天津古籍出版社1988年版，第97页。

濡，入火不灼，变化隐形。”[①] 这与宋张君房《云笈七签》记载几乎完全一致，[②] 可见有关谭峭的事迹基本固定，并无增加其他事迹。南宋僧志磐《佛祖统记》曰：“显德五年（958），隐士谭景升居终南山，与陈抟为师友，著《化书》百十篇，穷括化原，久之仙去。尝游三茅山，至建业，见宋齐丘，谓其有仙风道骨，出书示之，属为序于传世，齐丘乃窃以自名，然未尝悟道蕴也。”[③] 这里谈到谭峭著有《化书》行于世，这在上述著作中都未提及。而且谭峭交其书于宋齐丘请其作序以传于世。这在元赵道一《历世真仙体道通鉴》及引宋碧虚子（陈景元）的后序有载：“谭峭，字景升，唐国子司业洙之子……峭尝作《化书》，南唐宋齐丘窃其名为己作，见行世。宋仁宗嘉佑五年夏四月，碧虚子题《化书》后序云，鸿蒙（原文为‘濛’）君曰：吾尝问希夷先生（陈抟）诵此书，至《稚子篇》掩册而语，吾曰：‘吾师友谭景升，始于终南山，著《化书》，因游三茅，经历建康，见宋齐丘有仙风道骨，虽溺机智而异乎……’齐丘终不悟，景升乃出《化书》授齐丘，曰：‘是书之化，其化无穷，愿子序之，流于后世。’于是杖靸而去，齐丘夺为己有，而序之耳。噫！昔向秀述《南华解义》未传而死，郭象偷改成注，诚罪人也。今谭君名刻于白简，身不老于人间，齐丘敢纵其盗心，蔽其仙迹，其罪大者也。”[④] 谭峭曾著《化书》，而宋齐丘夺为己有，改为《齐丘子》，[⑤] 故沈汾无载此事。此事在后世相关记载中都有提及，已成定论。

谭紫霄较早见于为北宋末马令所撰《南唐书》：“道士谭紫霄，泉州人也。与陈守元相善，事王昶，封正一先生。闽亡，寓庐山栖隐洞，其徒百余人，有道术。醮星宿事，黑煞神君，禹步魁罡，禁沮鬼魅，禳祈灾福，颇知人之寿夭。武昌军节度使何敬洙宠婢获怒，置井

① （宋）陈葆光：《三洞群仙录》卷16《孙博成火，谭峭入水》，《续修四库全书》，第1294册，上海古籍出版社2002年版，第164页。

② （宋）张君房：《云笈七签》卷113下《续仙传》，中华书局2003年版，第2519—2520页。

③ （宋）僧志磐：《佛祖统记》卷42《法运通塞志十七之九》。

④ 《道藏》，第5册，第326—327页。

⑤ 宋刊本《化书》为“吴相宋齐丘述”，见《中华再造善本》，北京图书馆出版社2003年影印本。

中死，人无知者。建隆初，敬洙构疾，召紫霄中夜被发，燃灯静室，见女厉，自诉为祟由之。紫霄诘旦，具言之。敬洙曰：‘信然’。乃丹书符送之，敬洙即愈。……后主闻之，召至建康，赐之道号，阶以紫金，比蜀之杜光庭，皆让而不受。凡所获醮祭之施，转以给四方宾旅。金陵既下，紫霄无疾卒，人谓之尸解，莫知其寿算。”① 南宋陆游《南唐书》也为谭紫霄专门立传，同马令所述基本一致，② 增加“今言天心法者皆祖紫霄”一语。北宋陈舜俞《庐山记》亦云：“由简寂（观）至栖隐观五里，古名栖隐洞，旧传梁昭明太子书堂也。保大中道士谭紫霄来自闽中，赐号‘金门羽客’，始立观于此。谭之在闽中，号‘洞玄天师’，‘贞一先生’。”③ 谭紫霄寿百余岁，宋开宝初羽化于庐山栖隐洞。从上可知，谭紫霄为泉州人，事闽王昶，被封为正一先生，后世奉为道教天心法始祖。

谭峭所处时代与谭紫霄相当，同为道教名士，明后期始对两人难以分辨，明万历时胡应麟《少室山房笔丛》中就云：“（谭）峭，字景升，唐国子司业洙之子。师嵩山道士十余年。……南唐又有金陵羽客谭紫霄者，能劾召鬼神，四方道流，从学百余人，于三教书皆所洞晓，尝教其徒讲《庄列》，深以为合于释氏。则于今传《化书》意旨，尤若相类。二谭并与齐丘同时，一人耶？二人耶？吾不得而知也。”④《四库全书总目》曰：“峭为唐国子司业洙之子，师嵩山道士，得辟谷养气之术……道家称峭为紫霄真人，而《五代史·闽世家》称王昶好巫，拜道士谭紫霄为正一先生，其事与峭同时，不知即为一人否？方外之士行踪靡定，亦无从而究诘矣。”⑤《全五代诗》也云

① （宋）马令：《南唐书》卷24《方术传》，《丛书集成初编》，第3852册，中华书局1985年版，第162—163页。

② （宋）陆游：《南唐书》列传卷14《谭紫霄》，《丛书集成初编》，第3854册，第388—389页。

③ （宋）陈舜俞：《庐山记》卷3《叙山南篇》，文津阁四库全书本，第194册，商务印书馆2005年版，第381页。

④ （明）胡应麟：《少室山房笔丛》卷31《四部正讹中》，中华书局1958年版，第409—410页。

⑤ （清）永瑢：《四库全书总目》卷117《子部二十七》，中华书局1965年版，第1011页。

“谭峭一作谭紫霄”[①]，谭嗣同也有此困惑：“《五代史·闽世家》有正一先生谭紫霄，道家又称著《谭子化书》之谭峭为紫霄真人，不知是一是二。”[②]

实际上，较早混淆谭峭与谭紫霄者是明弘治间刊行的《化书》。由于《化书》“元世流传盖已罕矣，明初代王府尝为刊行，后复有刘氏、申氏诸本，今仍改题《化书》，而以陈景元跋附焉”。《铁琴铜剑楼藏书目录》又载：“《化书》六卷明刊本，是书撰人晁氏《读书志》题南唐宋齐邱，此本题紫霄真人谭景升，依宋碧虚子陈景元跋也。明天顺间代府刊板，弘治时方士郑常清重刻之，首有抱犊山人李绅（缙）序。”[③] 则明天顺代王府刊、弘治重印《化书》，前有弘治年间李绅缙的序，后增南宋陈景元的跋。[④] 作者题为紫霄真人，据说来自南宋陈景元的跋。然而弘治刊本中虽显示“紫霄真人谭峭撰”，但陈景元《化书跋》却无提到紫霄真人之号，仅言《化书》为谭景升所作。[⑤] 故“紫霄真人”应是明代刊行时在作者名前加入。另外，正统《道藏》收录《化书》作者为“真人谭景升”[⑥]，而万历时《续道藏》中《化书》作者变为“紫霄真人谭景升”[⑦]。故紫霄真人的称号当为《化书》在明天顺、弘治刊行时加入。由于《化书》作者题名的错误，影响到后世将谭峭与谭紫霄混淆。

受此影响，万历时蒋一葵《尧山堂外纪》已将两人混淆：“谭景升于终南山著《化书》，出授宋齐丘，托序之行世……谭景升，名峭，即紫霄真人也，住庐山栖隐洞，其徒百人，有道术……后主颇

---

① （清）李调元：《全五代诗》卷39《南唐》，《丛书集成初编》，第1773册，第611页。

② （清）谭嗣同：《寥天一阁文》卷2《〈浏阳谭氏谱〉叙例》，《谭嗣同集》，岳麓书社2012年版，第52页。

③ （清）瞿镛：《铁琴铜剑楼藏书目录》卷16《子部四》，《宋元明清书目题跋丛刊》，第10册，中华书局2006年版，第234页。

④ （清）范邦甸：《天一阁书目》卷3《子部二》，《续修四库全书》，第920册，第174页；（清）丁丙：《善本书室藏书志》卷18《子部九上》，《宋元明清书目题跋丛刊》，第9册，第615页。

⑤ （南唐）谭峭：《谭子化书》，（清）崇文书局辑《正觉楼丛刻本》，光绪六年重刻。

⑥ 《道藏》，第23册，第589页。

⑦ 《道藏》，第36册，第297页。

信，累辟至建康，赐以道号，阶以金紫，比蜀杜光庭，皆让而不受。”①

二　五代十国时谭峭与谭紫霄非一人

其实，梳理相关记载，两人事迹不同，俨然为两人。从两人生活年代来看，《佛祖统记》载显德五年（958）谭峭居终南山，与陈抟（相传生活年代为871—989）交往甚密，且在建康与南唐宋齐丘曾交往。宋齐丘于959年逝世，故谭峭游三茅山、至建康当在此之前。谭紫霄为泉州人，曾事闽康宗王昶（935—939年在位），谭在闽灭亡后寓居庐山，后来又被后主李煜召至建康。显然两人都曾至南唐国都，这也是两者被混淆的一个重要因素。而从两人活动轨迹看，谭峭父亲为唐朝国子司业，而且《续仙传》明确提到“以终南山近京都，许之”，谭峭自小应生活在长安及附近地区。谭所游山川，如终南山、太白、太行、嵩山、华山等，都在北方，其活动地点主要在关中平原及黄河中下游一带。后记载谭峭曾游至建康，到达江南一带。修道之所为终南山、南岳衡山，后“入青城山而不出”。而谭紫霄为泉州人，事闽主，主要活动地点多在福建境内。后闽国被南唐所灭，紫霄居庐山栖隐洞传道。李后主召其至建康，赐道号与官职，但无接受，紫霄无仕南唐。其活动地点基本为今江苏、江西、福建一带，处在长江中下游。虽两者都到过南唐都城金陵即建康（今南京），但两人活动轨迹还是比较清晰而不相混。加之，谭峭于青城山羽化，谭紫霄于庐山羽化，两者羽化地点不同。另外，从两人具有的道术来看，谭峭在终南山修行十余年，得“辟谷养气之术”，不食五谷而吸收自然之气，后炼丹食之，能“入水不濡，入火不灼，亦能隐形变化”，业已成仙。而谭紫霄熟谙天心法，治病救灾，“禳祈灾福，颇知人之寿夭”，道术不尽一致。综上几点，谭峭与谭紫霄应为两人。

另外，谭紫霄名紫霄，无论是北宋马令还是南宋陆游的《南唐

① （明）蒋一葵：《尧山堂外纪》卷41《五代》，《续修四库全书》，第1194册，第371页。

书》都无提及李后主所赐之号为“紫霄”，故紫霄应为其原名。《新五代史》也载有谭紫霄为闽王王昶宠信道士，并封“正一先生”之号。① 上述《庐山记》中谭紫霄来自闽中，闽时号“洞玄天师”，“贞一先生”，南唐赐号“金门羽客”。

谭峭于与谭紫霄事迹分明，故元《历世真仙体道通鉴》对两人分别立传。谭峭事迹同上述记载基本相同，并未提到谭峭“紫霄真人”之封号。而对谭紫霄也认识清晰：“谭紫霄，金门羽客，姓谭氏，名紫霄，一云子雷，其先北海人也。高祖在唐为达士，紫霄生于金陵，骨法魁梧，神识秀丽……名倾江湖，依之如流，遂入闽中。闽主王审知礼加勤厚，一命‘洞玄天师’。……闽亡，归金陵，南唐烈祖闻之，遣使劳问旁午于道，召见应对锋辩，上悦服，乃授左街道门威仪及锡命服，加‘真曜先生’。”② 这里提到紫霄生于金陵，仕于闽国，后又归金陵，受到南唐烈祖李昇赏识。与前述谭紫霄多与李后主接触不同。另外还摘录《南唐书》中关于谭紫霄之语。该书有关谭紫霄的两种说法中，虽谭的籍贯不同，但都无提到“紫霄”乃所赐之号，也无混杂谭峭之事迹。

至元代，至正《金陵新志》曰：“谭紫霄，泉州人，幼为道士。先是有道士陈守元者，劚地得木札数十，贮铜盎中，皆汉张道陵符篆，朱墨如新，紫霄得，尽通之，遂自言得道陵天心正法，劾醮鬼魅，治疾病多效。……后主闻其名，召见赐官，不受。开宝初，年百余岁，隐化于庐山栖隐洞之道馆。葬之日，有祥云白鹤盘绕，后言天心法者皆祖紫霄。”③ 这基本上承《南唐书》之说，神迹更多，与谭峭依然关系甚远。可见，两人事迹清晰，生前游历多不交涉。

明朝一些著作依然把两人分别立传。弘治《八闽通志》云：“（五代）谭紫霄，泉州人，事闽主昶，封正一先生。闽亡，寓庐山栖隐洞，其徒百余人，有道术。……南唐主召至建康，赐之道号，阶

① （宋）欧阳修：《新五代史》卷68《闽世家》，中华书局1974年版，第851页。
② （元）赵道一：《历世真仙体道通鉴》卷43《谭紫霄》，第348页。
③ 至正《金陵新志》卷13下《方技》，文津阁四库全书本，第167册，第378页。

以金紫，皆不受。”[①] 这同《南唐书》相差无几。《明一统志》所云谭紫霄也与此相近，并无提到谭峭。[②] 嘉靖《江西通志》曰：“（南唐）谭紫霄，泉州人，自北海徙金陵，有道术，事王昶，封正一先生。闽亡，居庐山栖隐洞，其徒百余人，皆禁弭鬼魅，禳祈灾福。南唐后主召紫霄至建康，赐道号、紫金，皆不受。”[③] 此处紫霄籍贯为泉州，又言“自北海至金陵”，综合《南唐书》与《历世真仙体道通鉴》两说，但同样并无掺杂谭峭之事迹。万历时期《有像列仙全传》云：“谭紫霄，泉州人，闽王昶封为正一先生。闽亡，寓庐山栖隐洞，徒百余，广有道术。……南唐主召至建康，赐之道号，阶以金紫，皆不受。……归葬日，有祥云白鹤盘绕送之。”[④] 其语同马令、陆游之说相似，对谭峭的介绍也同前述无异，[⑤] 对两人严格区分。万历时期《月旦堂仙佛奇迹合刻》也云：“谭峭，字景升，幼而聪敏，文史涉目无遗，独好黄老仙传。一旦，告父母出游终南山，师嵩山道士十余年，得辟谷养气之术。……后居南岳炼丹，丹成服之，后遂仙去。”[⑥] 明朝万历年间《青莲舫琴雅》也无掺杂谭紫霄。[⑦]

明代《化书》刊本的流传对后世混淆两者起着关键作用。弘治年间《化书》作者作“紫霄真人谭景升”，万历时王一清著《化书新声》，序中也谈到“紫霄谭真人《化书》”[⑧]，这应是受到天顺、弘治版本之影响。明朝后期开始对谭峭与谭紫霄有不同程度地混淆，尤以福建一地的相关地志为著。万历《泉州府志》载：“谭紫霄，名峭，

① 弘治《八闽通志》卷68《人物·泉州府·仙释》，福建人民出版社1991年版，第610页。

② （明）李贤等：《明一统志》卷52《南康府》，文津阁四库全书本，第161册，第458页。

③ 嘉靖《江西通志》卷13《南康府》，成文出版社1989年版，第2315页。

④ 《有像列仙全传》卷7《谭紫霄》，《中国民间信仰资料汇编》第1辑，第6册，台湾学生书局1989年版，第492页。

⑤ 《有像列仙全传》卷7《谭峭》，第480页。

⑥ （明）洪应明：《月旦堂仙佛奇踪合刻》，《中国民间信仰资料汇编》第1辑，第8册，第126页。

⑦ （明）林有麟：《青莲舫琴雅》卷2，《四库全书存目丛书》，子部，第74册，齐鲁书社1995年版，第373页。

⑧ （明）王一清：《化书新声》，《四库全书存目丛书》，子部，第83册，第108页。

泉国子司业洙之子。幼聪警，及长，博学能文，向嗜黄老，游终南诸名山。得辟谷养气之术，尝作《化书》，授宋齐丘令为序，齐丘因攘为已。"[①] 可见，泉州地区受谭峭称号的影响，加上生活年代也相近，误认为谭紫霄名峭，紫霄为谭峭之号，混淆了两人。成书时间相近的《闽书》曰："真人紫霄，名峭，字景升，本州人，唐国子业洙之子。……闽王昶师事之，拜为正一先生。"[②] 俨然把两者事迹混合在一起。而稍早的《八闽通志》并无夹杂谭峭之事迹，也未谈到紫霄名峭。泉州地区把谭峭误认为是本地谭紫霄，这对后世影响较大。值得一提的是，康熙时期《檇李诗系》载道："紫霄真人谭峭。峭，字景升，少好道，游名山二十余年……李后主累辟，至建康，赐号紫霄真人。又居南岳炼丹，丹成，入青城山化去。峭本泉州人，国子司业洙之子。"[③] 明确紫霄真人为李后主所赐之号，应为附会之说。乾隆《泉州府志》云："五代谭峭，字景升，晋江人，国子司业洙之子……闽王昶师事之，拜正一先生，后居庐山栖隐洞。能役使鬼神，知人祸福，南唐主召至建康，赐号紫霄真人，归，修炼于清源紫泽洞。"[④] 谭峭成为泉州府下辖的晋江人，两者事迹混杂，且妄言南唐主赐号"紫霄真人"。刊刻者在谭峭前妄加称谓，后世遂混之。

值得一提的是，从五代沈汾《续仙传》始，都无提及谭峭籍贯。而明天启《两浙明贤录》明确载道："谭峭，字景升，海盐人。"[⑤] 清康熙《武冈州志》也把谭紫霄认为是当地人，[⑥] 应是后世妄加而已。关于谭紫霄的籍贯，马令《南唐书》认为泉州人，这在后世诸多记载得到延续，争议不大。而在明代中后期谭峭被加"紫霄真人"称

---

① 万历《泉州府志》卷24《杂志》，《中国史学丛书三编》第4辑，第38册，台湾学生书局1987年版，第1847页。

② （明）何乔远：《闽书》卷7《方域志》，《四库全书存目丛书》，史部，第204册，第126—127页。

③ （清）沈季友：《檇李诗系》卷30《方外·紫霄真人》，《四库提要著录丛书》，集部，第211册，北京出版社2011年版，第561页。

④ 乾隆《泉州府志》卷65《方外》，《中国地方志集成·福建府县志辑》，第24册，上海书店出版社2012年版，第441页。

⑤ （明）徐象梅：《两浙名贤录》外录卷2《玄玄》，《北京图书馆古籍珍本丛刊》，第18册，书目文献出版社1987年版，第1575页。

⑥ 康熙《武冈州志》卷10《方外》。

号后，两者事迹开始被混淆，部分记载遂把谭峭误认为是谭紫霄，从而谭峭成为泉州人。沈季友《槜李诗系》和《方舆考证》皆是如此，① 现今学术界也大多持此说。嘉庆《重修一统志·泉州府》也把两人相混而张冠李戴，② 然而嘉庆《重修一统志·南康府》却未混淆两人。③ 另外，清朝众多记载中两人仍然是有严格区别的。乾隆《江宁新志》中“谭紫霄”从《南唐书》之说，④ 道光《上元县志》对两人分别作传，⑤ 雍正《浙江通志》也无混杂两人事迹。⑥

综上所述，谭峭与谭紫霄同生活在五代，谭峭事迹见于记载早于谭紫霄，且事迹、游历、羽化不同：谭峭出身官宦之家而酷好黄老之术，游历北部众多名山大川，后修道成仙，著有《化书》一书行于世，后被妄加“紫霄真人”之号；泉州籍道士谭紫霄有道术，闽王好巫，封其为“正一先生”，又号“金门羽客”。显然两者不为一人，从五代到明清时期，多种著作中两人分别立传，事迹清晰而互不干扰。随着谭峭被加“紫霄真人”之号、明中期天顺、弘治《化书》的流传，后人开始对两人有不同程度的混淆，而且多集中在明朝后期和清朝时期，时间较晚。梳理两者之源流，显然谭峭与谭紫霄为两人。

三　惠州谭公信仰形成与传播

关于今东江流域惠州、河源地区民间的谭公信仰，相关记载较

---

① （清）许鸿磐：《方舆考证》卷80《福建三·泉州府》。

② 嘉庆《重修一统志》卷328《泉州府》：“谭紫霄，名峭，晋江人。博学能文，嗜黄老。闽王昶封为正一先生，后寓庐山栖隐洞。南唐主召至建康，赐之道号，阶以金紫，皆不受。归隐于紫泽洞，尝作《化书》授宋齐邱，后尸解去。”

③ 嘉庆《重修一统志》卷317《南康府》：“（南唐）谭紫霄，泉州人，有道术，事闽王昶，封正一先生。闽亡，隐居庐山栖隐洞。南唐后主召至金陵，赐号金门羽客并金紫，不受，宋开宝六年卒。”

④ 乾隆《江宁新志》卷24《释道传》，《稀见中国地方志汇刊》，第11册，中国书店1992年版，第366页。

⑤ 道光《上元縣志》卷21下《人物志·释道》，成文出版社1983年版，第1574—1576页。

⑥ 雍正《浙江通志》卷199《仙释传二·嘉兴府》，文津阁四库全书本，第177册，第412页。

少，其生卒年月、何时成神都较模糊。现今学术界一般认为惠州谭公为谭峭。而当地认为该神为地方俗神，名谭公道。众说纷纭，难以定论。

较早记载谭公的为嘉靖《广东通志初稿》："谭公道，修行九龙，虎从其行。公道，归善人，居九龙山修行，不记岁月，每杖屦出山，一虎随之，殁而显灵。有用瓣香卮酒祈雨，旸（原文为'暘'）者，即应。人以为山上尚有庵焉。"① 而嘉靖《惠州府志》中引用了较早天顺时《府志》云："谭公道者，归善人也，居九龙山修行，不记岁月，每杖屦出山，一虎随之，或为之负菜，往返与俱，人甚讶之。既殁，有祈雨旸者辄应，山故有庵，今废矣。"② 关于谭公原名，有多种说法。一般多名以谭公道，而李计筹释读为"谭公，道者"，谭公乃道者。由于嘉靖《广东通志初稿》中谭公名为公道，而且多种记载皆作谭公道。《古今图书集成·神异典》载"谭公道。按《广东通志》谭公道者，归善人也。居九龙山修行，不记岁月，每杖屦出山，……既殁，有祈雨暘者辄应，山故有庵，今废矣。"③ 嘉庆《新安县志》也曰："（元）谭公道，归善人。居邑之九龙山修行，不记岁月，每杖履出山，一虎随之……。既殁，祈雨旸辄应。"④ 清朝一些记载如嘉庆《大清一统志》、道光《广东通志》、光绪《广州府志》所载皆为"谭公道者"⑤。另外，光绪《惠州府志》曰："谭仙祠，在白鹤峰，祀元谭道。咸丰六年敕封'襄济'。一在水门外江边，一在九龙峰，系得道处。"⑥ 此处认为谭仙（即谭公）名为谭道。这几部著作中谭公的生活年代有所差异，一说唐，一说元，而元说占大多

① 嘉靖《广东通志初稿》卷36《仙释传》，《广东历代方志集成·省部》，第1册，岭南美术出版社2006年版，第603页。

② 嘉靖《惠州府志》卷14《人物志》，《广东历代方志集成·惠州府部》，第1册，岭南美术出版社2009年版，第515页。

③ 《古今图书集成·神异典》卷244《神仙部列传二十一》。

④ 嘉庆《新安县志》卷21《人物三·仙释》，《广东历代方志集成·广州府部》，第26册，岭南美术出版社2007年版，第437页。

⑤ 嘉庆《大清一统志》卷445《惠州府》；光绪《广州府志》卷141《方技二》；道光《广东通志》卷328《释老列传一》。

⑥ 光绪《惠州府志》卷12《经政四·坛庙》，《广东历代方志集成·惠州府部》第4册，第173页。

数。综上几种说法，较早记载谭公为明天顺和嘉靖时期地方志，其姓名为谭公道的可能性较大，应为元朝人。

从上可知，关于谭公的相关事迹仅只言片语，且多相似。从上推断，谭公应为一老者形象，在惠州的九龙山修行。九龙峰谭公庙会规模极盛，相传该庙明洪武年间就已建立。谭公最初神职为“祈雨旸”而受到当地民众的祭拜。然而清初王士祯《居易录》曾曰：“谭公道者，惠州人，幼为人牧牛，后得道罗浮。一日降乩，题《王子千太守忆血楼》长句云：鹅城刺史城西住，伐木结楼最高处。……尊中有酒绿如渑，会须坐向楼头酌。”[①] 此处提到谭公为幼年形象，且得道处从原先的九龙峰变为道教正统名山——罗浮山，这无疑极大提高了谭公的地位。王士祯为清初著名学者，影响较大，对于谭公的传播无形中起到一定的作用。后惠州地区谭公曾多次显圣。“咸丰甲寅之乱，绅民同祷于王文成公、谭仙、六合大仙诸神，尝著灵异，保全危城，大吏上其事，得旨褒封。”王文成公敕封“康济”，谭仙敕封“襄济”，六合大仙敕封“赞顺”。[②] 光绪《惠州府志》曰：“谭公道者，归善人也。……山故有庵，甚灵异，今府城水门外，县城白鹤峰皆有庙。咸丰六年敕封‘襄济’。”[③] 谭公得到朝廷的封号，具有正统性地位，这对于其发展有极大促进作用，谭公信仰更为盛行。谭公神职扩大，不仅能呼风唤雨、预测天气，还治病救人、护佑航海。惠州地区谭公的生诞庆会极其隆重，对谭公极为崇敬。

关于谭公的更多细节，囿于资料，无法得知。惠州谭公为当地归善人，在九龙山修行，九龙峰的谭公庙一直最盛。后因显灵助战，受封“襄济”而逐步兴盛。谭公的神职多样，最初为求雨、灭火，保佑水上交通安全。故此，谭公也成为粤剧供祀的戏神。由于地理形势的因素，谭公基本沿着东江传播。现今原惠州府所辖的河源、和平、紫金等地保留的谭公庙，基本作为水神而被祭祀，甚至传播至东江下游珠江三角洲地区。另外海丰县鹅埠大显山、赤石千秋塘两地供奉谭

---

① （清）王士祯：《居易录》卷30，文津阁四库全书本，第288册，第127页。

② 光绪《惠州府志》卷12《经政四·坛庙》，第173页。

③ 光绪《惠州府志》卷44《人物十六·仙释》，《广东历代方志集成·惠州府部》，第5册，第835页。

襄济，[①] 丰顺县仲坑桥旁就供祀有谭公仙圣，[②] 亦是谭公离宫而已。

惠州地区谭公显圣，影响力日增，不断向外传播。民间相传谭公十二岁得道，能呼风唤雨、治病救人，加之惠州地处海滨，港澳许多渔民来自惠州客家，谭公信仰传至香港、澳门等地。谭公成为守护内河及沿海一带的船民，特别受泊船工人的敬仰，原来九龙峰一带唤风唤雨的山野人物被后世逐渐塑造成护佑航海的水神。一般港澳地区把谭公（仙）塑造成孩童的模样，有的故事传说南宋末代皇帝少年帝昺即是谭仙，他曾在九龙停留（疑将香港九龙与惠东九龙山混淆），并在大屿附近因海战失利而亡。这种传说，暗藏着反元镇压和统治的思想。结合以上神迹、传说，谭公信仰应是典型的惠州本土信仰。澳门路环十月初五街尾有建于同治年间的谭公庙，庙侧有道光七年（1827）香山政府勒石永禁舟师兵役滥封索扰渔船的石刻，庙内另有全长五尺由鲸骨制成的龙舟，据说为当年开庙渔民所赠，信徒进香后必摸龙骨求福。香港还有跑马地、西贡村和筲箕湾等处谭公庙，后者建于光绪三十一年（1905），正门石额“谭公仙圣”四字，庙内墙上多块碑记显示“我筲箕湾之谭公仙圣，原由九龙峰来”[③]。这里原为乡民议事之地，也是后来设学之处，信仰、教育、乡政兼一身，成为人们聚集之地。筲箕湾东南靠山，填海前像一筲箕，风平浪静，是优良避风港，渔民于此建庙，祈佑航海平安。跑马地《黄泥涌谭公庙志》显示该庙为1901年当地客籍人士建，原籍惠州。而澳门地区谭公诞，与浴佛节、醉龙节同为一天，氹仔地区村民视之为节庆，香火较甚，其关于谭公的传说同惠州无异。无疑，港澳地区的谭公皆源于惠州。而东莞松柏唐村永和墟东侧墟门处也有谭公庙，每年正月十三日为日游会，此村把谭公作为一个神奇的祖先人物，与港澳有所不同。[④] 另外，广西梧州也有谭公信仰，或为重名，或为传播至此，值

① 同治《海丰县志》卷上《建置·坛庙》，《广东历代方志集成·惠州府志》第12册，第354页。

② 光绪《丰顺县志》卷1《疆舆志》，《广东历代方志集成·潮州府部》第30册，岭南美术出版社2009年版，第451页。

③ 黄兆汉、郑炜明：《澳门的道教》，《世界宗教研究》1992年第3期。

④ 戴伟思：《龙浪风神》，香港海事博物馆有限公司2008年版，第30页。

得进一步探索。

值得一提的是，惠州谭公还由移民传播至海外，以庇佑航行安全及作为在侨居地的保护神。这点在诸多著作中都有提及。而李天锡《紫霄真人成神与谭公信仰在马来西亚的传播》一文认为马来西亚华人中的谭公信仰信奉紫霄真人谭峭。结合上文分析，笔者认为由华侨华人带到马来西亚地区的谭公为惠州地区的谭公神谭公道，而非谭峭或谭紫霄。

首先，惠州谭公神与谭峭不为一人。比较“紫霄真人”谭峭（或泉州谭紫霄）与惠州地区谭公，两人神迹不同，毫无共通之处。惠州谭公神为土生土长的地方神，无论谭公姓名是否为谭公道还是谭道，其神迹、生活年代、得道之所，皆同上述紫霄真人相差较远。另外，谭峭在地方上并未得到民众信仰，没有专门供祀谭公的庙宇在民间出现，而仅作为道教名士，在清源山下洞的三真人庙被群祀，李天锡也承认谭公庙在泉州地区并不多见。无论谭紫霄还是谭峭，都与惠州谭公神事迹互不交涉。

其次，由华侨传播至海外的谭公为惠州谭公，而非谭峭（或谭紫霄）。刘崇汉《西马客家人》曾言：“随着客家人从中国南来到早期的马来西亚谋生，客家人的谭公庙也在我国建立起来，成为马来西亚客家人信仰文化的一个组成部分。目前在西马设有谭公庙的地方包括吉隆坡增江南区、增江北区、大同华文小学内、森美兰芙蓉、槟城亚逸淡、浮罗及威省大山脚等地。”① 虽然泉州及附近地区也为重要的侨乡，并且居住在马来西亚的人口颇多，而泉州并无形成谭公（谭峭）信仰，众多关于谭峭的记载中，都无谈到其神迹，民间对他很少祭拜，更无在民间建成谭公（谭峭或谭紫霄）庙。谭峭与谭紫霄两者皆为道家名流，并没有与民间信仰结合在地方上传播。若马来西亚地区谭公神为谭峭，在国内都无人祭祀，何以由人带到侨国？另外，华侨在所居国特别是东南亚国家，具有明显的地域性。东南亚的华侨

① ［马来西亚］刘崇汉：《西马客家人》，载赖观福主编《客家源远流长——第五届国际客家学研讨会论文集》，马来西亚客家公会联合会 1999 年版，转引自李天锡《紫霄真人成神与谭公信仰在马来西亚的传播》，《华侨大学学报》（哲学社会科学版）2007 年第 1 期。

基本分为闽南、客家、广府、潮汕、海南等五大帮，而且几者之间是有严格区分和明显界限的。刘崇汉提到马来西亚的谭公庙为客家人迁徙带来的，这一点应该是较为确切的。这点从廖筱雯《马来西亚的华人村落》也得到验证。该文提到马来西亚客家村路——吉兰丹布赖村观音庙（水月宫）除了供奉观音外，还奉祀谭公爷等神灵，[①] 显然谭公为客家人信奉之神。泉州非客家聚居地，虽有一供奉紫霄真人的庙宇，但不能依此认为泉州也有谭公信仰，况且谭公所指非一人。故谭公若为谭峭，不符合逻辑。

而马来西亚谭公为惠州地区的谭公神，则合情合理。首先，惠州地区属于客家聚居地。除个别地区，惠州绝大部分乡镇都操客家方言。因各种原因，明清时期大量惠州客家人漂洋过海来到海外生计，以东南亚为主要侨居地。与此同时，客家人也带去了他们奉祀的神灵以求在异国他乡能保佑自己，谭公即为其一。谭公信仰在惠州地区极盛，民间对该神极为崇敬。这在上文有所提及。迁移到国外的移民会同时把家乡的神灵带到国外，这在华侨华人迁移过程中极为普遍。故谭公为惠州谭公与刘崇汉先生所述是相符的。另外，刘崇汉提及，在天后庙未普遍时，谭公是代表海上安全之神，他的庙宇在中国沿海也有不少。而惠州谭公神职之一就为保佑水上交通安全，港澳地区船工及华侨出洋祭拜谭公以求安全。而谭峭的记载中无这一神职。而且刘文还提到“1888 年左右，大山脚惠州籍领袖黄陈庆倡建大山脚义学，而直落卓坤和武拉必的客籍人也在山上的谭公爷庙，办了私塾”。华人庙宇在侨居国不仅是华侨的精神寄托，而且是联系乡情、华侨加强凝聚力的重要场所，其具有明显的地域性。惠州籍贯陈氏建义学于大山脚，客家人也在附近的谭公庙办有私塾，谭公庙应为客家人所建无疑。同样，“河婆曲湖乡九世祖贝贵全，仕惠州，每逢乱事发生，出战必胜。晚年他辞官归隐曲湖时，随身带回谭公香火，在故乡建宫奉祀”。很明显，在惠州做官的贝贵全所信仰的当然是谭公道，而非“紫霄真人”谭峭或谭紫霄。而且李文提到沙捞越河下短廊和上短廊

① 廖筱雯：《马来西亚的华人村落——布赖村观音诞仪式探究·绪论》，硕士学位论文，中央民族大学，2011 年。

的谭公庙供奉的为谭公仙圣。同样供祀谭公仙圣有丰顺等县，同属于客家地区。客家地区与闽南泉州信奉的神灵应有所差别，而且谭峭并无“谭公仙圣”这一称号。故此谭公同样供奉的为惠州谭公，且谭公又称“谭公仙圣”这一说法在惠州民间存在。

综上所述，在马来西亚等地由客家人迁徙而带来的谭公为惠州地区的谭公神谭公道，而非道教中的谭峭或谭紫霄。谭公神职为祈雨、保佑水上交通安全等，后神职逐渐扩大，成为地方保护神，并由船工、渔民传播至港澳地区。惠州地区的客家人迁徙至海外的同时也带去了谭公信仰，以期保佑航行安全，后植根于侨居地，成为华侨在国外的重要信仰之一。谭公庙不仅是华侨沟通、联系的重要场所，也成为地域人群的政治、经济、文化中心，在华侨华人生产生活中发挥重要作用。

（与汪欢合作，原载《世界宗教研究》2014 年第 6 期）